U0840238

生长·发展·实现

——在这里遇见更好的自己

Grow, Develop and Become
Here Meet a better oneself

高琛 主编

辽宁人民出版社

图书在版编目（CIP）数据

生长·发展·实现：在这里遇见更好的自己 / 高琛主编. —沈阳：辽宁人民出版社，2019.8
ISBN 978-7-205-09722-6

Ⅰ. ①生…　Ⅱ. ①高…　Ⅲ. ①小学教育—研究　Ⅳ. ①G62

中国版本图书馆CIP数据核字（2019）第171135号

出版发行：辽宁人民出版社
地址：沈阳市和平区十一纬路25号　邮编：110003
电话：024-23284321（邮　购）　024-23284324（发行部）
传真：024-23284191（发行部）　024-23284304（办公室）
http://www.lnpph.com.cn
印　　刷：辽宁新华印务有限公司
幅面尺寸：170mm×240mm
印　　张：23
字　　数：313千字
出版时间：2019年8月第1版
印刷时间：2019年8月第1次印刷
责任编辑：高　丹
装帧设计：丁末末
责任校对：赵卫红
书　　号：ISBN 978-7-205-09722-6

定　　价：118.00元

编 委 会

序
PREFACE

一路行走　一路成长

2006年9月5日，东北育才教育集团暨东北育才双语学校落成典礼在际山枕水、钟灵毓秀的双语学校新校址举行。这是东北育才双语学校发展史上具有里程碑意义的大事，标志着学校走上了独立发展的道路。作为东北育才教育集团中规模最大的校区，从2005年首届51名教师、600余名学生借用其他校区教室发展到目前拥有400余名教职员工、120个教学班、5000余名学生，办学范围涵盖小学、初中、高中，在沈阳市乃至辽宁省享有相当高办学声誉的全日制寄宿制学校，东北育才双语学校走过了14年的历程。

14年来，我们始终秉承“办人民满意教育，为每个学生的未来奠基”的教育理想，坚持“以学生的全面和谐发展为本，追求学生的特色培养”的教育理念，以优才教育为旗帜，以育才文化为统领。从孵化、成长到壮大、形成独立品牌，从传统的课程建设到开放的课程建设，从以“教”为主的课堂到以“学”为主的课堂，从经验型教师队伍到创新型教师队伍，在追求卓越的路上，育才双语人从未止步。我们始终致力于让学生自然生长、自主发展、自我实现，希望孩子们能够在这里遇见更好的自己。14年来，东北育才双语学校在继承中创新，在创新中发展，已经成为让老百姓认可的优质学校。这样的成绩得益于东北育才教育集团在办学理念、管理模式、育才文化品牌效应的辐射作用，也得益于我们自身对“创新与发展”的执着追求。

我们始终努力匹配学校的办学基因，全面落实国家课程要求，不断丰富完善自身的课程建设。在思考—整合—实践—拓展—创新中，三个学部逐步建构了既有育才品质又有双语特质的课程体系：小学部形成了360°全课程体系，为学生提供了丰富的必修与选修课程，课程的全面性与多样性得以凸显，学生的核心素养得以落实；初中部形成了多元化课程体系，坚持从每个学生的立场和未来发展需求出发，“授人以渔”助学生在实践与探究中获得用之不竭的持续发展之力；高中部形成了全面而有个性的发展性课程体系，形成了国家课程打牢基础、校本课程培养特长、活动课程提升能力的总体课程理念。我们将国本课程校本化，校本课程特色化，以正确的课程观、教学观和师生互动观，突出学生的主体性，保证学校的教育质量，突出学校的办学特色，进而以特色形成优势，以优势推动发展，以发展提升品位。努力实现让小学部的儿童茁壮成长、全面发展；初中部的少年和谐成长、持续发展；高中部的青年个性成长、卓越发展。

我们紧紧围绕“立德树人”的核心理念建构了小、初、高相衔接的一以贯之的育人体系。我们注重培养学生的家国情怀，把志存高远作为重要追求，通过传承红色育才基因将社会主义核心价值观植入人心，将立德树人根本任务贯穿于教育教学全过程。我们注重回归人本、回归生活，实现全员育人、实践育人和文化育人，坚持将学会生活作为学会学习的前提，把学生的幸福成长作为根本旨归。我们引导学生坚定文化自信，努力为每个孩子打上深深的中华文化底色。在凝练学生发展核心素养的过程中，以培养全面发展的人为目标指向，不断创新新时代传承中华优秀传统文化的理念、形式与方法，着力创建书香校园，孕育人文精神。我们努力使育才双语学校的学生，既知晓中国的过去和现在，关注中国的未来，也能在此基础上了解世界的现状与变化，关心世界的发展。

近年来，我们确立了以学生发展为中心，以培养学生创新精神和实践能力为重点，以转变教师角色、转变教学方式和转变学习方式为手段的常态课堂改进目标。在核心素养的引领下，逐步构建出适合学生自主发展的新课堂：小学部提出富有小学特色的“生动、主动、互动”三动学堂，创设丰富多彩的学科活动，让每个儿童尝试成功；初中部提出关注学生主体的体验课堂，尊重个性，顺应自然禀赋，让每个少年体验成功；高中部注重学生在课堂上的主体地位，逐渐形成了“一体两翼”的学生活动体系，让每个青年收获成功。

我们注重突出内涵式发展，在小学和中学阶段创设了各种类型的社团，不仅为学生造就了一个充满选择的校园，也使得学生的综合素养、个性特长得以不断提升，并在各类活动及竞赛中崭露头角。小学的合唱团、交响管乐团、舞蹈团分别获得东北三省合唱比赛、省中小学管乐比赛、市舞蹈比赛的金奖，篮球队、足球队代表学校参加市、区比赛，取得骄人成绩。中学依托学生社团，连续多年开展各类活动超过数百次，形成了学军、学农、读书节、英语文化节、汉文化节、校园艺术节、戏剧节、双语好声音、爱心书市等系列化活动。学生社团活动已经成为校园文化建设的主要载体，为学生自主成长提供了多元化的发展平台。

我们立足时代发展，以开放的视角，努力改变课堂教学形式，探索微课、编程、翻转课堂、乐高机器人、电机制造、网络平台的充分利用等“互联网+”时代背景下的高效课堂。我们有步骤、循序渐进地优化外语课程设置，实行中外教师合作授课，并通过外语角、英语文化节等多样的外语活动营造良好的外语文化氛围，将外语学习融入生活，培养学生国际公民素养。我们积极搭建开放多元平台，推动师生跨文化的沟通与交流，积极与多所国际名校建立友好合作关系，先后与新西兰格兰依登中学、澳大利亚埃森姆学院、美国盟诺中学建立姊妹学校关系，并成功与三校实现了师生的互访交流。每年寒暑假期间，学校都会组织师生赴美国、日本、澳大利亚、新西兰、韩国等国游学，使学生在多元文化的交融中成长为国际化的优秀人才。

14年，育才双语人虔诚地耕耘，执着地浇灌，而今都酝酿成如诗如画的辉煌。学生参加国内高考已呈现出明显的优势，并凭借优秀的综合素质得以可持续发展。出国留学的学生考取的学校层次不断提升，大量毕业生进入世界名校深造。在国内高考中，八届毕业生高考成绩突出，2015届毕业生姜孜元以642分的成绩考入北京大学。2017届高考，理科一本率达到了94%，实现了新的突破，毕业生付钰被香港大学以全额奖学金录取。2018届理科最高分达到670分，参加高考的239人中，共有116人突破600分，毕业生李宛泽被香港大学建筑学院录取，内地仅此一人。高中部成立以来，一批学生被北京大学、北京人民大学、上海交通大学等国内重点高校录取，并在学术成绩和社会工作等方面表现优异。先后有两名学生被新加坡南洋理工大学以全额奖学金录取；每年都有十几名学生被美国、加拿大、澳大利亚等世界名校录取，并受到广泛认可；共有30名学生被包括香港理工大学、香港浸会大学、台湾辅仁大学在内的港澳台高校录取。他们有的成为“学霸”，有的成为学生会和社团的领袖，有的成为科研达人。

优异的办学成果使育才双语学校获得了社会各界的认可，学校在沈阳市基础教育中的领先地位得以确立和巩固，并步入了良性的可持续发展轨道。学校先后被评为“沈阳市民办星级学校”“沈阳市民办优秀学校”“沈阳市民办教育副会长单位”“全国中小学舞蹈教育传统校”“全国青少年英语读写示范基地”“全国青少年校园篮球特色学校”“辽宁省双语教学实验先进学校”“沈阳市中小学外语特色学校”“沈阳市中小学中华优秀传统文化教育基地”“沈阳市基础教育下一代互联网应用示范校”“沈阳市中小学书法研究基地”

“沈阳市课改研究基地学校”。

14年艰苦创业辛勤耕耘，14年励精图治追求卓越，14年风雨兼程弦歌不辍。值此东北育才学校70周年校庆之际，我们将努力传承历经考验的教育思想，执着于求索之路上的默默奉献，守望教育之于生活的幸福与美满，努力创建一所为孩子准备好未来的理想学校。

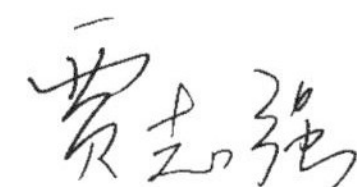

目录

CONTENTS

/第一章/

建构课程——关注儿童现实与未来的自然生长

360° 全课程谱写儿童生长新路径

德国著名文学家赫尔曼·黑塞说过："人生的义务，并无其他。仅有的义务就是幸福，我们都是为幸福而来。"而学校正是教会每个生命体创造、追求和享受幸福的地方，因为教育就要为完美生活做准备。在所有的准备工作中，建构课程可谓重中之重。因为课程是学生自然生长的引擎，是学生自主发展的蓝图，更是学生自我实现的桥梁。东北育才双语学校小学部作为一所全日制寄宿学校，自2005年建校以来，一直致力于学生的全面和谐发展，从深度关注儿童现实世界的幸福并指向未来发展需求出发，以"学生的自由而全面发展"为目标，为快乐成长打基础，为健康工作五十年，幸福生活一辈子而努力，围绕文化基础、自主发展、社会参与三大领域六大类别核心素养要求，不断丰富完善学校课程，努力创建"为孩子准备好未来的理想学校"，为培养全面而有特长、具有家国情怀和国际视野的育才学子提供坚实的保障。

课程理念：关注儿童现实的幸福并指向未来发展

课程是学校发展的运行轴心和品质基础，课程是学生在校生活的全部总和，是学校与学生人生的纽带和桥梁。课程的质量决定学校的质量，课程的丰富程度决定了学生的优秀程度和最优发展程度，在全球教育变革中这一逻辑总是反复被验证，从未被动摇。

我们知道，教育给予学生最重要的东西，不仅仅是知识本身，更重要的是儿童在自然生长中的对知识的好奇，是在自主发展中，获取知识的过程，是在自我实现中更乐观更自信的生活态度。

我们尊重，儿童不是成人的缩影，而是具有独特生理、心理特点的自由者和探索者。基于儿童的成长规律，我们致力于构建丰富儿童生活、点亮儿童心灵、润泽儿童生命的360°全课程。

我们坚信，每一个生命的成长都值得关注，课程是完善每一个生命整体的载体。360°全课程尊重每一个儿童自然生长的权利以及认知特点，关注儿童自主发展中现实需要和未来发展需求，助力儿童在自我实现中学会发展，体验学习的幸福；学会健体，体验健康的幸福；学会做人，体验成长的幸福。

综上，秉承东北育才教育集团办学宗旨，匹配学校的办学基因，全面落实国家课程要求，东北育才双语学校小学部不断丰富完善自身的课程建设，历经14年的思考—整合—实践—拓展—创新，实现了国本课程校本化，校本课程特色化，逐步建构了既有育才品质又有双语特质的360°全课程体系。

课程目标：让儿童在自我实现中感受、体验成长的快乐

1. 会做人，做举止有礼、行为有度的小学生

360°全课程的实施，意在逐步提高学生明辨是非的能力，努力培养学生

良好的道德品质，让学生学会与人沟通，学会与人相处，成为讲礼仪、讲责任、爱助人的小学生。

2. 会生活，做饮食有节、向美乐群的小学生

360°全课程的实施，意在逐步陶冶学生的情操，努力培养学生的生活情趣，让学生珍爱生命，感恩生活，成为爱运动、有才艺、善探索、会关心的小学生。

3. 会学习，做学习有法、善思明辨的小学生

360°全课程的实施，意在逐步培养学生解决问题的能力，让学生在认知和习得的过程中不仅收获知识，更收获学习方法、学习能力、思维品质，成为会阅读、会思考、会表达、会创造的小学生。

4. 有情怀，做眼中有光、心中有爱的小学生

360°全课程的实施，意在逐步帮助学生认识自己、悦纳自己，让学生身心愉悦、内心充实地快乐成长，并在成长中逐步拥有为中华之崛起而读书的理想信念，拥有报效祖国的赤子情怀，成为爱家乡、爱祖国，既具有民族情怀又拥有国际视野的全面发展的小学生。

课程体系：助力儿童在自然生长中，全面、自主发展

东北育才双语学校小学部在国家规定的课程内容基础上，依托学校现有教育教学资源，以学科整合为抓手，着力实现了部分学科的国家课程校本化的实施并建构了“学会做人与学会生活”“学科拓展与文化滋养”“健康体魄与艺术修养”三大课程体系。在这个课程体系中既注重国家课程标准的落实，更注重学科内校本优化；既注重知识积累，更注重学科实践活动；既尝试“主题性统整”，更注重活动中育人。这是一个全面开放的课程结构体系，基本模式如下：

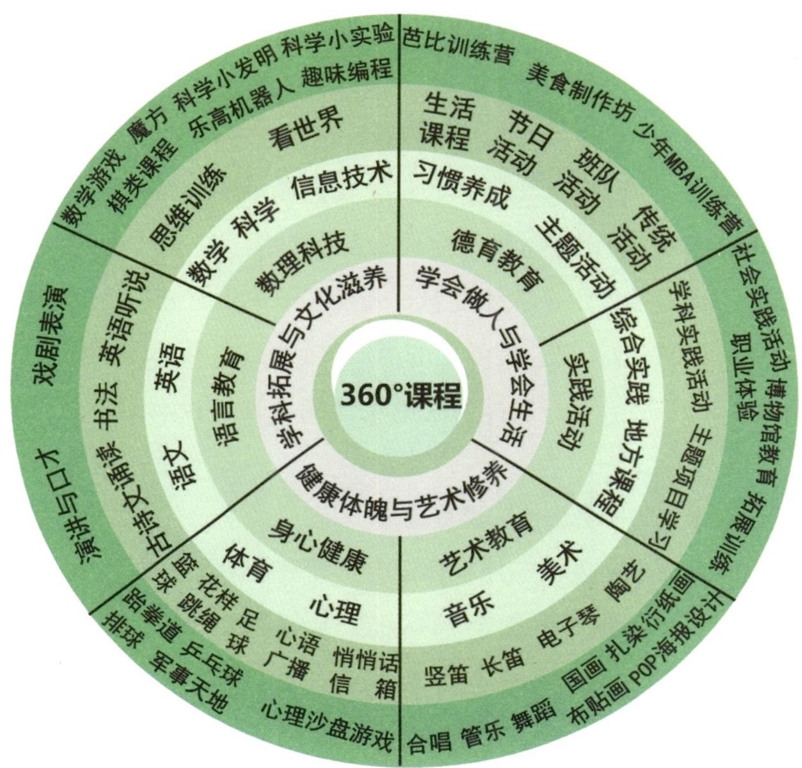

该课程结构体系由圆心和众多的外环组成。

圆心：旨在助力儿童在自然生长中，全面、自主发展的360°课程。

环1：根据学生人文、社会、科学、艺体等基本核心素养的发展要求，依据国家义务教育课程标准，我校将必修课程和选修课程整合后设立三大课程体系：学会做人与学会生活、学科拓展与文化滋养、健康体魄与艺术修养。

环2：为了更好地落实三大课程体系，相应地延伸出六大模块：语言教育、数理科技、德育教育、实践活动、身心健康、艺术教育。

环3：为了切实落实国家课程，在内容设置上，坚持基础通修课程的主导地位，包括：语文、英语、数学、科学、信息技术、体育、心理、音乐、美术、习惯养成、主题活动、综合实践、地方课程。保证基础通修课程数量齐，质量高。

环4：面向全体学生的特长精修课程，包括：古诗文诵读、书法、英语听说、思维训练、看世界、竖笛、长笛、电子琴、陶艺等课程，在很大程度上补足基础通修课程的内容，为学生夯实生长之基。

环5：为了满足学生个性化发展，开设了“快乐时光”个性选修课程，作为必修课程的有力补充，使学生的潜能得到挖掘，特长得到引导，从学生兴趣入手，寓教于乐，发挥学生的主体能动性，推动素质教育的深入发展。

1.“学会做人与学会生活”课程建设

“学会做人与学会生活”课程体系分为德育教育、实践体验两大模块，旨在让“学会生活”成为学会学习的前提，让“学会做人”成为学会学习的精神内涵。融合三大地方课程及学校开展的各项主题活动，培养学生的家国情怀、责任担当意识和自主发展能力。德育教育形成了以常规德育课程、微型德育课程、活动德育课程为基本形式的德育校本课程体系。常规德育课程的目标在于关注学生身心健康、习惯的培养，学校在课程设置上充分考虑到这一点，利用午检、班会、国旗下演讲等常规活动提升学生的道德认知层次。微型德育课程主要以专题讲座、主题报告形式引导学生正确面对并尝试解决生活中困惑。活动德育课程则与各学科综合实践活动结合，注重学生体验，充分发挥学生在课程学习中的主体作用。实践体验课程包括生活课程和活动课程。其中生活课程通过对生活常识的学习、生活技能的训练、生活环境的设计、生活习惯的养成、生活态度的培养、生活情趣的培育，学生最终获得生活能力。活动课程中包括各学科的学科实践活动和传统活动以及节日课程。

表1　午检安排

	周一	周二	周三	周四	周五
1–6年级	一周新闻回顾	我爱我的班集体	翔宇广播	心理健康教育	小小百家讲坛

表2　升旗仪式主题安排（以每学年上学期为例）

周次	月主题	主　　题	班级/值周
第一周	学习习惯与安全文明教育	文明礼仪伴我行	五（1）中队
第二周		尊师爱生，构建和谐校园（教师节）	五（2）中队
第三周		把安全牢记心中	五（3）中队
第四周		学习，从每天的清晨读起（好习惯）	五（4）中队
第五周	革命传统与勤廉文化教育	我爱你，中国（国庆）	五（5）中队
第六周		红领巾心向党（建队日）	五（6）中队
第七周		孝敬父母，尊敬长辈（重阳节）	五（7）中队
第八周		勤俭节约是美德（世界勤俭日）	五（8）中队
第九周	社会责任与榜样教育	我爱我校，我为学校添光彩	五（9）中队
第十周		保护环境，人人有责	五（10）中队
第十一周		常怀一颗感恩的心	六（1）中队
第十二周		做有担当的育才学子	六（2）中队
第十三周	理想与健康教育	从举手之劳做起	六（3）中队
第十四周		讲究卫生，防止疾病	六（4）中队
第十五周		为理想而奋斗	六（5）中队
第十六周		天才在于勤奋，成功在于积累	六（6）中队
第十七周	信念教育	辞旧迎新，成功从现在努力（庆元旦）	六（7）中队
第十八周		和时间赛跑（珍惜时间）	六（8）中队

表3　微型德育课程（以每学年下学期为例）

时间	参与年级	报告主题
三月	六年级	优秀毕业生学习经验交流
四月	一至六年级	书香溢满校园——（好书推荐）
五月	三至六年级	劳动最光荣——讲述身边的劳动模范
六月	四五年级	有教养的样子，真美（礼仪教育）

表4　活动课程的主要内容

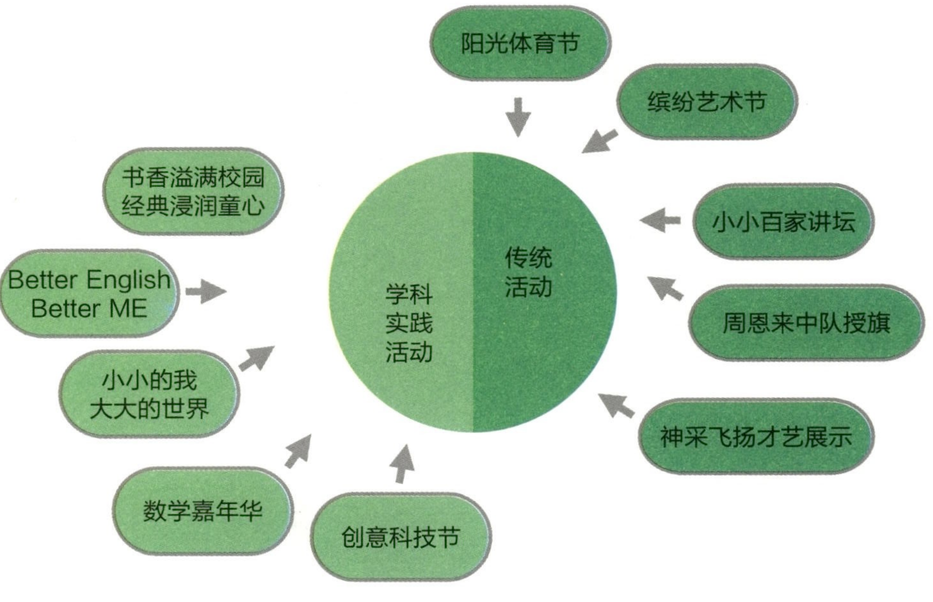

表5　生活课程（以每学年上学期为例）

参与年级	活动主题	活动内容
一年级	入学适应课程	熟悉校园环境、熟悉学校规则、初步建立班集体概念
一至三年级	生活技能大赛	穿衣、系鞋带、叠被子、书桌整理比赛
四至六年级	我是家务小能手	剥大蒜、摘豆角、今天我帮厨、钉扣子……
五年级	多彩的水果拼盘	以班级为单位进行创意水果拼盘比赛
六年级	温暖过冬至	以年组为单位进行包饺子活动

表6　节日课程

实施年级	传统节日名称	课程内容	整合学科
一、二年级	春节、元宵节	1. 了解、体验、感受我们的传统节日春节、元宵节。 2. 书写春联。 3. 学习剪窗花并尝试独立制作。 4. 欣赏花灯样式，并尝试设计具有个性的花灯。 5. 搜集灯谜、猜灯谜。	品德与社会、美术、综合实践、信息技术
三年级	清明节	1. 了解清明节的传说、文化习俗。 2. 了解清明这一节气特征。 3. 了解革命烈士的感人事迹，懂得幸福来之不易。 4. 参观总理纪念馆。	品德与社会、科学
四年级	端午节	1. 了解端午节的由来、端午节的各种庆祝活动的意义。 2. 了解划龙舟这一传统体育项目。 3. 了解制作粽子的过程、调查制作粽子的成本，并与家人一起制作粽子。 4. 了解屈原。	数学、体育、语文、品德与社会

续表

实施年级	传统节日名称	课程内容	整合学科
五年级	中秋节	1. 搜集、诵读中秋节诗歌。 2. 以班级为单位制作关于中秋节的手抄报。 3. 搜集有关中秋节的资料。 4. 设计月饼的花纹	语文、美术、品德与社会、信息技术
六年级	重阳节	1. 了解、探究重阳节的来历、习俗。 2. 在体验中学会理解、尊重和孝敬老人。 3. 去敬老院做志愿者，送欢乐。	品德与社会、音乐、综合实践

2.“学科拓展与文化滋养”课程建设

分为两大模块：语言教育、数理科技。旨在丰富学生的知识和开阔视野，培养创新能力。语言教育领域包括语文和英语，还包括古诗文诵读、书法、英语听说活动，补充演讲与口才、英语剧表演等。数理科技领域包括数学、科学、信息技术，还包括思维训练、看世界，补充数学游戏、魔方、棋类课程、科学小实验、科技小发明、乐高机器人等。

“思维训练”课程

培养学生对数学的崇尚和热爱，发现和培养一批数学思维灵活、富有创造性的学生；发展学生智力，训练他们独立思考和解决问题的能力；强化学生的竞争意识，优化学生的非智力因素。通过学习，学生能够具有良好的思维品质，能够严谨而深入地分析问题，灵活多样化地解决问题，并具有一定的质疑精神。具有较强的数学学习能力，能够运用课上所学习的基本数学方法解决相关的数学问题，完成对计算问题、智巧问题、典型问题、空间与图形、数论初步、组合初步等问题的系统性探究，加强对国本数学知识的再理解与再认识。

“英语听说”课程

在语言能力培养方面，按照“听—仿—练—展”的模式，在教学中贯穿培养学生的听说能力，突出培养学生的英语表达能力，帮助学生打好语音语调基础，形成洋腔洋调。为学生创造说的机会，培植说的勇气，锻炼说的智慧，体验说的乐趣。通过学习英语听说课程，使学生具有一定的共性特质，就是具有长久持续的英语学习兴趣，语音语调优美，听说能力突出，综合语言运用能力较强，努力成为自觉的英语学习者，积淀了良好的英语学科素养。通过学习，开阔学生眼界和见识，提高文化品位。中西文化的交融，使培养出的学生具有宽容、尊重、公正和坦诚的精神。

“古诗文诵读”课程

通过诵读我国民族文化的精髓进行文学、思想的“积累和熏陶”。传承优秀文化，弘扬民族精神，形成健全人格，为终身发展奠基。通过对古诗词的诵读、体验、欣赏，获得审美感受，增强民族自尊心和爱国主义情感，逐步形成积极的人生态度和正确的价值观，提高文化品位和审美情趣。低年段，诵读浅近的古诗文，展开想象，获得初步的情感体验，感受语言的优美。中年段，养成诵读习惯，注意在诵读过程中体验情感，领悟内容。高年段，通过诵读古诗文，大体把握诗意，想象诗文描述的情境，体会诗人的情感。

“多角度看世界”课程

根据现行国家的课程内容，比照小学社会课程、中学地理课程的内容，从地球是美丽的、地球是复杂的、地球是脆弱的三方面进行学习，旨在拓宽学生的视野。低年段教师授课方式以呈现式为主。中年段教师授课方式以呈现和学生自主探究相结合的方式进行。高年段以学生课题式探究为主，教师指导为辅，提高学生自主获取知识的兴趣与能力。通过学习，学生不仅掌握知识、扩大视野，更要让学生知道，人家是怎么做的，我们是怎么做的，我们要兼容并进，能站在国际化的宏观层面考虑问题。

“软、硬笔书法”课程

一手好字，一生受用。在硬笔书法与软笔书法课上，通过对握笔和写字姿势的严格要求，形成正确的书写习惯，孩子们锻炼得腰杆笔直、气宇轩昂，形成手眼脑的配合、心无旁骛的状态，有益于学生的身心发育。学书法不仅是掌握一种技能，而且是培养学生严肃、认真、刻苦的习惯，培养学生审美情操，通过学习书法，促进学生养成细致、专注、沉着、持久的学习品质，培养学生的审美情趣。

表7　基础课程的学科内优化（以语文学科为例）

<table>
<tr><th>课程分类</th><th>实施年级</th><th>课程名称</th><th>课程内容</th></tr>
<tr><td rowspan="12">语文</td><td rowspan="2">一年级</td><td>姓名探秘</td><td>讲述姓名的故事，促进学生相互了解，了解姓氏文化。</td></tr>
<tr><td>经典咏流传</td><td>思乡类诗文诵读</td></tr>
<tr><td rowspan="2">二年级</td><td>课文插画</td><td>为课文配上精美个性化插画。</td></tr>
<tr><td>经典咏流传</td><td>节日类诗文诵读</td></tr>
<tr><td rowspan="2">三年级</td><td>美文欣赏</td><td>通过阅读短文，摘录好词好句，积累词汇。</td></tr>
<tr><td>经典咏流传</td><td>爱国类诗文诵读</td></tr>
<tr><td rowspan="2">四年级</td><td>我是小诗人</td><td>通过阅读儿童诗，感受儿童诗特点，尝试自由创作。</td></tr>
<tr><td>经典咏流传</td><td>咏志类诗文诵读</td></tr>
<tr><td rowspan="2">五年级</td><td>品三国学成语</td><td>通过品三国系列活动开展成语学习，提高语文素养。</td></tr>
<tr><td>经典咏流传</td><td>二十四节气类诗文诵读</td></tr>
<tr><td rowspan="2">六年级</td><td>古文阅读</td><td>阅读耳熟能详的成语故事，培养文言文学习语感。</td></tr>
<tr><td>经典咏流传</td><td>情感类诗文诵读</td></tr>
</table>

表8　主题性学科统整（以节气与我同行课程为例）

实施年级	课程内容	活动设计	整合学科
一年级	节气歌	诵读节气歌，了解节气名称。 观看图片，了解节气气候特点。	科学、美术、品德与社会
二年级	节气与农谚	搜集、诵读与节气有关的农业谚语。 知晓各个节气大概时间。	综合实践、信息技术、品德与社会
三年级	节气与生活	学习、了解节气与日常生活关系，学习、了解气象观测。	科学、品德与社会、综合实践
四年级	节气与植物	观察、了解不同节气中同一株植物的变化，并尝试给植物画素描。	科学、美术、综合实践
五年级	节气与节日	了解二十四节气与传统节日的关系，欣赏各个节气特有的诗词、风俗。	科学、品德与社会、语文
六年级	节气自然笔记	调查和记录学校田园中植物的成长。	科学、美术

3.“健康体魄与艺术修养”课程建设

分为两大模块：身心健康、艺术教育。旨在增强体质、愉悦身心、锻炼意志、陶冶情操。身心健康领域包括体育、心理健康。课程设置包括篮球、足球、花样跳绳，补充心理沙盘游戏、健美操、体育花式技巧、跆拳道、乒乓球、排球等。艺术教育领域包括音乐、美术，还包括竖笛、长笛、电子琴、陶艺、书法，补充合唱、管乐、舞蹈、影视欣赏、国画、儿童画、扎染等。

在课程体系建设过程中，学校始终坚持课程的人性化、课程的生活化和课程的未来化，确立体艺凸显特色的课程体系建设，重视对学生进行价值观、基本生存技能、开拓精神和创新意识的培养。

依据教育部关于开展“体育、艺术2+1项目”文件的精神，坚持育人为本的教育思想，以“一校一特色，一生一特长”的素质教育发展目标为指针，传承、弘扬我校篮球、足球、花样跳绳、竖笛、长笛、电子琴、陶艺等六大特色，大胆探索和实践，丰富内涵，建设“以球促德、以绳健体、以笛养性、以琴启智、以陶审美”的特色课程。

以上这些课程中必修课是学生在不同学段全员要学习的。学校在保证总课时量不变的情况下，将同一领域的校本必修与国本课程进行整合，教师始终坚持“用教材教而不是教教材”的思想，在完成国家课程的前提下，上出育才特色。校本看世界课与国本信息技术课进行整合，就实现了学生在教师的指导下，足不出户，通过人机互动周游世界的梦想。同时将体育教育、学科实践活动、地方课程与综合实践课进行整合，将思想教育与行为教育相结合，在亲身体验中感悟品德教育。选修课每周五上午采用走班形式进行，包括实践类、艺术类、科技类、体育类、益智类、创意类等六大门类，36个科目，60个活动小组。实现一人一课表，以满足学生个性化发展需求。

表9　健康体魄与艺术修养的课程设置（以三年级心理学科为例）

课程内容	课程目标	活动设计
会做人	知道自己的进步与不足，努力克服缺点，养成良好的行为习惯。	说说你的心里话 你行我行大家行
	遇到不愉快的事情学会冷静思考，培养良好的心理素质。	放飞烦恼 我的喜怒哀乐
会生活	培养学生养成收拾东西，摆放好书桌的好习惯。	小“我”和大“我” 观察身边的事物
	培育学生团结友爱，帮助别人的良好品格。	你快乐，所以我快乐 感谢你，感谢他

续表

课程内容	课程目标	活动设计
会学习	遇到困难不要怕，想方设法战胜它。	考试焦虑怎么办 失败是个好老师
	专心做作业，作业做得快又好。	课业与课外学习 学习好习惯
有情怀	开发学生心理潜能，塑造学生健康人格。	我是××小明星 我是小小志愿者

表10　基础通修课程的校本课程

开设年级	课程内容	课时安排
1—6年级	足球、篮球、花样跳绳	每周1课时
2、3年级	竖笛	每周1课时
4年级	电子琴	每周1课时
5年级	长笛	每周1课时
3、4年级	陶艺	隔周2课时

体、音、美学科的其他课时，均按国本要求，正常进行教学。

表11　个性选修的艺术课程（以三、四年级为例）

课程维度	序号	课程名称	周课时
科技体验	1	科学实验坊1	2
	2	科学实验坊2	2
	3	科技小发明1	2
	4	科技小发明2	2

续表

课程维度	序号	课程名称	周课时
文化语言	5	美食文化	2
生态艺术	6	吉他	2
	7	舞蹈团	2
	8	合唱团	2
	9	管乐团	2
	10	POP海报设计	2
	11	陶艺坊	2
	12	浮雕画	2
	13	衍纸画	2
阳光体育	14	花式跳绳	2
	15	排球	2
	16	乒乓球1	2
	17	乒乓球2	2
	18	篮球队	2
	19	足球队	2
益智游戏类	20	趣味数学	2
	21	乐高机器人	2
	22	心理游戏	2
	23	趣味编程	2
	24	微视频剪辑	2

课程实施：推动儿童在有效思维与自信表达中自我超越

如果说课程决定学生的发展方向和发展动力，那么课程的有效实施将会决定学生的发展水平和发展速度。课程是有生命力的，这种生命力不仅体现在课程体系本身，更体现在课程在实施过程中，它是动态的，是不断生成的，是流淌着师生的真情和智慧的。近年来，我校通过有指向的课程活动和有意义的课程经历来引导学生在课堂中历练自己，来获得全方位的成长和感悟，进而推动学生在有效思维与自信表达中自我超越。

1. 以有意义的课程经历为指向，改变教与学的方式

在国家减轻学生课业负担的大背景下，提升学生核心素养，是我们不断思考的教育问题。在多年的实践中，我校依托学科传统课程，在拓展课程、活动课程、家长课程、实践课程、项目统整课程等内容和形式上不断实现课程创新。基本实现：国家课程——基础通修，特色课程——特长精修，兴趣课程——个性选修，主题项目课程，实践课程——自主研修。在课程实施中，确立了以学生发展为中心，以培养学生创新精神和实践能力为重点，以转变教师角色、转变教学方式和转变学习方式为手段的课堂改进目标，打造富有小学特色的“生动、主动、互动”三动学堂，实现了关注学生思维品质，关注学生有效表达的高立意、重基础、宽视野、深思辨的精品化课堂教学要求。

在课程实施中我们致力于把课堂的时间和空间还给学生，把质疑和评价的权利还给学生，把认知和习得的过程还给学生。让学生在听、说、思、辨、做、演等多种课堂状态中来回切换，做学习的主人，感受主动学习的快乐与成就。

这样的课程实施过程既关注学生基本生活能力与行为规范的养成，又注重其独立人格的培养；既关注学科知识与学科思维的系统传授与培养，又注重让学生在学科活动中锻炼实践能力，增长智慧；既关注对学生民族情怀的培养，又注重其国际视野的开拓。这一课程体系，为学生提供了丰富的必修与选修课程，课程的全面性与多样性得以凸显，“学会关心、学会创造、全面发展、初露才华”的教育目标得以在学生身上体现，学生的核心素养得以落实。

2. 以有指向的课程活动为目标，改变校本研修方式

课程活动是教育教学工作的出发点和落脚点。我们将工作中出现的有关课程活动的问题细化为专题导航、问题驱动、课题统领、评价保障，务实高效地开展校本研修工作。

专题导航是将教育教学中的常规问题（板书、信息技术、微课等）作为专题逐一解决，使其成为学校常规工作的奠基工程，比如学期初学部就进行“八种思维图示促进学生思维发展”的专题讲座，之后我们就在学科组安排了教研学习，并按照不同时间请教研组长做“名师论道”，公开分享各学科学生思维方式培养路径。

问题驱动是将教学中的疑难困惑（统编教材、新教材的使用、命题、评价等）作为教研组的常态化研修方式，特别是对于新教材的培训与使用情况中发生的问题，随时进行研究。将学段教学模式、新课程形态研讨等主题作为学科组凝练思想的有力抓手。

课题统领是我校校本研修高位发展的阶梯，近年来，我们以课题为统领先后围绕教学方式、评价方式，围绕校园足球等热点问题开展了省级、市级课题研究，带动了学校整体工作的不断攀升。

3. 以学生的全面发展为核心，改进教学评价方式

360°全课程体系从建构到实施都立足于关注每一个学生当下的幸福与快乐，立足于培养学生的精神长相，立足于每一个学生的生命成长与自我完善，而有效的评价是课程实施有效进行的重要保障。与此相照应，东北育才双语学校小学部结合自身特点，充分发挥全日制寄宿学校的优势，建立了一套全方位、多角度、分层次、差异化的综合评价机制。

全方位：360°全课程体系覆盖了学生在校生活的全部，与之相对应的评价不仅仅是对知识性课程的效度评价，更关照学生在自然生长中知识和技能的习得的全部。着力于激扬发展性评价，关注学生自主发展的全过程，给每一位学生以温暖的欣赏。

多角度：每一个学生都是一个独特的个体，教育的目的就是为了激发和引导学生的自我发展。我们从不同的角度去评价学生，可以帮助学生去发现自己的天赋和职责，给每一位学生最适度的激励。

差异化：一个学生就是一个世界，每个学生都有自己独特的发展水平。不同学科对学生的学习掌握的要求和对学生未来发展的影响有所不同，按评价学科划分，分为数、语、英主干学科评价和综合素质培养学科评价。我们的评价机制关注到不同学科之间的差异以及同一学科不同学生之间的差异。根据不同学科，同一学科不同学生，进行个性化的评价，给每一个学生以真实的尊重。

分层次：学生不应该因课程学习被贴上分类的标签，学生的学习能力、学习态度、学习成果都是培养学生全面发展需要关注的几个方面，不同阶段，对于学生几方面的要求不尽相同，摆脱只看分数、一考定音的评价局限，促进学生学会学习。分层次评价建立在尊重不同儿童之间思维与直觉、身体与心理的差异性基础上，持续关注学生的成长动态，分为过程性评价和终结性评价。

综合性：学校评价覆盖课程全部，不局限于能力的测试，更注重素质的考量，对学生学习成绩、行为习惯、思想品质、身心健康都做出有效的评价。综合评价体系突出“全体、全程、全科、全面”，把学生发展的目标和综合评价的标准合二为一。我们致力于以评价为抓手，丰富学生的学习实践和探索，强化品德发展、身心健康、审美素养、创新意识和实践能力等综合化评价，为学生搭建人人展示、人人关注的多维度平台。

我们建立的全方位多角度分层次差异化的综合评价机制，顺应360°全课程体系的要求，以促进学生全面和谐有特长发展为宗旨，用完善的评价来促进教师教学行为、学生学习行为的改进。

课程的丰盈意味着教育的视野不仅仅拘泥于知识技能的传授，意味着有鲜活的内容和主题走进课堂；意味着儿童在自然生长中，有更多机会面对深度思考和创新实践的挑战；意味着儿童在自主发展中更需要用全副感官和心灵去吸收和体会知识和生活的本原。

多年来，我们一直用心灵感悟教育的意蕴，用思想提升教育的品质，用行动追寻教育的理想。我们致力于用360°全课程谱写育才双语小学部学生生长新路径。

立德树人，传承红色育才基因

红色育才

1948年，是新中国历史上发展的重要转折时期。为了减轻部队干部的后顾之忧，支持人民解放军第四野战军进入关内作战，四野领导决定创立一所寄宿制学校。中共早期著名领导人之一，时任东北局常委的张闻天找到李力群，希望由学师范的她主持在“四野随军小学”的基础上扩建创设一所新学校。就这样，一位又一位革命先行者的后代，坐着竹篮，乘着快马，一路颠簸，从硝烟弥漫的战场赶来，留在了沈阳，留在了“东北第一育才完全小学”。那时候学校对孩子提出的目标就是“像父兄那样战斗和生活”，从那时开始，东北育才的基因图谱就注定刻上了红色光荣革命传统的烙印。

1998年，坐落在浑南校区的东北育才学校小学部成立。在随后的几年中，学校规模不断扩大。2004年，“东北育才东关模范小学”并入东北育才教育集团。2005年，东北育才双语学校成立，2006年，浑南小学部、东关模范小学与双语学校小学部进行合并。其中，周恩来总理少年时在东关模范小学课堂上说出的“为中华之崛起而读书”的铮铮誓言以及总理精神极大丰富并发展了东北育才学校的文化内涵，在形成学校良好的师德师风、塑造学生卓越的人格品质方面有了新发展、新突破。如今，“为中华之崛起而读书”成为东北育才学校校训。“培养学生为中华之崛起而读书的理想信念；拥有报效祖国的赤子情怀；让学生拥有让生命之花绽放的幸福人生”成为学校德育目标。今天，所有在育才读书的孩子，无论来自哪个校区，在育才学习期间都会参观“周恩来少年读书旧址纪念馆”，让鸿鹄之志在他们的心中扎根。虽然伟人已去，但“为中华之崛起而读书”那铿锵有力的声音一直在育才校园中回荡，融入一届届育才学子的血液，伴随着岁岁年年的琅琅书声，百转千回，浅吟低唱。

为了让这种伟大的红色基因一脉相传，育才双语小学部成立了“周恩来”中队。在开展“学习周总理，实现中国梦”的主题班队会上，辅导员说道：

同学们，升旗仪式上，体委高高举起“周恩来中队”这面旗帜的时候，你们的内心有着怎样的感受？

“我觉得肩上担负着一种责任和使命。”

“我们要历练领袖素质，像周恩来爷爷一样，为中华之崛起而读书。”

“我的内心百感交集，周恩来爷爷那么伟大。他是中国的骄傲，世界的骄傲！”

“我们的队旗和国旗一样鲜红，血脉相通。学习周恩来爷爷的精神就是在发扬优秀的民族精神。”

周恩来“为中华之崛起而读书”的精神已扎根在我校学生心中。在育才双语小学的校园内，拥有着浓郁的“爱国主义”氛围。每天清晨师生走进育才学校的大门，抬头就可见到主题为“为中华之崛起而读书”的校训。学校坚持每周一举行升旗仪式和国旗下讲话。爱国主义宣传板报、知识橱窗的定期展示等活动，让大家时时刻刻浸润在爱国主义氛围之中。

我校将爱国主义教育精准融入各个年级。充分挖掘和发挥思品、语文等课程的学科价值与功能，提高学生对中华优秀传统文化、悠久历史的认知与理解，提高作为中国人的自豪感与文化自信。如：语文课讲红军故事、演红色题材课本剧；音乐课唱国歌、红歌，编排爱国系列节目；体育课开展军事训练、站军姿；班会课开展“介绍中国传统节日”“了解中国领土和主权”“学包饺子、包粽子”“了解沈阳历史”等主题队会，让育才的红色基因走进课堂，潜移默化，润物无声。

此外，双语小学部开展“班班有歌声”活动。红歌就像一位铮铮铁骨的英雄，倾诉着革命时期的奋斗经历，班歌就像一股核心力量，支撑着班级的精神风貌。作为一个中国人，有责任唱响红歌，身在一个班集体，有责任唱亮班歌。在育才学部定期举行的“班班有歌声 梦想齐飞扬”校园红歌、班歌合唱比赛中，58个班级全员参与。低年级的演唱曲目是《义勇军进行曲》和《中国少年先锋队队歌》，孩子们队形整齐，精神饱满、笑容灿烂，他们飞扬的歌声彰显着少先队员的健康、活泼、团结、向上。中高年级《校园的早晨》《少年中国说》《红领巾相约中国梦》等歌曲既完美地诠释了校园生活的场景，又道出了育才学子的理想、追求和情怀……歌声唱响幸福，歌声歌颂美好，歌声诠释未来。在育才，班班有歌声；在育才，梦想齐飞扬。

表1　东北育才双语学校小学部爱国主义主题活动列表

年级	活动主题	活动内容	活动意义
一年级	“走进博物馆”“走进纪念馆”	参观“周恩来少年读书旧址纪念馆”“沈阳‘九·一八’历史博物馆”“沈阳抗美援朝烈士陵园”等。	学校将走进博物馆、纪念馆作为一种学习方式，定期开展。通过这样的综合学习活动，大大扩展了学生对祖国和历史文化的了解，增强了对历史文化的感知力。
二年级	“看百部爱国主义电影，读百部爱国主义教育书籍”	《林则徐虎门销烟》《亮剑》《黄继光堵枪眼》《邱少云烈火焚身纹丝不动》	以教育部推荐的百部爱国主义教育影片和图书为教材、为基础，组织学生观看爱国主义和励志教育电影，开展影评和观后感写作与交流。
三年级	“各学科文化艺术活动”	写“爱国主义”内容书法大字。爱国主义演讲活动。	在丰富多彩的文化艺术活动中激发、陶冶和升华师生的爱国主义情感。包括诗歌朗诵、演讲比赛等，还包括举办绘画、书法展览等。
四年级	“走进两会活动”	每年地方人大、政协两会期间，组织学生观看视频，开展专题午间班会、读报等活动。	帮助学生深刻理解我国的国体、政体和社会主义民主政治建设，提高学生对我国社会制度的认同。
五年级	“非物质文化遗产进校园”	邀请著名中医专家讲解中华瑰宝——中医的常见疗法。艺术课上制作皮影戏。	让师生感受中华优秀传统文化和民间民俗文化、地域风俗文化的博大恢宏、丰富深厚，感受中华民族深远的文化底蕴。
六年级	“人生坐标大讲堂”	邀请空军叔叔做“我爱祖国的蓝天”知识讲座。	学校坚持邀请各行各业的英模先进人物走进学校，讲他们的爱国情怀，激发学生报效祖国的信念与情感。了解中国在航空航天、高铁、量子计算机等领域的快速发展情况。

续表

年级	活动主题	活动内容	活动意义
全校师生	唱国歌、队歌、校歌活动。“做个小小公益家活动”	开展唱国歌、队歌、校歌活动。给警察叔叔送温暖活动。清扫校园“除四害”活动。慰问敬老院。	增强国家和集体荣誉感。坚持开展各种社会服务和多样化的公益活动，引导学生将爱国情怀转化为形式多样的爱国报国的行动。

学会感恩

鸡蛋的故事——教师日志

一枚小小的鸡蛋，作为教育的道具，似乎已经很不新鲜，从幼儿园的萌娃到懵懵懂懂小学生，对这个护蛋游戏似乎也屡见不鲜，然而，我希望我们这次的护蛋行动背后更多的是对感恩生命的思考。

首先，我让你们每一个人挑选一枚鸡蛋，就像生命来到世上一样。其实，在你们选择鸡蛋的时候，我真想告诉你们：选择之后，就要学习承担自己的责任和爱。你们一个个认真、严肃、郑重的表情里写满了你们对生命的尊重，真好！我可爱的学生，你们是否知道，当初你的出生，也是父母一生中最重要的事情。他们对你们的爱胜过于此千千万万。

从你们开始给鸡蛋穿衣服、起名字开始，这枚鸡蛋不再普通，他是你生命中的唯一，你和他产生了难以名状的联系……你的眼角含着笑仿佛他是你的全部，你的手轻轻地生怕他受伤，你为了让他与众不同，甚至翻开了字典，打了无数次草稿……这一刻，我相信，习惯了被爱的你们，迈开了给予爱的第一步。

然后我让你们走上讲台，向别人介绍你的蛋宝宝。我惊喜地发现，你给予了他最美好的祝愿：他们有的叫安安，有的叫乐乐，因为你们希望这些蛋宝宝能一生平安，快乐。你给予了最热切的希望：他们有的叫鹏天，有的叫小诸葛，因为你们希望他们能大鹏展翅，翱翔天际。我亲爱的学生，你是不是也懂得了父母给你起名字时的祝愿和希望了呢？

然而，天有不测风云，当这一枚鸡蛋在你的手里走向终结的时候，你的悲伤中更多的是自责，是愧疚，我想就在这一时刻，你一定感受到了生命的脆弱，成长的不可逆，如果你能读懂我们每一个人身上的这份责任和爱，能像对待鸡蛋一样，开始认真对待身边的其他小事，如果能在你们成长过程中留下爱的烙印，这枚鸡蛋的“牺牲”就是值得的。爱，在你们的内心已然生成！

静下来想一想，父母对我们的爱无时无刻不在。对于父母，我们就是那小小的鸡蛋，他们那么用心地呵护我们，我们应该怎样回报父母呢？学会感恩，感谢身边爱你、帮助你的人们。学会识恩、知恩、感恩、报恩、施恩。做一个懂得感恩的孩子，爱出者爱返。

精心挑选　　费心起名字　　小心呵护　　因为打碎而难过

这是育才双语一名教师在“护蛋行动”之后写下的。感恩是我国优良传统，是为人的基础原则，是构建和谐社会的基础。高尚的品德对于青少年的三观塑造、人格形成，对于我国和谐社会的构建都有着十分重大的意义。“滴水之恩，涌泉相报”，“衔环结草，以德报恩”。感恩是每个人应有的基本道德准则，是做人的起码修养。感恩也是一种处世哲学，一种品德，也是生活中的大智慧。

我们学校努力寻找一种由内而外的“内省”的德育新模式，促进学生主体性发展。毫无疑问，感恩教育是一个好的选择。学校开展感恩教育，旨在提升学生自己、师生之间、生生之间、学生与家长之间必要的情感交流，通过多层面的活动，以润物细无声的力量，使学生在活动中体验感悟，升华情感，从而形成道德认同，增强爱心行动。

表2　感恩教育主题活动流程图表

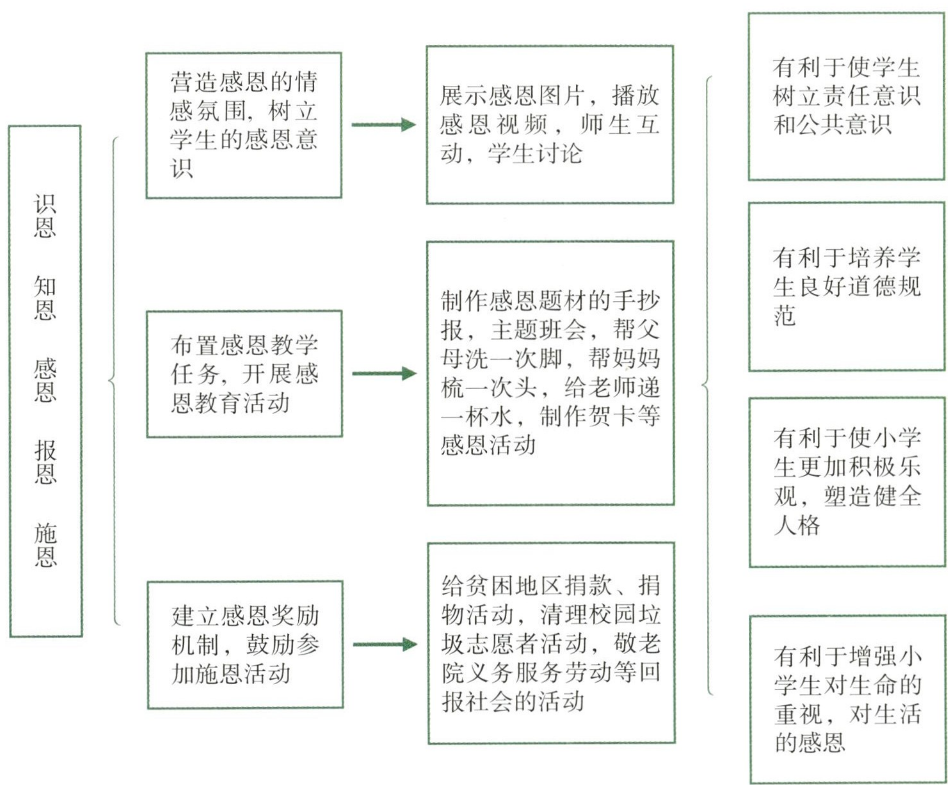

日行一善

写日记是学生常见的学习习惯，但是我校学生书写记录的日记可不是普通意义的日记，是学生每天善行善言的成长记录。一位二年级小同学在《行善日记》中这样写道：

今天我中午吃完饭去洗手，我看见了一个水龙头正在往下滴水，于是我立刻过去关了水龙头。我觉得保护水资源，人人有责。我也希望那个忘记关水龙头的人下次记得呦！

今天我的好朋友胃疼，我关心地问了她状况，并为她倒了一杯热水。她非常感谢我。我感觉帮助别人可开心了！

父母在《行善日记》中回复：

亲爱的宝贝，无意间翻开你的“日行一善”，在简短的三行字中，妈妈看到了你在点滴小事中流露出的善良和宽容，我感到十分欣喜……我希望在你快乐的同时，也能把快乐带给他人。学会爱所有的生命，善待、宽容别人。这样的你一定会收获一个丰满的人生。妈妈期待你下一周“日行一善”的新内容。

宝贝，帮助他人是“善”的表现，能原谅他人的错误，记得别人对你的好也是善行的表现。勇敢是“善”，忍耐是“善”，真实是“善”，发现是“善”，快乐是“善”，陪伴是“善”，宽容是“善”，坦荡也是“善”。其实身边关于善行的事儿还有很多。妈妈相信你能用发现的眼睛和清澈的心寻找到更多的善行。

3月5日是学习雷锋纪念日，毛主席曾题词“向雷锋同志学习”，借此契机育才双语小学部启动了新时代的雷锋精神——“日行一善”主题实践活动。升旗仪式上，少先队大队辅导员围绕新时代的雷锋精神进行了宣讲，向全体少先队员提出了“日行一善”的号召，号召大家每天做一件好事，多做善事好事，积善成德。每个孩子都准备了一本行善日记，将每天做的一件善事记录在里面。每周以班级为单位讲述自己一周中的善行，在交流中弘扬美德，树正气，树楷模。每月将日行一善活动中的突出事例汇总到学校，学校择优通过校园广播、升旗仪式、值周总结等形式进行宣传。在学善、思善、行善到扬善的过程中，通过观察、记录、感受、体验，孩子们在头脑中逐渐养成行善的道德观念，在践行社会主义核心价值观的过程中全面发展！

表3 “日行一善”主题活动流程图表

阶段	活动主题	活动内容
第一阶段	寻善源、存善心、发善言、行善事	让孩子从中华民族的传统美德中寻找善念，发现善源，拥有爱心、富有同情心、怀有感恩之心。会恰当使用礼貌用语，会理解别人、安慰别人、鼓励别人。善于发现善举，随手记录善行，养善在心。书写《行善日记》，学生、家长、老师、小组共同评价。
第二阶段	让“善举开花”，让“善行结果”	各班要及时组织总结，开展总结评价，发现闪光点。优秀的“行善日记”学校将以校园广播等形式将突出的人和事加以推广。
第三阶段	将“日行一善”教育活动与实践相结合	学校将定期总结表彰在活动中表现突出的集体。将“日行一善”落实到留守儿童、残障儿童的关爱之中；落实到交通安全宣传、维护交通安全、帮助老弱病残安全过马路等行动之中；落实到维护公共卫生、进行环保宣传、环境保护实践等行动之中。

我校通过全面深入开展“日行一善”主题实践活动，教育学生深刻理解“勿以善小而不为，勿以恶小而为之”的道理。同时通过“手拉手”，带动身边人共同参与，形成人人向善、人人崇善、人人行善的新风尚。

励志图强

“功崇惟志，业广惟勤”是《尚书》中的古训，“有志者事竟成”则是大众的通识。“志”是指有志气、志向、意志，有追求上进的决心和勇气及做成某事的气概。我校德育教育以励志教育，激发和唤醒学生内动力，让学生树立远大志向，自觉磨炼意志，从“被成长”中产生生命自觉，用自己的力量成长，积极创造条件实现志向。在我校，励志教育不只停留在英雄事迹、名人故事的宣讲学习之中，更多是在常规活动中赋予教育的意义。

以学校的常规体育活动为例。每到冬季，我校都要进行“健康励志，从跑操开始”为主题的冬季校园跑操活动。随着广播响起，全校58个班级，2300余名学生分别在5个场地迅速集结。孩子们置身阳光，不惧严寒，神清气爽，意气风发，步伐整齐，响亮地喊着一个个气势非凡的口号：“树我班风，扬我班威；放飞梦想，再创辉煌！”“激情澎湃，深藏不露，斗志昂扬，一班最强！”“速度稳，姿势帅，五年二班，不言败。”“青春无限，挑战极限！”……跑操在我校不仅仅是一项体育活动，还重在培养孩子在跑操的活动中懂得“立目标，能吃苦，会合作”的道理。跑操活动锻炼的是体力，激活的是生命，展现的是个性和精神风貌；更是提高团队凝聚力，提升校园精神文化的集体励志活动。

在我校一系列的常规体育活动都围绕“培养学生的合作能力，挑战自我”为重点。例如：跳绳运动既可以提高心肺功能，增加抵抗力，进行感统训练，也可以培养孩子们良好的意志品质和团结协作精神。我校开展的“阳光体育，绳采飞扬”跳绳比赛都会在初冬时节激情上演。每节课下课的操场上一片欢腾景象，一根根彩绳、一个个纯真的笑脸在灿烂的阳光下绽放。每位同学为了班级荣誉，认真练习。他们使出浑身解数，只见绳子在他们的脚底下“嗖嗖”地穿过，孩子们都表现出了不凡的实力。摇绳的同学也毫不逊色，抡着手臂，尽量配合着跳绳的同学；一个、两个……当跳绳的同学依次从绳上跳过时，同学们都屏住呼吸，期待着下一次的成功跳跃……起初只能跳十几个，几十个。经过不断刻苦的训练，顽强的坚持，学生们团结一致，互相信任，到决赛时甚至能跳到二三百个！学生们从训练和比赛的过程中提升了自信，点燃了热情！此外，我校组织了“千人绳操活动”。2300余名学生共同展示的阳光体育大课间综合活动——花样绳操。孩子们将音乐的动感与体能训练充分结合，动作协调一致，整齐划一。进一步诠释了育才学子“自信、自强、自豪”的育才精神。

我校每年一次的校园篮球联赛同样是一项育人课程。从联赛前介绍自己喜欢的球星成长史，到设计班级球队、队标、口号、宣传海报，从参赛队员，到啦啦队人员，一项一项活动的背后，篮球比赛早已超越了篮球本身。孩子们懂得了如何在规则的约束下去赢，更学会了如何体面而且有尊严地输。孩子们明白了目标就在前方，拼搏与奋斗的动力、团结协作的合力、锲而不舍的毅力都是奔向胜利的法宝。

每年的毕业生动员大会是我校励志教育的高潮。在会上，学校会邀请优秀的毕业生代表为学弟学妹的未来人生做榜样。回忆小学六年学习生活的点点滴滴，有失败，有成功，有欢笑，有泪水，有即将毕业的喜悦，也有对母校的不舍。教师们也对即将步入人生新阶段的孩子们寄予厚望，鼓励他们“深究而悉讨，慎思而明辨”。活动中，学生们为朝夕相处的伙伴写下衷心的祝福，家长和教师也在卡片上为学生写下温暖的寄语……活动带给学生精神上极大的激励和情感上深深的触动。每一位从双语小学走出的孩子，不管离开母校的时间有多长，当他们回忆起毕业生励志大会时，都会心怀感动。育才应有的志向与抱负、情怀与担当已经融入他们的血液，伴随他们一生。

无形中见品行，让“习惯”发声

经历了一周愉快而又充实的校园生活，周五是东北育才双语学校小学部孩子们离校的日子。这一天育才园的常规活动依然井然有序、有条不紊，孩子们小到整理一双拖鞋，大到桌椅的摆放；小到擦净一条门玻璃，大到公共区域的清洁；小到放在教室门外的行李包，大到离校时一丝不乱的队伍，都展示了他们良好的习惯养成。离校——这一周的最后一课，是育才娃给自己上的最后一堂课。一堂洒满阳光，无声无息却充满爱的课；一堂由习惯发声，彰显品行的优质课。

孔子说：“少成则若性也，习惯成自然也。”习惯是每个人在日常生活中不自觉“遵守”的一种行为模式，潜移默化中影响着每个人的生活。《中国教育改革和发展纲要》强调，学校要抓好日常生活与行为规范养成教育。这是德育教育最基础的内容，也是落实素质教育精神的时代要求。踏进东北育才双语学校小学部，在二楼连廊最醒目的位置摆放着“做更好的自己”行为习惯培养宣传板，展示着学校对孩子们行为习惯培养教育的过程与成果。从教室到寝室，从食堂到操场……好习惯的种子已撒遍校园的每一个角落。这是属于孩子们的精彩，这也是育才教育孩子在追求卓越的路上留下的痕迹。

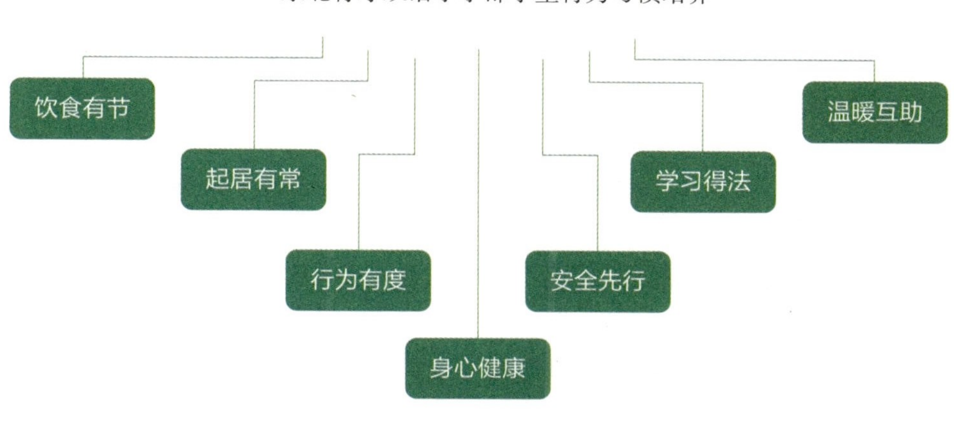

饮食有节

良好的饮食习惯对人的健康发育有着十分重要的影响，小学生正处在身体的快速成长时期，只有做到按时就餐、饮食有节才能健康地成长。育才双语小学依据小学生身心发展规律，合理安排、营养搭配三餐和间点，引导孩子树立健康饮食观念，培养良好的饮食习惯，为孩子身心健康发展提供了保障，也潜移默化地帮助孩子增强了健康生活的意识。

学校提倡和教育孩子做到饮食有节。节，既是提倡进食要定量、定时、均衡膳食、合理搭配、营养健康，又是告诉孩子要文明就餐、遵守餐桌礼节，也是教育孩子应该勤俭节约、珍惜粮食。

从一年级入学开始，班主任老师教给孩子们就餐礼节、饭前洗手，就餐时文明无声，不挑食，也不吃得过量，不轻视各种食物对身体的作用，不浪费食物……还会手把手地教给孩子在食堂就餐的正确姿势——如何端碗、提筷、持匙，如何端餐具，就餐过程中尽量不发出大的或者特殊的声音，如果咳嗽、打喷嚏要掩住口鼻，不让唾沫或者食物飞溅，就餐过程尽量不弄脏餐桌，就餐后如何去倒掉餐盘中残余食物并交还餐盘，吃东西不边走边吃，不把未吃完的食物带出食堂，等等。

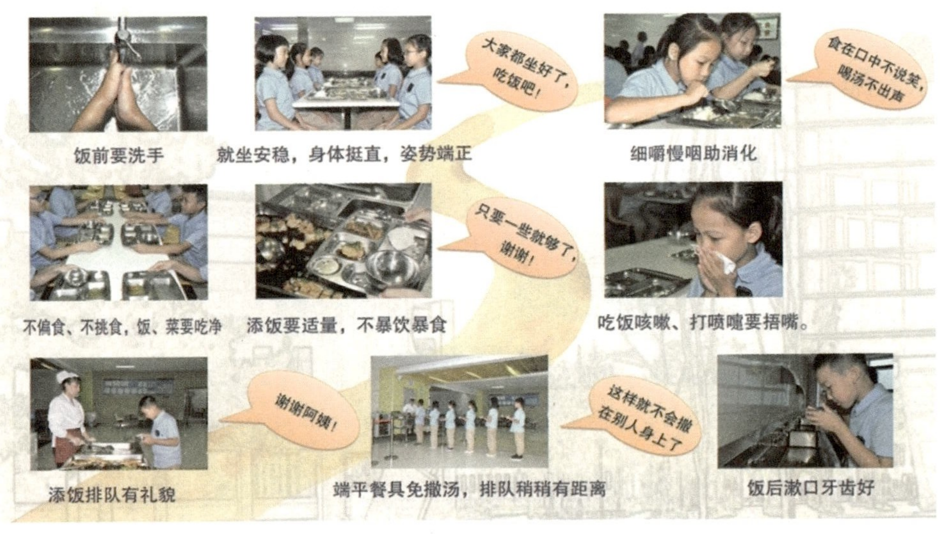

为了让我们的教育更专业、更有温度，育才双语小学部一直坚持“将常规做精”。就以“剥鸡蛋”为例，一年级新生入学后，学校发现“剥鸡蛋”这个看似简单的日常行为对很多孩子来说是一个小挑战。有的孩子不会剥鸡蛋，有的孩子边剥鸡蛋边玩耍，不仅吃不到热乎、完整的鸡蛋，而且也“冷落”了其他饭菜。基于此，老师们将“系统讲解”和“专项训练”相结合，以更好地帮助孩子们掌握“剥鸡蛋”的小技能，让孩子们吃上“有温度”的鸡蛋和饭菜。在专项训练中，通过“观看视频、模仿学习”的方式，孩子们很快掌握了动作要领。为强化新学会的小技能，增强过程中的小乐趣，学校还组织全体一年级新生开展了“剥鸡蛋”比赛。在比赛中，最快的学生8秒就能剥下蛋壳，还有的学生能够完美地将整个蛋壳分成两大块。当孩子们把自己的“作品”高高地举起时，洋溢着的笑脸上不仅写满了开心和幸福，也写满了“自信、自强、自豪”的育才精神。成长过程中总是会面临越来越多的挑战，一次简单的成功体验，也会让孩子们受益终身。

文明就餐、节约粮食不仅是个人良好素质的体现，更是一种勤俭美德的塑造。为深入推进饮食有节、文明就餐好习惯的建设，育才双语小学部开展了“光盘行动从我做起”活动。学生发展指导处在升旗仪式上进行了以“厉行节约，别说你微不足道”为主题的国旗下讲话，向全校同学提出了“光盘行动，从我做起”的号召。随后各班级召开了主题午检——“谁知盘中餐，粒粒皆辛苦”，孩子们再次深刻理解了节约食物的重要性，明确了营养配餐、合理膳食、不挑食对身体健康成长的重要性，纷纷响应“光盘行动”。有的孩子逐渐克服了自己挑食的毛病，吃下之前不爱吃的食物；有的孩子开心地比较看谁用餐后剩得最少；还有的孩子举着“光盘”，兴奋又骄傲地对老师说：“老师，看我的！”为了鼓励学生“节约粮食”，学校还专门设立了特殊的餐盘回送区，如果餐盘内没有剩余食物，就可以将餐盘送回到这个区域，这一举措让很多在“光盘行动”中走在前列的同学倍感光荣！“光盘行动”让孩子们拒绝舌尖上的浪费，饮食有节的好习惯在更大范围内培养起来。

起居有常

著名医学家张隐庵说：“起居有常，养其神也，不妄作劳，养其精也。”起居规律，能保养神气，使人体精力充沛，生命力旺盛。现代医学认为，规律的生活作息能使大脑皮层在机体内的调节活动形成有节律的条件反射系统。巴甫洛夫也通过大量的实验证实，规律的生活起居，能使人体建立起各种定时的条件反射，使机体各系统处在最佳状态。因此培养孩子有规律地生活，合理安排学习、工作、睡眠、休息，养成良好的起居习惯是非常重要的。

育才双语小学部的孩子们起卧作息和日常生活的各个方面都要遵循一定的时间和规律。在教室，孩子们认真上好每一节课。在宿舍，孩子们更是养成起居坐卧应时的好习惯，只有合理作息，才能精力充沛，神采奕奕。每天睡前，孩子们这样做：走廊鞋子摆整齐，换下衣服装好袋，新穿衣服叠床前，刷牙洗脸爱干净。次日晨起，孩子们这样做：衣服鞋帽穿整齐，照照镜子正衣冠，坚持晨起一杯水，开窗通风空气新，被子床铺整理齐。

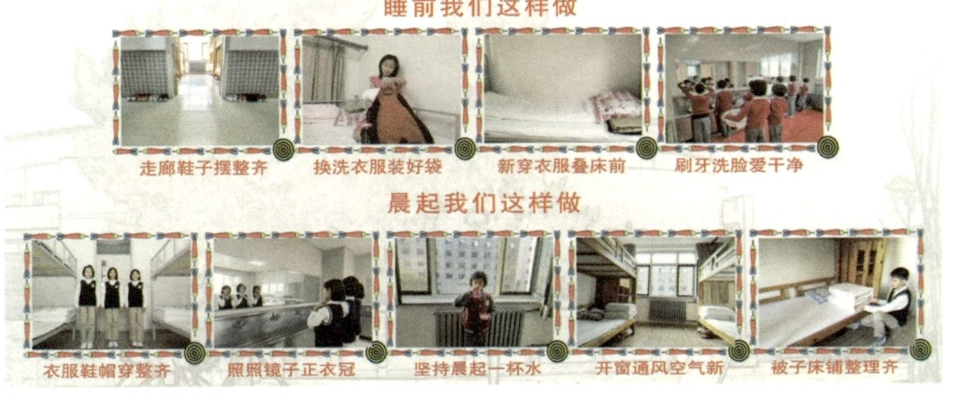

好的生活习惯可以影响人的一生，早晚刷牙和勤洗手都是需要长久坚持下去的好习惯。在我国古代人们就已经认识到了保持口腔卫生的重要性。不过低年级的小朋友却容易因为嫌麻烦逃避刷牙，连洗手也是草草糊弄了事。每个孩子都不喜欢说教，在寄宿制学校里，依靠老师的监督和频繁催促并不能化为孩子的内驱力，不过小学生非常爱听故事，他们在阅读中自己感受到的往往比父母或者老师的反复说教还管用。育才双语小学部正是借助好习惯养成绘本帮助孩子认识到早晚刷牙和勤洗手是多么重要的事情。辅导老师带领孩子们共同阅读儿科专家张思莱倾情推荐的儿童绘本《牙婆婆》，故事中日本童书作家以孩子能接受的方式创造了“牙婆婆”这一想象中的人物存在。她住在小朋友的口腔里，帮助他们清洁牙齿，为小朋友的牙齿健康立下了不小的功劳。生动形象的绘本故事，将不爱刷牙所引发的后果一点一点展现在孩子眼前，同时还引导孩子们注意少吃甜食，经常漱口，每天用正确的刷牙方法按时刷牙，保护牙齿的健康。通过这样的好习惯绘本教育，孩子们知道了为什么要早晚刷牙、认真洗手，外界的推动力化为了孩子内在的驱动力，使孩子们养成了早晚刷牙和勤洗手的好习惯，为孩子们的健康成长打下良好的基础。

“冠必正，纽必结，袜与履，俱紧切”，服装是人体的又一层“皮肤”，是流动着的“软”雕塑。老师还告诉孩子们，穿衣服不仅要适应温度变化，还要整齐得体，必须拉好拉链，系好袖口和领口的风纪扣，穿得整洁，穿出气质，穿出“学生样”。在班级内老师经常组织穿衣服、系扣子的比赛活动，低年级三分钟不到，高年级一分钟不到，全班同学都能穿戴整齐，立正站好，仿佛是一支站在天安门广场上等待检阅的、英姿挺拔的军队。老师们还经常适时地问孩子们生活中关于穿衣服要注意哪些方面。一年级的孩子说：“把衣服披在身上，先要把前襟对齐，因为我可不想把扣子系错位。”二年级的孩子说：“衣服穿好后要整理一下领子、袖口，然后把白衬衫放到裤子里，再把马甲外套往下抻抻，这样我就很板正了。”三年级的孩子说：“平时穿衣服时，要认真听老师和家长的建议，如果大人不在身边，要根据自己的冷暖及时地增减衣物。”四年级的孩子说：“《弟子规》告诉我们，衣贵洁，不贵华，在平时穿衣服时主要讲究干净、合体。”五年级的孩子说：“校服上有校徽，不管走到哪里我们都自豪地代表着东北育才，我们时刻要以育才的高标准要求自己！”六年级的孩子说：“衣服上的污垢是妈妈辛辛苦苦一点一点搓洗出来的，我们穿衣服时要爱惜，并且也要尽快学会自己洗衣服。”生活是最好的老师，在育才即使是不起眼的穿衣服、系扣子这些最平常的事也一样会磨砺出优秀的习惯，“冠必正，纽必结，袜与履，俱紧切”“穿好衣服，做好人”“正我衣冠，展我风采”不仅仅是喊出来的口号，还是每一个平凡日子里育才娃一直努力兑现的承诺！

行为有度

世间皆有法，是法皆有则，是则皆有度，“度”是丈量的单位，标志着做人做事基本应该遵循的规则。《论语》中提到“有礼则安，无礼则危，故不学礼，无以立身”，礼仪是中华民族的传统美德，从古至今，源远流长。对一个人来说，礼仪是一个人思想道德水平、文化修养、交际能力的外在表现；对一个社会来说，礼仪是一个国家社会文明程度、道德风尚和生活习惯的反映。育才不仅重视学生知识能力的培养，更重视学生良好精神风貌的打造，力求让每一个育才学子都能知礼、守礼，行为有度。

育才双语小学部国际报告厅里气氛活泼，为弘扬文明礼仪，培养学生良好的精神面貌，这里正在开展“知礼、懂礼、礼行天下”为主题的礼仪讲堂活动。为孩子们宣讲的是中国（香港）国际礼仪研究院研究员、国际SMC机构高级讲师、国内多家中小学德育礼仪课外辅导员贾春梅老师。她正引用古代大教育家荀子的话告诉孩子们：“人无礼，则不生；事无礼，则不成；国家无礼，则不宁。”春梅老师还给孩子们讲述了规范的站姿、坐姿、行姿、握手、拥抱、就餐礼仪，并通过互动来介绍规范得体的仪表仪态。孩子们认真倾听，积极发言，上台体验，会场气氛热烈之余又不失文明和秩序……

育才双语小学部结合开学典礼、开笔礼、运动会、篮球联赛、学科活动、大队会、祭扫烈士陵墓、参观总理读书旧址、沈阳“九·一八”历史博物馆等大型活动，利用升旗仪式、班队会、晨检、午检、翔宇广播等常规活动，以及春节、端午节、父亲节、母亲节、中秋节、教师节、国庆节等节日等对学生进行礼仪教育、感恩教育、爱国教育，彰显育才品质。

在育才，孩子们将尊重理解、恭敬谦卑的修养根植于内心，将自我约束的行为习惯内化为无须提醒的自觉，从礼貌起步，遵守规则。在校园里孩子们见到老师和长辈问好会用敬语；上课迟到了，会先敲门并道歉；到老师办公室先敲门，听到“请进”再进入；有事情离开班级时会和老师打招呼；进出教室，能为紧跟在身后的人扶一下门；不小心弄脏了公共卫生环境，会诚挚地对保洁人员道歉；对帮助过自己的人会真诚地感谢；站队时能遵照口令快静齐；走廊里行进时慢步轻声；教室及公共环境的卫生能保持整洁干净；自己个人的物品会摆放整齐有序……文明，是最美的风景。旅途中的风景，用目光去发现；生命里的风景，靠行为来雕刻！

学习得法

联合国教科文组织《学会生存》一书中说：未来的文盲不再是不识字的人，而是没有学会怎样学习的人。美国心理学家布鲁纳认为学会学习的实质就是掌握有效的学习策略方法。调查研究指出，在影响中小学生学习的20个因素中，学习方法处在第三位，超常儿童和年龄较大儿童在学习能力和学业成绩方面之所以优于其他儿童，主要是由于他们更善于运用各种学习方法，更善于调节、控制自己的心理状态和学习活动。由此看出，学习得法不仅能提高学习效率，获得事半功倍的效果，而且还有助于学习潜能的发挥和学习能力的提高。育才双语小学部一直以来非常重视对孩子学习过程和相关能力、方法及习惯的培养，具体常规指导要点有：

表1　与学习过程相关的学习方法指导要点

类别	指导要点
制定目标	1. 正确看待自己，了解自己的学习情况。 2. 制定一个略高于自己现状的学习目标。
预习	一、二年级学生有预习的意识。逐步培养预习的习惯。 三、四年级学生课前先整体浏览教材，后精读教材。有能力处理好预习与听课的关系。 五、六年级能够联系学习过的知识，针对教材提出问题、解决问题。在自己不能够独立理解的地方画上标识，以便认真听取教师对重点的讲授。
课前准备	1. 课前做好物品准备，教科书、练习本、相关学具、工具书等摆放到规定位置。 2. 课前知识准备：上堂课学了哪些知识，这堂课要用到课前做好复习。课间不做作业、不从事太兴奋的活动，可做些轻微的体育活动。体育课后及时回教室休息调整。 3. 本节课要学习哪些新知识，预习不懂的问题是什么。
听课	1. 上课精神饱满，专心听讲，积极思考，踊跃发言，坐、立、写字姿态要正确。 2. 要发言先举手，举手一律用右手，一律用普通话，声音响亮，语言完整，发言完毕，待老师示意坐下，方可坐下。 3. 不懂就问，敢于提出问题，敢于发表不同意见。 4. 自觉遵守课堂纪律，珍惜课堂上每一分钟，高度集中精神听老师讲课。积极思考，大胆发言、质疑，不但学懂学会，还要掌握学习方法，逐步做到会学。 5. 对教师讲课中的要点、难点都要简明扼要地写在笔记上或标注在书上，以备课后复习。

续表

类别	指导要点
作业与复习	1. 有先复习后作业的习惯。 2. 掌握常规的作业格式要求，书写时做到格式规范。 3. 按时、独立完成作业。 4. 碰到难题时，不能退缩，要有克服困难的勇气和乐于钻研的精神。 5. 做完后，认真检查、验证。 6. 对批改后的作业要及时改正、总结。 7. 四年级开始，用一定方法将所学知识归纳整理。 8. 遇到不懂问题，经过自己独立思考，再去请教他人。 9. 回顾教师课堂讲授的内容及其过程，目的在于弄清哪些完全理解了，哪些没有理解，使进一步的复习具有鲜明的针对性和目的性。 10. 整理笔记，对课堂记得不完整或不准确的地方加以补充和修正，使之更加系统、完整，便于复习。
考试	1. 测验、考试时，要实事求是，不作弊。 2. 以平和心态参加考试，不紧张，发挥最佳水平。 3. 考试过程中应该认真检查，不做与考试无关的事情。不得提前交卷。 4. 考试后，及时针对存在的问题练习、校正，学生有自己的“错题本”。

表2　与能力相关的习惯与方法指导要点

类别	指导要点
观察	1. 不要笼统地观察事物，要从事物的形状、声音、颜色、味道、数量、长度等多方面入手。 2. 观察事物时要按照一定的逻辑顺序，如：由内到外、由上到下、由左到右等顺序进行观察，会找同类事物的共同特征，也能够把相似的事物进行对比，找出异同。 3. 有意地观察、思考，不断丰富自己的见闻，珍视个人独特感受。

续表

类别	指导要点
阅读与背诵	1. 经常读书、看报。不认识的字、不懂的词语要会借助工具书找到答案。（每个年级有推荐书目，开展师生共读、讲读、自读等相结合的读书活动） 2. 在阅读文章时要选择感兴趣的片段写简单批注，并能适当摘抄，养成“不动笔墨不读书”的习惯。 3. 诵读优秀诗文，注意在朗读过程中体验情感，领悟内容。要认真完成书中必背的语文、英语篇章，背诵优秀古诗文篇目，掌握朗读技巧。 4. 掌握一定的背诵方法，如：情景背诵法、分段背诵法等。 5. 能将背诵的素材运用到自己的写作之中。
质疑	1. 留心观察周围事物，能结合学习经历和生活实践提出有价值的问题。 2. 与同学有目的地收集资料，共同讨论。 3. 会结合学习内容、自己的学习情况寻找习题、设计习题，提高学习效果。同学之间结成合作小组，针对错题、难题开展互学、互测、合作学习活动。 4. 鼓励学生挑战难题开展每日一题活动。
动笔	1. 留心周围事物，乐于书面表达。 2. 能不拘泥于形式地写下见闻、感受和想象，注意表现自己觉得新奇的、有趣的或印象最深、最受感动的内容。 3. 能用简单书信和便条进行书面交流。 4. 尝试在习作中运用自己平时积累的语言材料，特别是有新鲜感的词句。 5. 养成记日记的好习惯。
审题	1. 充分读题。读题时不添字、不漏字、不读错字、不断章取义。 2. 读题后，能正确复述题意。
书写	1. 有一定的书写速度。 2. 能使用硬笔熟练地书写正楷。 3. 在书写中体会汉字的优美。 4. 三年级要从使用铅笔过渡到使用钢笔书写。
获取信息	1. 掌握看新闻、听广播、借阅、上网等获取信息的方法。 2. 收藏并与同学交流图书资料、网络信息。 3. 根据现实条件，选择最恰当的方法获取信息。

续表

类别	指导要点
实践	1. 勇于提出不同看法。 2. 积极了解、接触新鲜事物，要勇于亲自实践。 3. 不盲目迷信、崇拜权威。 4. 能从多角度看问题，用多种方法解决问题。
时间安排	1. 合理安排时间，做到有张有弛，劳逸结合。 2. 制定学习休息时间表，在严格执行的基础上，根据情况可作适当调整。 3. 充分利用零散时间。 4. 做事不拖拉，今日事，今日毕。

育才双语小学部关注每个孩子真实成长，促进每个孩子全面、和谐、有特长地发展，除了重视对孩子常规学习过程和方法的指导、对学习习惯的培养外，还有意识地为不同程度的孩子提供展示自己的平台，比如引导孩子们分享兴趣、开阔视野，张扬个性、收获自信的“小小百家讲坛”活动。每天由一个孩子用5分钟左右的时间来介绍自己感兴趣的话题。有的孩子结合传统文化介绍清明节的来历和习俗；有的孩子对动物百科感兴趣，讲解了抹香鲸的故事；还有的孩子向大家介绍了自己喜爱的滑雪运动以及自己在滑雪方面的实践和体会；有的班主任老师也加入其中，向孩子们介绍了著名的物理学家霍金，以示悼念和敬意……一个孩子说：“看到同学们认真倾听我的讲座，我特别有成就感！我觉得演讲前收集、整理材料，向同学寻求帮助都是非常值得的。”短短的几分钟时间，无论是小演说家还是台下的观众们都受益匪浅，结束后孩子们还感觉意犹未尽，不仅期待明天的讲坛，更期待早日轮到自己在“百家讲坛”里一展风采。

安全先行

育才双语小学部长期以来十分重视安全工作，积极打造“平安校园”。为构建平安、和谐的人文校园，加强学生的灵活应变能力和应对紧急情况安全逃生意识，学校每学期都要进行紧急疏散演练。随着演练指令下达，负责指挥疏散的科任教师第一时间到达指定位置，在寝室楼内的同学，立即从寝室出发，快速有序地奔向走廊，在班主任和辅导老师的带领下，按照预定路线，弯着腰，捂住口鼻，分别从两栋寝室楼安全、迅速、有序地撤离到指定位置集合并完成人数清点。从指令下达到集合完毕，仅仅5分钟的时间，完成了2500余人的疏散、集合和清点。每次演练学校都会做到前期充分准备，安排细致，整个安全演练过程紧张有序，极大地提高了师生的安全意识以及应对突发情况的自救能力。

英国诗人托马斯·哈代说“凡是有鸟儿歌唱的地方，也都有毒蛇嘶嘶地叫”。老师们经常会教育孩子：校园内虽然安全，也应该时时遵守规则，安全意识放心中；遵守秩序进校门，不拥不挤不奔跑；走廊通道慢慢行，玩球打闹危险高；上下楼梯靠右行，先后有序不争抢；楼梯行进东西掉，大家走完再捡拾；队伍行进鞋带松，出队人少地方系；攀爬器械要谨慎，危险动作杜绝掉；遇事不慌也不乱，沉着冷静找老师；出入关门动作轻，以防碰到后面人；锻炼之前做准备，动动腿来伸伸腰；铃响就寝不打闹，洗漱拥挤可不好；如果偶然遇停电，要听老师来指挥，不呼喊来不吵闹……朗朗上口的安

全歌谣深入孩子们心中，也指导着孩子们的行为。

温暖互助

团结互助是中华民族的传统美德，俗话说：“一个篱笆三个桩，一个好汉三个帮。”一块块砖，只有堆砌在一起才能建成万丈高楼；一滴滴水，只有汇入大海才能获得永存！一个国家，只有团结起来才能昌盛发达；一个家庭，只有团结和睦，才能美满幸福；一个校园，只有处处盛开团结互助之花，这个学校才能成为孩子们健康成长的乐园。温暖互助，用爱相处，每年新生入学季，一年和五年级的班级就会结成互助小组。高年级的同学定时到低年级的对应班级去“上桶装水”“教值日”“送间食”“讲故事”“教做操”……被爱的人是一种幸福，会爱的人也是一种幸福。生活中“大帮小”的互助让新入校的学生感受到亲人般的关爱，高年级的学生同时体会到助人的快乐，爱与责任在温暖的育才园里和谐共生。

被爱的人是一种幸福，会爱的人也是一种幸福。温暖互助，用爱相处，我们是最好的伙伴，我们是最温暖的一家人。

随着沈阳市中小学读书季活动的启动，育才双语小学部的孩子们积极为康平郝官屯学校搭建诵读活动载体，三年十班师生向该校三年三班捐赠600本课外读物。捐赠仪式上两校孩子畅谈自己体会到阅读的意义、阅读的快乐和对互助友谊的珍惜。象征友谊的图书在孩子们的手中交接，看到如此温暖的画面，爱心团队高源书画院高源院长现场挥毫“同享书香 结伴成长”赠予郝官屯学校，将赠书仪式推向了高潮。互帮互助中见证了真情，更见证了“以人为本，立德树人”办学理念在育才双语小学部开花结果、落地生根！

身心健康

作为寄宿制学校，育才双语小学部始终将孩子的身心健康放在首位。学校特别重视中小学生身体素质国家标准检测工作，严格执行国家要求，把体育测试成绩作为学生评优评先的重要条件，鼓励孩子们更积极地投身到体育运动中。考评只是手段，增强孩子体质，培养终身运动习惯才是目的。育才双语小学部的体育老师结合小学生年龄特点制订锻炼身体的计划，比如晨起的跑步、下午大课间跳小绳、晚间活动时间跳八字大绳等等，把体育锻炼和游戏娱乐结合起来，合理安排，循序渐进。既使孩子们在力量、速度、灵敏、耐力等方面都得到发展，同时也帮助孩子们养成体育运动的习惯。每年秋季以运动会为契机把体育运动的阳光洒遍校园每个角落。篮球运动作为东北育才双语小学部特色体育项目已经进入平时课堂教学及课余体育活动中。每一年的“双语杯”校园篮球联赛已经成为学校最有影响力的体育赛事。在“运动 · 快乐 · 健康 · 阳光”为主题的理念下，育才双语小学部把“运动丰富人生”的理念植根于每一位育才学生心中。让孩子们在运动中领略体育的魅力，感受体育的快乐。

心理健康是现代健康观念中非常重要的一部分。一个心理健康的人，可

以用坚强的意志战胜困难，可以用坚定而乐观的心态面对失败；可以在顺境中一路领先，也可以在逆境中奋勇崛起。小学阶段是孩子情商、智商逐渐提高的重要阶段，也是他们建立人生观、世界观的第一阶段，在这人生最重要的阶段，关注他们的心理健康教育，帮助他们走出心理上的困境，具有非同寻常的意义。育才双语小学部创立了“心语心晴”心理小报，通过报纸的形式让孩子们认识心理学，对孩子进行心理知识科普，并与孩子们进行心声互动。每周一期的心语广播，以生动的故事形式向孩子们介绍心理学中各个著名的效应，最大程度预防与消除孩子们心理问题的滋生，促进孩子们良好心理品质的发展。与此同时心理老师还建立了心语信箱，孩子们可以写信给老师分享自己的喜怒哀乐。需要回信的时候孩子就写上自己的班级姓名，老师会将回信“邮寄”到孩子的手中。此外心语小屋每天开放，有心理困惑的孩子可以第一时间与心理老师诉说自己的困扰、和老师分享自己的心事，心理老师会结合具体情况对孩子予以心理辅导，为孩子们打开心灵之窗，让每一颗心灵洒满阳光。

英国教育家洛克说：“事实上，一切教育都归结为养成儿童的良好习惯，往往自己的幸福都归于自己的习惯。”习惯是一种顽强的巨大的力量，习惯决定着未来，它可以主宰人生。爱因斯坦说：“如果人们已经忘记了他们在学校里所学的一切，那么所留下的就是教育。”而这个“教育”，就是无形中逐渐养成的习惯。习惯一旦养成就成为一种自动化的行为，是永远忘不掉的，只有忘不掉的习惯才是最基本的素质，所以我们完全可以说：培养习惯是真正的教育，是素质教育。希望每个孩子，都可以在学习的年龄，在东北育才双语学校小学部收获一辈子受用的能量。

从学科教学迈向学科教育

东北育才双语学校小学部以学生的全面和谐发展为本，致力于培养全面而有特长，具有家国情怀和国际视野的育才学子。学校围绕文化基础、自主发展、社会参与三大领域六大类别核心素养要求，建构了既有育才品质又有双语特质的360°全课程体系，逐步从“知识本位”的学科教学，迈向“引领学生遇见更好的自己”的学科教育。

搭载学科课程，关注学生核心素养

《中国学生发展核心素养》中指出，所谓“核心素养”是指学生应具备的适应终生发展和社会发展需要的必备品格和关键能力。综合表现为三大类别、九大素养，具体为社会责任、国家认同、国际理解；人文底蕴、科学精神、审美情趣；身心健康、学会学习、实践创新。“核心素养”这个概念的提出，对于教育要培养什么样的人，给出了明确的答案。

为了落实学生的核心素养，东北育才双语小学部建构了360°全课程体系，并在教学实践中不断探索“核心素养”在特定学科的具体化，它是学生学习一门学科之后所形成的，具有学科特点的关键成就，是学科育人价值的集中体现。

表1　东北育才双语学校小学部各学科核心素养培养目标

科目	核心素养培养目标
语文	语言建构、思维发展、审美能力、文化传承
数学	数学运算、数学思维，逻辑推理、数据分析
英语	语言能力，文化品格，思维品质
音乐	音乐需要、音乐欣赏、情感体验
美术	艺术审美、美术创意、文化理解
体育	运动能力、健康行为、体育精神
科学	实验探究与创新意识，科学精神与社会责任
信息技术	搜集信息、处理信息、创新能力
看世界	了解世界，既有国际视野又有民族自信

在学科教学中实现学科核心素养培养目标，是迈向学科教育的重要阶梯。双语小学部在明确学科核心素养培养目标的基础上，通过学科教研、年组集体备课，探究实践学科核心素养的教学模式，形成可操作的路径和策略方法，打造基于学科核心素养的精彩课堂，并形成统一的课堂教学评价表，围绕学科核心素养的培育和落实，来评估课堂。

表2　东北育才双语学校小学部教师课堂评价量化表

	项目内容	具体要求	等级	
教学目标（10）	教学目标（10）	符合学生核心素养培养目标，符合课标、教材要求和学生实际，明确、可操作，并能根据课堂运行实际适当调整预设目标	优秀	
			良好	
			一般	
			待提高	
教学过程（70）	教学方式（10）	根据学科特点和教学实际灵活运用接受式、启发式、探究式、合作式等多种教学方式。	优秀	
			良好	
			一般	
			待提高	
	教学内容（10）	创造性处理和使用教材，教学资源丰富；课堂容量和教学难度适中，层次清楚，重、难点突出。	优秀	
			良好	
			一般	
			待提高	
	教学流程（10）	课堂结构严谨，线索清楚，逻辑性强，过渡自然、流畅；教学节奏密度适当，教与学时间分配合理。	优秀	
			良好	
			一般	
			待提高	
	教学组织（30）	营造民主、互动、开放的教学情境，发挥教师指导作用，突出学生的主体地位。	优秀	
			良好	
			一般	
			待提高	

续表

	项目内容	具体要求	等级	
教学过程（70）	教学组织（30）	注重知识的发生发展过程，精心设计问题，创设情境，给学生充分思考、活动、质疑的时间和空间。	优秀	
			良好	
			一般	
			待提高	
		注重学法指导，对学生信息及时反馈，有效纠正，评价意见中肯且有激励作用。	优秀	
			良好	
			一般	
			待提高	
	教师素质（10）	语言表述清楚，富有感染力；板书布局合理，书写规范；善于组织教学，能随机调整；能恰当运用图表、模型或现代教育技术手段辅助教学。	优秀	
			良好	
			一般	
			待提高	
教学效果（20）	教学效果（20）	学生学习兴趣浓厚，参与学习活动积极、主动；绝大多数学生在学习和解决问题过程中能形成一定的能力和方法，各层次学生均有所得。	优秀	
			良好	
			一般	
			待提高	

以语文学科为例，育才双语小学部的语文教师首先要在课堂教学中实现“语言建构”。“语言建构”是语文核心素养的基础。学生在语言实践中，通过主动地积累、梳理和整合，逐步掌握祖国语言文字特点及其运用规律，并在具体的语境中正确有效地运用祖国语言文字进行交流。课堂教学中，教师从具体语言文字的运用入手，引领学生通过对语言的品味、咀嚼，来探索文

本的意蕴，或者从整体阅读的感悟出发，到语言文字中找出认知的依据。如在教学《黄山奇石》这篇课文时，由于大部分学生没有到过黄山，在教学时，教师先借助于多媒体，再现黄山的风景，给学生整体的感知，在学生头脑中形成直观的印象，再让学生带着自己的感受去诵读，最后引导学生从一个汉字、一个词语去体会、感知黄山奇石的特点。

其次在问题情境中实现“思维发展”。“思维发展”是语文核心素养的形成标志。思维提升与发展，是在问题情境中借助解决问题的实践培育起来的。育才双语小学部的语文教师会尽可能多地创造“引发思考的情境”。老师不仅引导学生提问题，还引导学生分析问题，把学习过程变为提出问题和解决问题的过程。如教师在讲授《麻雀》这篇课文时，有学生提出这样一个问题：老师，为什么课文中是一种强大的力量使它飞下来，而不直接说母爱的力量？学生提的问题很深刻，教师并没有直接回答，而是引导学生去了解屠格涅夫创作这篇文章的时代背景，经过探究学生明白了课文表达的主旨是弱小力量要奋起反抗强暴，而不是单纯地在讲母爱，学生自己解决了自己的疑问。

教学中教师们还注重引导学生在阅读中培养“审美能力”。“审美能力”是语文核心素养的综合应用，是学生在语文活动中体验、欣赏、评价、表现和创造美的能力。语文教科书内容丰富，集社会美、自然美、人性美、情感美于一身。在语文教学中，语文教师充分利用教科书资源，引导学生在阅读中感受语言文字的美，品味语言文字之美。从阅读中汲取信息，丰富语言，获得情感体验，获得精神享受，更进一步体验生活中的真善美，体验自然万物的真实美，并学会融入自己独立思考富有创意地表达美。

“文化传承”是语文核心素养的终极目标。汉字是中华文化的载体，因其承载着中华文明和传统文化而成为中华文化的重要组成部分。学习语言文字的过程，也是文化获得的过程。通过语言文字的学习，实现文化的传承与理解是语文核心素养的重要组成部分，也是学生语文素养形成和发展的重要表征之一。

育才双语小学部的孩子们在一年级时会参加“追根溯源话姓氏，见贤思齐学名人”活动。在活动的初始阶段，孩子们先和父母一起通过查阅资料，了解自己的家族姓氏，追溯姓氏的由来，了解姓氏在百家姓中的位置等等。在表演阶段，这些刚迈进校园大门的小娃娃用独有的奶油腔，以课前演讲的形式在班级内进行自我介绍，大方地告诉老师和同学们父母给自己取的名字的含义，并介绍和自己同姓氏的古今名人。最后进入展出阶段，也掀起了此次活动的高潮。一张张精心制作的姓名小海报粘贴在走廊的墙壁上，构成了一个小型“姓氏来源展馆”，吸引了无数的老师和孩子驻足观看。无论低、中、高年段，孩子兴奋地围在一起，边看边讨论，时不时还有一两句惊呼，他们总是在午休结束的铃声响了，才恋恋不舍地离开。

通过这样的活动，孩子们不仅增进了彼此之间的了解，而且知道了自己名字的含义，感受到父母对自己的美好期许；不仅了解了自己家族姓氏的由来，而且知道了跟自己同姓同宗的古今名人，在深感骄傲的同时要见贤思齐，与名人比肩。让学生们体会到了中华文化的博大精深，并且理解认同中华文化，形成热爱中华文化的感情，增强了文化自信和民族自豪感。

育才双语小学部多年的教学实践表明：一方面，核心素养的达成，依赖各个学科课程独特育人功能的发挥；另一方面，核心素养指导，引领各学科课程。学科课程只有乘上核心素养之筏，才能使“学科教学”升华为“学科教育”，才能彰显学科教学的育人价值。

挖掘学科内涵，锤炼学生学习品质

学科育人离不开学科知识载体。学科知识是有层次结构的，它的外显层是语言、文字、符号所直接表述的学科内容；中间层由思维方式、方法和过程构成，它潜藏在知识表层背后，是通过分析、判断、推理而呈现出来的规律和法则；其内在的隐性层是蕴含在学科知识内容背后的情感、态度与价值观，是学生学习品质形成和发展的根本因素。

在育才双语小学部，教师注重借助学科教材等资源，让学生在学科知识与日常生活实际之间建立有机联系，让学生经历梳理与探究、移情与理解、创造与表现等学科活动，打开知识的深层结构，逐步理解学科知识的内在意义，体验学科知识背后的思维方式、学科思想。让学科课程深入学生的心灵，直接或间接地影响到学生内在的精神生活。同时，教师也会把握学科知识与学生学科潜能的匹配，与学生日常生活的连接，在这些可能的触发点上实现学生精神世界的突破与升华。

育才双语小学部的数学教师在教学的过程中注重挖掘数学学科的内涵，激发学生学习数学热情，锤炼学生坚毅、严谨的学习品质。比如学生在数学计算中经常有粗心马虎的现象，表现在运算时看错运算符号，计算时该进位的不进位，读题不认真，等等。这时候，教师会给学生讲苏联“联盟一号”宇宙飞船的故事：1967年8月23日，苏联“联盟一号”宇宙飞船返回时，宇航员科马洛夫发现飞船返回舱打不开降落伞。飞船的事故是因为在地面检查的时候忽略了一个小数点，导致飞船在进入轨道后出现一系列故障，使得飞船以每秒百米的速度坠毁，宇航员被摔死。这个故事使学生从自己的主观意识上，大大提高了对于计算的重视程度。让学生在数学学习中养成严谨的思维习惯，形成一丝不苟的科学精神。

英语教育是育才双语小学部的教学特色之一。英语教师不仅仅是向学生传授英语知识，更多的是培养学生的国际视野，以及对待外来文化和本国文化的合理的跨文化心态，既不妄自尊大、闭关锁国，也不崇洋媚外、妄自菲薄。在介绍英语国家文化的同时，注重介绍中华文化，培养学生对中华文化的了解与热爱，形成运用英语向外国人介绍中华文化的初步能力。

在英语教学中，我校英语教师注重引导学生学习西方文化的先进成分。比如开门的时候，有一件事很重要，要hold the door open（让门开着），因为你身后可能有人，不要在松手时撞到了他人。语言既是思维的工具、思维的载体，也是思维的一种形态。在英语学习的过程中，语言能力的提升，必然伴随着思维的发展。在讲解“I don't like...”句式时，我校英语教师不是机械地训练句型，而是分析为什么不说“I don't like cats”，而说“I don't like the cat”，因为此处“the”代表特指，“the cat”指的是书中的这一只猫，而不是猫（cats）这一群体。在这个过程中，学生不仅学会了相关的语法点，而且提升了思维的严谨度。

育才双语小学部的音乐教育以审美为核心理念，来丰富学生的情感体验，让校园生活变得丰富多彩，并开阔学生的音乐视野。为了让学生不仅具有一定的音乐审美鉴别能力，还能用音乐进行自我表达，老师们为学生提供各种展示自我的机会，除了每年儿童节的文艺汇演，每周三的大课间，是我们学校的“神采飞扬”活动。小演员在台上载歌载舞，台下掌声、欢呼声此起彼伏。学生通过这样的活动不断建立自信。节目的排练过程，也是一种以音乐为纽带进行的人际交流，有助于培养学生的合作精神、交往能力。

没有学科特色，就不能成为学科教学；没有学科内涵，则不能成为学科教育。在育才双语小学部，任何学科的教学都不仅仅是为了获得学科的知识、技能和能力，而是要同时指向学生的精神、思想情感、思维方式、生活方式和价值观的生成与提升。在学科教学中，不断挖掘学科内涵，锤炼学生学习品质，以实现“学会关心、学会创造、全面发展、初露才华”的育才教育目标。

打破学科本位，交还学生知识全貌

据百度百科中的文献统计，在1901—2008年间颁发的自然科学类诺贝尔奖（物理、化学、生理学或医学奖三项）中学科交叉的研究成果占获奖总数的52%，在各个被统计的时间段中学科交叉研究成果占获奖总数的比例一直呈上升趋势，最近8年这一比例已达到66.7%。可见学科融合与交叉是科学研究取得突破性进展的重要途径。

现代学科教学的教育功能、教学内容及教学方法之间是交叉、关联和渗透的，各学科都注重与社会生活的联系，努力面向生活实际并服务于生活实际，各学科都力求与相关学科相互融合，使课程内容跨越原“学科”间的道道鸿沟，最大限度地回归和体现知识的“整体”面目。

为此，育才双语小学部要求教师“两个审视”：审视自己，明确自己首先是教师，其次才是某个学科的教师；审视本学科，教这门学科能在学生身上产生哪些变化，能给学生留下终身受用的东西是什么。

育才双语小学部的一节数学课是这样上的：

师：同学们，这节课我们学习“除（chú）法的初步认识”，查查字典，“除”字有几种意思？在这里是什么意思？

(学生查字典)

生：我们小组查字典知道“除”有五种意思，一是“去掉”，如除四害；二是不计算在内，如除此而外；三是把一个数分成相等的若干份，如2除6等于3；四是台阶，如庭除；五是任命，授职。刚才，我们讨论除与加、减、乘一样，是一种计算方法，所以我们认为在“除法的初步认识”中

“除”是第三种意思。

师：用一个字概括“除”和什么字有关呢?

(众生齐答：分。)

《义务教育阶段国家数学课程标准（实验稿)》中指出：“要将数学与其他学科密切联系起来，从其他学科中挖掘可以利用的资源（如自然现象、社会现象和人文遗产）来创设情境，利用数学解决其他学科中的问题。”这节数学课中，数学老师引导学生用查字典的方式去理解“除”的意思，进而去理解除法的意义。教师们就是这样不断尝试，打破传统教学的“学科本位”，尽量交还给学生知识的全貌。

不同学科的教师围绕一个主题，共同展开教学，也是我校推进学科教育的大胆尝试。例如，在项目学习中，所有学科的老师围绕一个“飞翔”的主题给孩子们上课。语文课从诗的角度，音乐课从艺术欣赏的角度，美术课从手工制作的角度，科学课从结构和材料分析的角度，在不同学科中，孩子们从不同角度围绕同一项目主题思考、探究、实践。育才双语小学部还探索出了音美学科的“品读鉴赏式”，品德、语文等学科的“合作分享式”等授课模式。

围绕一个主题，通过学科的跨界融合，在充分发掘教学内容的内在和外延价值的过程中，促进了学生全方位的精神成长和核心素养的提高。

开展学科阅读，引发学生深度思考

课堂教学过程中进行的阅读一般都是片段阅读或者短篇阅读，为实现对学科本质魅力的发掘，提升学生的综合素养，各学科还引导学生进行整本书阅读。我校根据学生的年龄和心理特点，为不同年级的学生确立了贯穿全学科阅读的推荐书目体系。这些书目，有的是必读，有的是选读，必读内容作为学校“阅读闯关”的测试内容之一。检测与激趣并进，促使学生在自觉阅读中提升综合素养。

表3　东北育才双语学校小学部全科阅读书目

年级 学科		一年级	二年级	三年级	四年级	五年级	六年级
语文	必读	《红鞋子》	《小鲤鱼跳龙门》	《柳林风声》	《稻草人》	《水浒传》	《三国演义》
	选读	《兔子坡》	《一只想飞的猫》	《大林和小林》	《繁星·春水》	《山海经》	《尼尔斯骑鹅历险记》
数学	必读	《马小跳玩数学》（一年级）	《马小跳玩数学》（二年级）	《马小跳玩数学》（三年级）	《马小跳玩数学》（四年级）	《马小跳玩数学》（五年级）	《马小跳玩数学》（六年级）
	选读	《数学西游记》	《数学司令》	《生活中的数学》	《84个神奇的数学小魔术》	《数学神探006》	《小福尔摩斯训练营》
英语	必读	《培生幼儿英语》	《饼干狗系列绘本》（第一阶段）	《玩具大逃亡》	《轻松英语·名作欣赏》	《汤姆索亚历险记》	《小王子》
	选读	《海尼曼系列》	《用美国幼儿园课本学英语》	《怪物怕小孩》	《Drive into dange》	《绿野仙踪》	《爱丽丝漫游奇境记》
思品	必读	《我的时间管理习惯没问题》	《自信社交我最棒》	《这样学习效率高》	《心理健康会解压》	《学会爱》	《每天进步多一点》
	选读	《我的理财习惯没问题》	《管好自己最重要》	《去旅行系列》	《说话的魅力》	《给世界一个微笑》	《不要忘了你的爱》
科学	必读	《十万个为什么》	《中国儿童百科全书》	《游戏中的科学》	《科学家的故事100个》	《科学改变人类生活的100个瞬间》	《让孩子着迷的77×2个经典科学游戏》

续表

学科 \ 年级		一年级	二年级	三年级	四年级	五年级	六年级
	选读	《百问百答》	《寻宝记》	《昆虫记》	《玩转科学》	《小牛顿科学馆》	《世界未解之谜》
计算机	必读	《揭秘计算机》	《课本上学不到的信息技术小学（Ⅱ）》	《电子与信息 · 十万个为什么》	《哇塞！机器人》	《听故事 · 学PPT设计》	《从零开始学机械》
	选读	《课本上学不到的信息技术小学（Ⅰ）》	《漫话信息安全》	《编程真好玩》	《信息学奥赛一本通C++版初赛篇》	《信息技术简史》	《啊哈！算法》

随着“大数据”时代的到来，人的阅读情境发生了巨大变化。学校、课堂不再是阅读的全部场所，纸质阅读也不再是知识的全部来源。“大数据”时代下综合化教育的发展趋势，需要阅读突破传统的视域、方法和思

维方式，打破学科本位，因此，育才双语小学部还架构了纵向立体化阅读模式。

如五年级在阅读了《鲁滨逊漂流记》之后，教师又向学生推荐了《辛格尔顿船长》，课堂导读，课外自读，课间或课堂交流；在整本书阅读的基础上，又向学生推荐《鲁滨逊漂流记》的电影；走进大自然徒步远足挑战自我，实践感悟；然后制作读书小报，写读书心得。通过这样立体化的阅读方式，使学生深切体会到鲁滨逊身陷绝境仍然充满信心，勇敢面对生活的勇气和毅力。

育才双语小学部还进行学科之间的融合阅读。如在引导一年级孩子进行必读书目《红鞋子》的阅读过程中，除了常规的导读课、班级读书交流课之外，英语老师会把《红鞋子》上成一节英文游戏课；语文老师会带领学生一起走进“红鞋子”的内心世界；美术老师则带领学生一起发现插图的秘密，通过文字和图画的结合，创作绘本版《红鞋子》；音乐老师会和孩子一起把书中的故事搬上舞台，通过家长共同参与，最终上演《红鞋子》音乐剧……

东北育才双语小学部除了倡导中高年级的学生周末收看《新闻联播》或《朝闻天下》，还根据不同年级的不同教学内容，引导学生收看相应电视节目，比如《加油！向未来》《最强大脑》《诗词大会》等，让学生在视听阅读的过程中拓宽视野，增长知识。英语学科，除了用好“一起作业网”“英语趣配音”手机APP，引导学生进行听读和朗读训练，还向学生们推荐了优秀音频听书资源，促使学生在多样化的语言环境中提升英语口语能力。

立体化阅读是一种基于儿童发展需要、基于主题的“大阅读”理念，在这个理念指导下，学校的文化环境也发生了变化。我们建立起了“晨读——晚诵”的时段阅读课程体系。在此基础之上，学校还开放了校图书馆，学生每天中午都可以到图书馆自由借阅自己喜欢的图书，每年4月都要举行“校园读书节”活动，每月都进行“读书小明星”颁奖活动……这些阅读氛围的创设，为学生阅读兴趣的激发与阅读动力的持续发展起到了积极的促进作用，更为立体化阅读的深入推进提供了肥沃的土壤。

表4 晨读天天练

	周一晨读	周二晨读	周三晨读	周四晨读	周五晨读
一年级	1. 大屏幕跟读单词和chant 2. 歌曲	1. 大屏幕跟读句子 2. 歌曲	1. 大屏幕跟读句子 2. 歌曲	1. 大屏幕跟读句子 2. 歌曲	1. 朗读反馈单 2. 歌曲
二年级	1. 大屏幕跟读课文预习 2. 跟读背诵拓展阅读	1. 大屏幕跟读课文复习 2. 跟读背诵拓展阅读	1. 大屏幕跟读课文复习 2. 跟读背诵拓展阅读	指读“晨读单”（单词要拼读）	指读“反馈单”（单词要拼读）
三年级	1. 大屏幕跟读课文预习 2. 跟读拓展阅读	1. 大屏幕跟读课文复习 2. 跟读拓展阅读	1. 大屏幕跟读课文复习 2. 跟读拓展阅读	指读“晨读单”（单词要拼读）	指读“晨读单”（单词要拼读）
四年级	1. 大屏幕跟读课文预习 2. 复习上周美文	1. 大屏幕跟读课文复习 2. 朗读本周反馈单	1. 朗读本周听力 2. 阅读拓展单词	朗读并背诵“反馈单”	1. 完成一篇听力 2. 朗读并背诵反馈单
五年级	1. 大屏幕跟读课文预习 2. 复习上周《阅读拓展词汇》	完成一篇听力	1. 大屏幕跟读课文复习 2. 背诵重点段落	朗读、拼读本周新授《阅读拓展词汇》	朗读反馈单
六年级	大屏幕跟读课文预习	背诵周一所学课文	背诵周二所学课文和本周单词单	完成一篇听力	朗读反馈单

表5 快乐晚诵

一年级	二年级	三年级	四年级	五年级	六年级
语文课文、成语接龙、《新教育晨诵》	语文课文、《弟子规》、《新教育晨诵》	语文课文、古诗接龙、《新教育晨诵》	语文课文、《论语》、《新教育晨诵》	语文课文、《古诗校本》、《新教育晨诵》	语文课文、《古诗校本》、《新教育晨诵》

苏联著名教育家苏霍姆林斯基曾说过，教育的理想就是使所有儿童都成为幸福的人。一直以来，东北育才双语小学部以“核心素养”为融化剂打破学科壁垒，逐步实现各学科教学统筹统整，发挥课程合力，综合育人。东北育才双语小学部正在从学科教学迈向学科教育，在这一过程中，致力于做有温度的教育，让“核心素养”在每个育才学子身上落地生根，为他们的幸福人生奠基。

传统文化为学生烙上“中国印”

中华文明是世界古文明中唯一没有中断、传承至今的伟大文明，五千年文明历史孕育出的中国优秀传统文化，是中华民族最深沉的精神追求。站在新的历史起点，深入挖掘根植于中华民族基因中的优秀文化特质，对其进行创造性转化、创新性发展，能够彰显中华文化自信，更能为解决人类问题贡献中国智慧。因此，传统文化的传承成为当今学校教育重要的历史使命。

我校传统文化教育以弘扬爱国主义精神为核心，以家国情怀教育、人格修养教育为重点，完善学生的道德品质教育体系，把中华优秀传统文化教育分学段有序融入课程中，着力增强中华优秀传统文化教育的多元支撑。

书法，传统文化传承发展的奠基石

“写好中国字 · 做好中国人”书法大赛正在我校如火如荼地开展着。

一进入展厅，首先映入眼帘的是“传承国学，墨韵飘香。璞玉浑金，光彩夺目”十六个遒劲有力的大字。在展厅里一共展示了650幅参赛作品。每一位来参观的老师与学生都被这浓郁的中国风紧紧地包裹着，情绪激昂。

展厅里的作品笔法苍劲有力，尤有行云流水，笔走龙蛇之感。让人深深感受到中华书法的博大精深。展厅的一端，几个低年级的学生聊了起来。

“这是什么笔体，你知道吗?”

“当然知道啦，这是小楷，这是仿宋，这是欧体……”

“咦，怎么回事？这个‘德’字怎么少了一横?”

“让我来告诉你。这其中的原因可不简单，它反映了这个字在我国文字书写史中复杂的演变过程……”

在展厅中央，一位六年级的学生站在桌前，稚嫩却充满力量的手上执着毛笔，只见他凝神定气，宣纸上的墨字一气呵成，一笔一画足见其功力，整幅作品令在场的人无不为之喝彩……

像这样精彩的书法展每年都在我校开展。“从小写好中国字，长大做好中国人”。书法课程的开展，让我校学生掌握了书写汉字的基本技法，养成了良好的书写习惯，更体会到了书法字形、运笔、结构、章法四美，把简单的写字提升到一个艺术高度来认识。

我校自建校之日起就设立了专业书法教室，教室内安装了多媒体教学系统，利用实物投影，可以将写字过程直观地同步展示给学生，使学生能够很清晰地看到老师的运笔过程。学生们常说：“上了书法课，不仅对汉字的间架结构有了解，老师的每次同步展示还让我们牢记了汉字的笔顺，真是收获多多。”利用书法教室上课，还可以帮助学生们通过网络查阅相关书法资料，下载各种书法链接，辅助学习，学生们书法学习的视野被拓宽了。书法教室的储物柜里，还为学生们准备了优质的书法作品专用纸及笔墨纸砚，保证了学生们能够通过充分的练习提升书写能力。书法教室的展示墙上，还会定期展示名家作品，进一步增长了学生的见识，也促使学生提高对自己书法水平的要求。在这里，学生们了解到了中国书法的衍变、发展、积淀，认识了众多知名书法家，在与历史和书法大师的对话中提升了个人的书写水准、审美能力和文化品位，增强了文化自信与爱国情感。

完整的书法课程体系会让中华传统文化在学生身上好好扎根。我校书法教学通过讲述书法渊源和字体演变，让学生了解我国的书法艺术是在长期的历史过程中发展起来的。书法中凝聚着中华民族的聪明才智、哲学思想、美学追求、人文精神，它是一个反映生命的艺术，是整个中华民族的象征。就在元旦前的一节书法课上，同学们在老师的指导下完成了一幅幅春联，他们拿着自己的作品讲述春联中的祝福，并把这些祝福送给自己的老师和亲人。一幅小小的书法作品，让学生们体会到了“年”味，令他们完全沉浸在节日的喜悦里……书法不仅是我国民族文化遗产中一颗璀璨的明珠，而且还是“世界公认的最高艺术”。中国书法，让学生能更好地了解中华民族的历史及灿烂的民族文化，增强民族自信心和自豪感，更加热爱我们伟大的祖国。

表1　书法课程设置体系

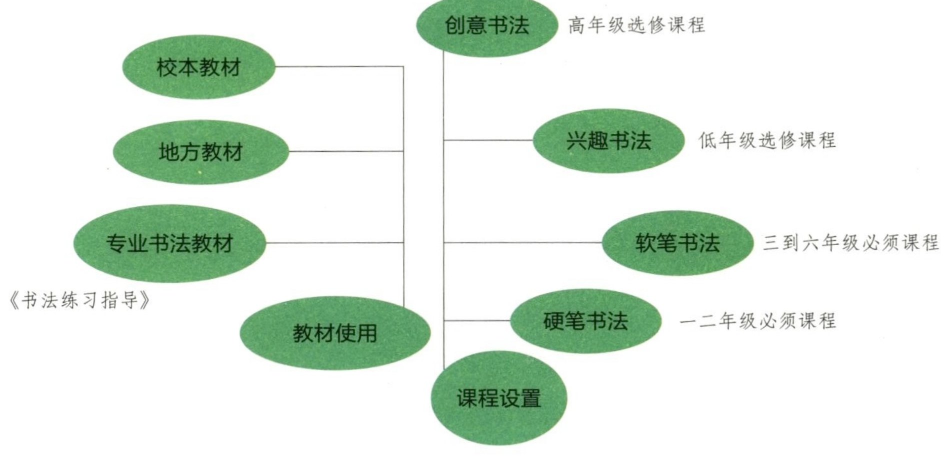

不同年龄段的学生对于书法学习有着不同的认识，有梯度的书法教学会让更多的学生受益。我校低年级的硬笔书法课上，教师们强调书画同源，注重在硬笔书法教学中渗透软笔书法的书写技巧和创作情感，课堂教学中注意深入浅出，将深奥的软笔书法归纳总结成低年级学生所能够理解的内容，为学生在中高年级学习软笔书法做必要的铺垫，使学生对于中高年级的软笔书法学习充满了期待，激发了学生对传统文化的学习热情。

我国大教育家、思想家孔子曾说："知之者不如好之者，好之者不如乐之者。"兴趣是最好的老师。为了调动学生们学习书法的积极性，书法教师在授课中会穿插讲故事、做游戏等活动，比如在讲解一些汉字的结构时就会讲到《书圣写字换鹅》《潜心苦学墨当饭》等古代著名书法家的故事，让课堂更加生动有趣。书法中的笔画和结构的特征往往和大自然中的某些物体的特征相似，老师就常常将结构术语的外轮廓与人的不同脸庞形状联系在一起，比如，学生学隶书中上宽之字"西"，上面的"横"打开后下面的部分必然要缩小，形成倒梯形，老师就会告诉学生要写得与人的"瓜子脸"形相类似，这样才会充满机灵之感。老师还根据汉字书写特点总结书写规律，在讲解"水"的书写时，归纳出"左边离竖右边连，左右两肩基本平行，撇捺处于水平，撇捺不得低于竖钩"这四点要素，帮助学生理解和练习。这些想象式的教学模式活跃了课堂气氛，让学生们对书法的结构术语有了深刻的理解，更锻炼了学生深入思考的能力。"寓教于乐，寓学于乐"让学生感受到学习书法是一种快乐，是一种幸福，更是人生活中最高雅的一种休息。

在促进我校学生书法写作水平全面提升的同时，我们还特别注重学生的个性发展，注重因材施教。在保证个个都参与、人人有提升的前提下，注重发现和培养人才，在书法必修课之外，还特设书法选修课，给学有所长的学生更大的提升空间。我校还开设了书法创意课。创意书法课堂上，教师引导学生在保留汉字字体艺术的同时，融合当下设计元素和视觉审美的需求，由

表入里，赋予字体本身应有的灵魂，创意出具有特殊含义的书法作品，使汉字展现新形态和设计感，为学生们的想象插上了腾飞的翅膀。因材施教的书法教学让很多学生在书法方面得到了长远的发展，收获了成长。

我校的书法教学还十分注重临摹的训练。“察之者尚精，拟之者贵似”，学生们一次次与古代先贤及名篇佳作近距离接触，每一次的认真观察都会有新的领悟和收获，临摹就可以做到形神兼备，观察能力也得到很大提升。同时，反复磨炼的过程既帮助学生练就了良好的书法功底，更锻炼了学生坚韧不拔的意志品质。学习书法的终极目标不是再现传统，而是对传统的继承和创新，我校还鼓励学生在认知中国传统文化，继承书法中字法、笔法、章法、墨法的同时，通过自己的学习、思索和实践创造出属于自己的书写风格。

近年来，书法得到了越来越多家长和学生的重视，为了给学生提供更大的进步空间，我校还建立了以老师、学生、家长为成员的书法交流微信群，同学们把自己的书法作品上传到微信群，大家互相点评，共同交流，共同成长。我校以展示“小篆”“隶书”“草书”“行书”“魏碑”“楷书”等名家作品为主要内容的“书法长廊”的设立，也让越来越多的学生成为了书法作品的“知音”。

中国书法的胸中丘壑来自于传统经典，没有对经典的守望与传承，就没有今天书法文化的自觉与自信。多年来，我校开展“坚持课堂教育与实践教育相结合，针对性与系统性相结合”的书法课程取得了显著的成果。学校先后被评为“辽宁省硬笔书法家协会教育培训示范基地”“沈阳军旅书画研究会国防文化传播基地”。在第九届和第十届“PHE国际青少年书画大赛”中都荣获团体特等奖。书法课程的开展，从爱国、处世、修身三个层次引导学生继承了中华优秀传统文化，点燃了学生学习书法的热情，锻炼了学生的意志品质，增强了学生的民族自豪感，培养出了具有民族情怀、国际视野的育才学子。

国学，做华夏文明继承的传播者

热烈的掌声不时从我校二楼的多功能报告厅传来。

“小明、小明，起床啦！你真是个小懒虫，怎么还不起床?”

小明头发凌乱，拖鞋反穿，慢吞吞地出来。

“哎呀，妈妈，大清早也不让人家睡个懒觉。”

小明磨磨蹭蹭，半天也没有洗漱，妈妈发出了一声叹息。

台上的画面在这一刻定格。

台下的同学们则齐声背诵道：“父母呼，应勿缓；父母命，行勿懒；父母教，须敬听；父母责，须顺承。”

小明迅速穿好衣物，开始了晨读……

台下响起了热烈的掌声。

这是我校一年级学生利用晚读时间，学习《弟子规》两个月之后，自编自演的《弟子规》新剧。《弟子规》作为国学典籍的经典，被我校选入国学课程体系。正所谓“熟读唐诗三百首，不会吟诗也会吟”。经过多次研讨和实践，我校进行了专门的国学讲师培训，将国学中深奥晦涩的成分，改编成一个个简短的故事，让学生们在听故事的同时，更能体会《弟子规》的内涵，实现思想上的传承。正如学习语言需要一定的特殊环境一样，我校致力于通过《弟子规》的介入，为学生打造一种国学环境，将这种特殊环境融入学生的生活空间，让学生随时都能感受到这种国学氛围。日久天长，学生在耳濡目染中把这种特殊环境变成一种习惯的自然状态。现在，学生们谈起国学，不会再敬而远之，而是对其充满兴趣。低年级的国学板报大赛中，学生的书写虽然稚嫩，但五花八门，色彩和内容非常丰富。在校园内，经常能看

到学生用《弟子规》中的古训来纠正错误行为的现象。

我校让学生在情境体验、积累、背诵、加深感悟的过程中不断体验国学的精髓，探索传统文化的精神内核与潜在价值，还将更多的儒家文化引入国学的教学体系。一到晚读时间，学校的各个教学楼里都会传来学生们朗朗的吟诵之声，抑扬顿挫，跌宕起伏。《论语》《孟子》成为晚读时间的必读书目。语文教师从学生的年龄特点及适合的学习形式入手，选择了通俗易懂、内蕴丰厚、具有文学价值的诗文篇章，发给学生，学生利用晚读时间进行背诵。

表2 国学活动课程

	学段安排	课程名称	课程内容
国学活动	一二年级	《弟子规》	听广播学《弟子规》
		我是小演员	通过对《弟子规》的理解改编成课本剧，进行展演
	三四年级	《论语》《孟子》	通过自主阅读和教师导读，摘录精彩语段，进行背诵
		我是小作家	对《论语》《孟子》中经典故事进行续写，集中展示
	五六年级	经典咏流传	分班学习，集中背诵，体会内涵
		古文新唱	将喜爱的经典诗文改成歌曲，进行传唱
时间安排： 1. 每周二中午集体学习《弟子规》 2. 每天16：00—16：30，各学年利用晚读期间完成学段国学活动内容 3. 每学期举行一次活动展演			

古诗语言精练丰富，思想广博高深，是前人留给我们的宝贵的精神财富，是中国艺术海洋里的稀世珍宝。为了塑造学生的“中华文化之魂”，我校把古诗文教学作为学校的校本课程，精心选派十多名专业中文教师，设立

专门的古诗课，使古诗文教学在我校成为一门独立的学科。教师们精心筛选、审核古诗课的教学内容，编写的古诗校本教材深受学生喜欢。我校还组织教师积极研讨古诗课教学新方式。主张“用氛围熏陶文化”“用生动解读抽象”“用热情感化冷漠”的方式引导学生走进古诗的世界，强调古诗教师要有热情，要讲究方法，并鼓励教师使用多媒体等手段调动学生学习兴趣。学校还积极安排教师上古诗示范课、公开课，分年段组织教师开展教学模式与方法的研究。在一堂古诗示范课上，同学们在充分理解《枫桥夜泊》这首古诗内涵的前提下，伴着音乐，闭上眼睛，多幅生动的画面在学生眼前浮现，体验结束后，学生们纷纷用生动的语言向同学们展现了一幅幅枫桥夜泊图。我校研讨与实践结合的古诗课堂，激发了学生学习古诗文的热情，培养了学生对传统文化的感悟和理解能力。目前我校古诗校本教材已经完成编写，在古诗老师的带领下，学生们已经开启古诗殿堂之门，探索传统文化瑰宝。

表3　古诗校本教材课程安排

年级	学期	教学内容
一年级	上学期	《风》《江南》《草》《悯农》《咏鹅》《终南望余雪》《黄鹤楼送孟浩然之广陵》
	下学期	《悯农》《七步诗》《竹枝词》《忆江南》《山中》《寻隐者不遇》《梅花》《鸟鸣涧》
二年级	上学期	《题西林壁》《采莲曲》《江上渔者》《山中》《四时田园杂兴》《书湖阴先生壁》
	下学期	《元日》《春日》《春夜喜雨》《石灰吟》《晓出净慈寺送林子方》《竹石》
三年级	上学期	《凉州词》《秋思》《秋词》《山居秋暝》《易水送别》《垓下歌》《赠汪伦》
	下学期	《大风歌》《乌衣巷》《蝉》《赋得古原草送别》《峨眉山月歌》《易水歌》

续表

年级	学期	教学内容
四年级	上学期	《江南春》《早春呈水部张十八员外》《黄鹤楼》《过故人庄》《春望》《浪淘沙》
	下学期	《赤壁》《回乡偶书》《登幽州台歌》《送元二使之安西》《塞下曲》《春雪》
五年级	上学期	《长歌行》《登飞来峰》《无题》《山行留客》《游山西村》《三衢道中》《横江词》
	下学期	《饮酒》《渡汉江》《观猎》《少年行》《乐游园》《塞上听吹笛》《望月怀远》
六年级	上学期	《过华清宫绝句》《雁门太守行》《晚春》《送杜少府之任蜀州》《滁州西涧》
	下学期	《秋夜寄丘二十二员外》《闻官军收河南河北》《短歌行》《次北固山下》

表4　古诗课授课形式图表

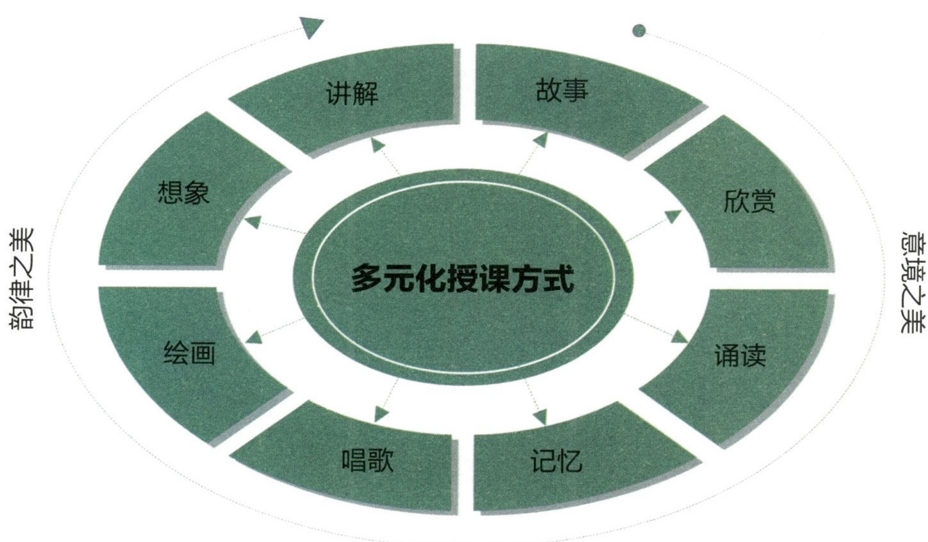

在传统文化教育中，我校注重全员参与，将国学教育与德育教育相结合，将国学由外在熏陶内化为精神需求，深入挖掘国学中所蕴含的巨大的精神财富，力争做到一举多得。

学校学生发展处抓住学校开展国学教育的契机，对传统美德进行剖析和筛选，有效利用传统文化的内容与素材，实现与现代开放性教育有机融合。利用班会、午检、升旗等时间，将所学内容联系学生的生活实际进行教育。国旗下讲话号召全校同学发扬中华民族传统美德，设立德智体美劳全面发展的五星少年评选活动，将传统理念与现代教育理念相对比，去粗取精，表彰在学习生活中具有独立、自强、诚信、宽容、谦逊等优秀品质的少年作为学生们学习的榜样，让传统文化的滋养助力学生优秀品德的形成。一时间，在我校师生中形成了向五星少年学习的风潮，礼仪风貌正发生改变，校园越发和谐。传统文化在学生的心中生根发芽。

传统文化教育要生活化，在我校的教学楼、寝室楼内学生们能看到这样一些标语“天行健，君子以自强不息；地势坤，君子以厚德载物”“朝起早，夜眠迟，老易至，惜此时”“晨必盥，兼漱口，便溺回，辄净手”。每次经过，学生们总要顺口念上一念，在生活实践中很自然地就理解了其中的内容，并潜移默化地学会了使用。“翔宇”广播是学生们最喜欢的校园文化活动之一，国学课程体系一经提出，“翔宇”广播也融入了传统音乐、古代故事、古代天文研究等内容，扩大了国学传播的影响范围。我校传统文化教育深入人心，多项活动的开展让学生们懂得了抓住机遇、合作团结，学会在个人利益和集体利益中做出权衡，培养了学生豁达的胸怀、卓越的民族素质，也将传统文化所弘扬的美德和思辨的精髓内化。

表5　国学活动课程图表

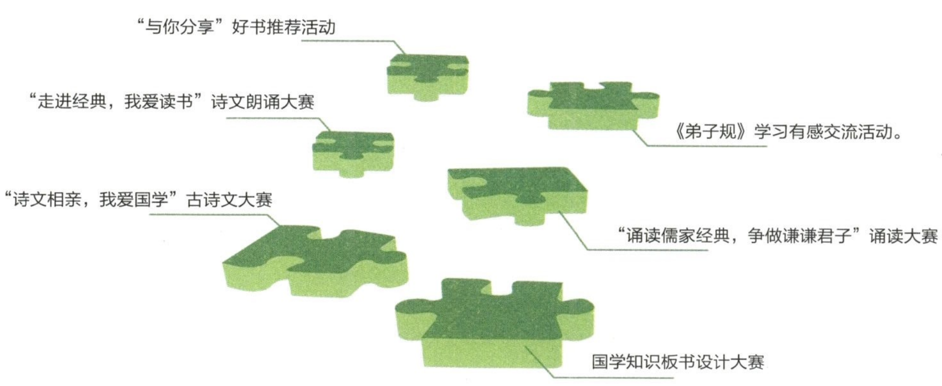

传统文化中，值得传承和发扬的内容还有很多，国画、中医、天文、武术……在国学教学中，我校多方面全方位地进行渗入，坚持传统教育与现代教育双向推进，使传统美德在学生身上得以传承，并散发时代气息，让国学热潮“今天来，明天还在”。

中华优秀传统文化是中华民族的精神命脉，是涵养社会主义核心价值观的重要源泉，也是我们在世界文化激荡中站稳脚跟的坚实根基。中国传统文化与社会主义核心价值观是一种双向的互动融通。不断提高学生对中华优秀传统文化的感受力，逐步提高学生辨别是非、善恶、美丑的能力，指引学生树立人生理想和远大志向，热爱祖国河山、悠久历史和宝贵文化，让传统文化为学生烙上“中国印”。

以融合的视角重构综合实践课程

一场“桥”的风暴正席卷着东北育才双语学校校园的每一个角落，学生们从不同的角度研究桥，展示着自己的成果——

一幅由三年级刘同学现场制作的沙画拉开了本次活动的序幕，“桥擎起的是四方的通达，沉淀的却是梦想的起点，镌刻的是岁月的年轮，诉说的便是亘古的传奇。”

“桥与科技”小组的同学展示了他们眼中的数学桥：“首先画一对等长并垂直的线段，把它们等分，再按下面规律连接对应的点，依次这样进行下去，就得到了这个美丽的图案。这就是英国数学桥的修建原理。走进皇后学院，可以见到一座古老的木桥横跨于剑河之上，这就是举世闻名的数学桥，又叫牛顿桥。”

“桥与艺术”小组的同学以日本艺术家草间弥生的作品“我的一个梦”——洁净之屋为灵感展示了装饰艺术中的桥。随即又用剪纸这种镂空艺术，给大家创造了一幅具有通透的艺术感觉和艺术享受的剪纸桥。最后他们用印象派的点彩技法创造出沈阳的富民桥，并借鉴野兽派作品的色调特征创造出《野兽派中未来的桥》。

“桥与文化”小组的同学用文人墨客摹姿绘形、抒情叙怀的桥来表达自己对桥的热爱：毛泽东的“一桥飞架南北，天堑变通途”代表了人对自然的征服；朱熹的《天净沙·春》“虹桥一断无消息，万壑千岩锁翠烟”象征着人与自然的和谐；杜甫的《兵车行》中的一句“尘埃不见咸阳桥”诉说着人间的悲欢离合；“安史之乱”后的李益用“金谷园中柳，春来似舞腰。那堪好风景，独上洛阳桥”道出了历史的兴衰。

“桥与生活”小组运用英语和汉语相结合的方式，介绍世界的名桥、桥的习语，使活动由“有形的桥”升华成“无形的桥”。他们用语言作为沟通的桥梁，建立起了人与人之间的和谐关系，让身边的人变得不再陌生了。

这是我校的一节主题综合实践课，学生们分别从桥与科技、桥与艺术、桥与文化、桥与生活四个方面出发，对“桥”进行了一次全方位的探索，此时的“桥文化”早已深入到孩子们心中。

联合国教科文组织的“德洛尔报告”即《教育——财富蕴藏其中》指出，面对时代的挑战，世界各国的基础教育务必引导学生“学会认知、学会做事、学会与他人共同生活和工作、学会生存”，并把这“四个学会”称为“基础教育的四大支柱”。获得知识，善于解题，已不再是基础教育的核心价值追求。在这个多元化时代，基础教育真正需要做的是：引导学生学会学习，形成自主获取知识的愿望和能力，发展他们的思维品质；促进学生运用所学知识，在实际情景中提出问题、分析问题、解决问题的实践能力和创新品质；发展学生合群、合作的意识和能力，具有团队精神和能力；培养学生适应社会、自主发展的愿望和能力，引导他们分享人类共有的核心价值观，并形成良好的为人处世的情感态度和价值观。我校的综合实践课程就是在基于国家课程（基础性课程），超越学科领域的框架，以融合的视角且相对独立的课程组织形态，来培养学生创新精神和实践能力，为学生的终身学习打下良好的基础。

实现与学科之间的融合，突破单一学科的课程模式

美国教育改革领导者约翰·霍特在《孩子是如何学习的》一书中写道：“孩子们把世界看成一个整体，可能很神秘、难以理解，但依然是一个整体。他们不会像我们成年人那样把世界分割成密不透风的小类别，他们会找到属于自己的通向未知世界的路。”儿童眼中的世界是什么样子？比如“一颗种子”，语文教师会在课堂上拿这颗种子让孩子们写一篇文章，让他们谈谈对种子的认识；数学教师会带着孩子们测量种子的重量、周长和面积；英语教师会带领孩子们学习种子的相关单词、文章；科学教师会让孩子们认识种子的构造，观察种子发芽的过程并记录。但是，我们发现这几门学科之间是没有通道的，几个学科的教师即使是在教同一个事物，在传统的分科教学中也很难互相整合，这就造成了儿童“盲人摸象”般仅仅能够认识事物的某

一个方面，而缺乏对事物的完整认识。事实上，儿童认识世界一定是从一个个完整的事物开始的。在儿童眼中，那就是一颗种子，或者说儿童首先看到的是“一颗种子”这样一个事物，然后才会在大脑和经验中形成“种子”这样一个完整的概念。基于此，我校综合实践课程将学科之间进行有效融合，加强学生的实践体验，拓展其生活经验，让学生在综合实践活动中运用、学习多学科知识技能，围绕实际问题的探究与解决进行跨学科的综合性学习。

在实践中，学校活动内容的选择与组织上保持了较大的开放度，突破单一学科的限制，进行多学科的交叉与融合，同时，加强活动内容与当代社会生活、与学生实际经验的联系，实现了知识、社会、学生的融合。以我校组织的“茶”主题项目学习为例，为了让学生们更好地了解中国茶文化，各科老师共同带领孩子们踏上了“知茶礼、解茶俗、学茶史、认茶具、品茶香、悟茶道”的旅程，对茶的历史、茶的科学、茶的礼仪、茶的文化、茶与健康、茶与经济等多方面内容进行了探究。在这次旅程中，孩子们给我们带来了一个又一个惊喜。他们能清楚地知道“中国的六大茶系”；他们能有秩序地体验在以茶待客的过程中茶主人和茶客人应该注意的礼仪；他们会通过查阅相关资料了解我国各个民族不同的饮茶习俗与文化，了解我国的茶史渊源、发展与传播；他们能认真仔细地做一篇演示文稿，只为在课堂上与老师和同学一起分享对茶的认识；他们能站在讲台上落落大方地为全班同学介绍自己带的茶具，并为老师和同学们泡一杯茶……学生们在与茶的“遇见”中学会了“生活”。泡茶的时候，他们会在教师的指导下整理茶壶、茶盏、茶叶的位置，然后整理衣服，才开始泡茶；久之，便有了整理的习惯，把生活中的很多事都做得井井有条。这便是茶道的第一层境界：使人整洁，优雅，爱自己。而当一名学生悄悄地跟老师说“老师我觉得茶道的意义就是让泡茶这件事很舒服”时，他们就已经开始渐渐懂得：喝茶是日常之事，也是不寻常之事，经历越多就越是懂得。

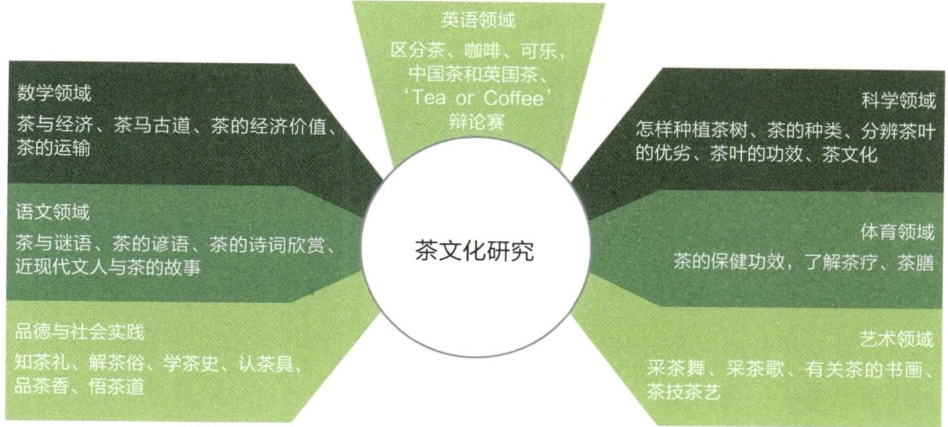

我校综合实践课程也实现了同一学科在开展活动中的自我融合，将课上知识延伸到课下，在生活中形成技能。

在“放飞航天梦想”科技节活动中，我校一年级同学通过网上查阅相关资料向大家讲解自己电动风车的发明过程和制作过程；二年级同学声情并茂地在为大家讲解自制科学幻想画的意义；三年级同学在校合唱团演唱《生活的节奏》时，折出五颜六色的纸飞机并放飞给台下的观众；四年级同学在倾听了校友周总理与降落伞的故事后，放飞了“降落伞”这生的希望；五年级同学边讲解水火箭的制作原理边在现场“发射”水火箭；六年级同学介绍了竹蜻蜓的历史和制作过程，并通过舞蹈的形式向大家演示了竹蜻蜓。这样一个汇集了信息、美术、音乐、思品、科学几个学科的活动，使孩子们不但学到了知识，还收获到了快乐。在活动后一位老师感悟到：预见方能遇见。午后的阳光灿烂，我们来到初冬的操场，我们一起“伞伞生辉”，不求有用，但求有趣，在每一个儿童心中，装满对世界的好奇，装满自己动手去探索世界的憧憬，这也是教育的内涵吧。让东北育才双语学校小学部里装满孩子童年的记忆，让他们的生活成为孩子们未来回忆时脸上的一抹微笑，是我们最大的幸福。勇敢地去飞吧，向着太阳飞翔，如鹰般抖动翅膀，翱翔于苍空之上；耳边风声呼呼作响，云彩也为你精彩昂扬，布满荆棘的丛林屏障，也无法阻挡你前进的方向。

我校领导在活动结束之后写了这样的一篇文章：

写在东北育才双语学校小学部科学学科统整项目活动之后

连续一个月参与科学组“放飞航天梦想”学科实践活动，不断被感动，今天参加了汇报展示再一次触动了我对培养学生科学素养的思考。本学期开始，国家把科学课的起始年级从三年级调整到一年级，关注学生的科学素养培养已经成为社会的迫切需求，也成为所有教育者的共识。在这样的背景下，双语小学科学组的老师们结合学校创建航空航天基地校工作开展了学科统整项目活动。不同的年级围绕“飞翔”主题选择了不同的内容，从分组探究学习开始，到上一周的操场实战，再到今天的汇报展示，一个月的时间，我看到了一位一年级的小朋友如何在别的同学还纠结在风车样式的情况下，自己先想到了风车的动力；我欣赏了一位二年级的小朋友如何自己带着最喜爱的糖果在地球和木星之间漫步的想象画；我目睹了一位三年级的同学不停地在无动力飞机的头部实验各种不同的材质，让他心爱的飞机可以飞得更远；我知道四年级一个小组的同学为了选择降落伞的材质、伞绳的长度而实验了近100次；我更是被那个五年级学生脑洞大开的水火箭惊异着，孩子张嘴闭嘴的“压强、压强”，让我怀疑他们是否真的懂得，当火箭喷射而出、穿越操场，那场外的一片惊呼让我也忍不住附和；我更是没有想到一个大多数人眼里再平常不过的竹蜻蜓居然启发了直升机发明者并由此才有了旋翼动力……

于是，我突然就想到，这样一个汇集了科学、信息、思品、美术、音乐几个学科的项目学习，不能定位在孩子们学到了多少科学知识，它对我们最大意义在于帮助孩子们学会“科学的学习”。

像科学家一样思考、做事

科学教育就是要培养学生对事实和经验的高度尊重，让他们从小懂得以事实为准，做事有理有据。科学教育除了科学知识的教育外，还应包括科学方法、科学态度和科学精神等方面的教育。

什么是影响降落伞姿态、确保平稳着陆的因素，孩子们的猜想可以有很多，但是只有经过事实验证、系统研究的才会被了解、认证。他们明白了探究的结果是可以重复验证的，知道提出质疑、合理怀疑是科学精神必不可少的一部分。人类想要飞上天空的愿望由来已久，但是我们掌握这一本领的过程却很漫长，从竹蜻蜓到纸飞机、水火箭，再到我国探月的旅程，孩子们了解到认识世界的过程是一个发现改进的过程，很多当时很先进的知识也是会改变的，不是永久不变的；科学不能对所有的问题提出完整的解答，科学是逻辑和想象的结合，可以解释现象也可以预测现象……

呼唤有温度的科学教育

今天的展示活动中，开场选择了“预见方能遇见”的视频，从人类飞翔的梦想切入，在五年级水火箭展示后播放了我国探月工作的三个阶段目标，起承转合让我们站在现在眺望未来，更深刻地懂得了梦想在哪里，未来就在哪里，这样的呼应让人油然而生一种大爱大责。后面的降落伞展示又将活动的源起和我们的校友周恩来革命年代在飞机上给小杨梅让伞包的故事链接在一起，谁还会说科学是一门冷冰冰的学科。科学与人文、理性与激情、实证与创新……孩子们把勤奋和坚持作为一种习惯，把推动社会进步作为一种责任，乐于认知未知世界，勤于突破自身局限，勇于探究与捍卫真理，这些不正是东北育才双语学校小学部学子应有的责任担当吗?

培养学生的科学素养必须致力于构建课堂的深刻转型

将科学教育定位在事实性知识的传授和过程性能力的培养之后，我们终于认识到，学校理应将重心放在学生对大自然秘密的追问上，学习科学的最后方法是让孩子们在科学课堂中进行类似科学家一样的实践活动，在问题的提出与探究中培养求真精神、创造能力。STEAM代表科学（Science），技术（Technology），工程（Engineering），艺术（Art），数学（Mathematics）。STEAM教育就是集科学、技术、工程、艺术、数学于一体的综合教育。这一次的科学统整项目活动是不是一次严格意义上的STEAM活动，是我们这几天讨论的一个话题，但是我知道是与不是都不重要，重要的是未来已来，我们的教育需要改变我们现行的一些课程方式，让学习与生活深度链接，让技术成为学习的底层支撑，进行基于场景、基于体验、基于真实世界、基于问题及项目的立体的课程。

最后再一次感谢带领孩子们探究未知、创造惊喜的所有参与项目统整实践活动的同事们！

表1　与学科融合实施活动列表

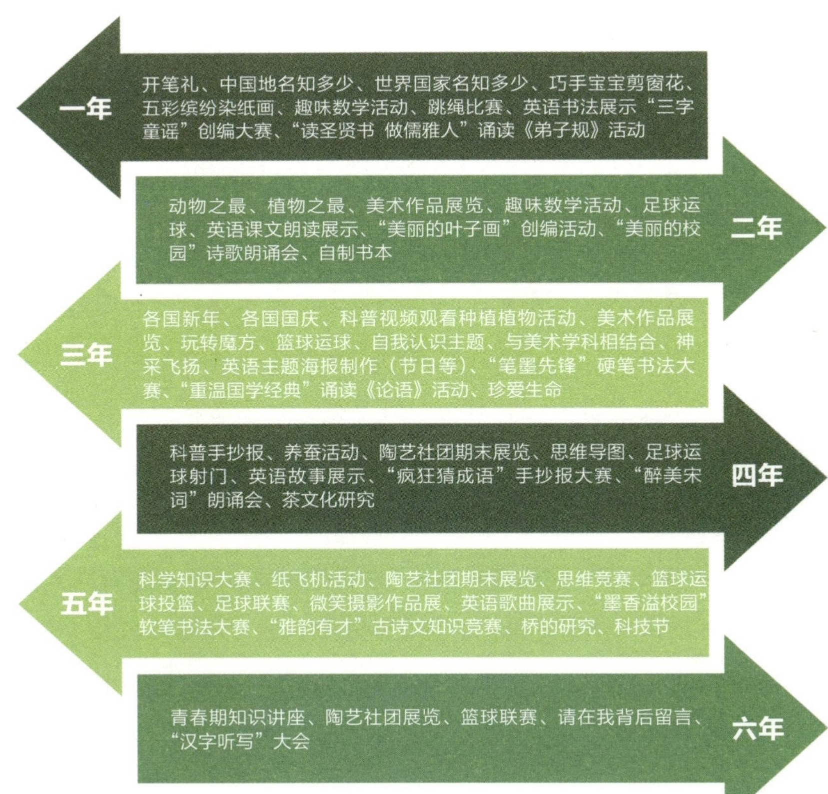

实现与学生生活的融合，体现生本立场

古罗马教育家普罗塔克所说："儿童不是一个需要填满的罐子，而是一颗需要点燃的火种。"面对多元化社会的需要，仅仅把学生看作是知识的容器，仅仅把知识传授看作是教育的全部，已经远远落后于时代发展的需要了。全面发展的人，需要全面发展的教育，需要处理好"正式教育（formal education）"和"非正式教育（informal education）"的关系。对每个学生的发展而言，书本知识的学习、积累甚至训练当然是不可或缺的，而生活经验的积累、感悟与升华同样是不可或缺的。可以说，我校综合实践课程是基于学生的经验与当下的生活而建构的，属于经验形态的课程。学生经验在综合实践活动课程中具有本体价值，生活经验在此得以获得、丰富、拓展和提升，最终达成《中小学综合实践活动课程指导纲要》（2017）所期盼的目标：学生"从个体生活、社会生活及与大自然的接触中获得丰富的实践经验，形成并逐步提升对自然、社会和自我之内在联系的整体认识"。如：通过"我和节约有个约会——光盘行动从我做起"活动，让学生深刻理解了"谁知盘中餐粒粒皆辛苦"，及节约食物的重要性；营养配餐、合理膳食让学生再次明确了"不挑食"对身体健康成长的重要性，同学们纷纷响应"光盘行动"，从自己做起，拒绝舌尖上的浪费。在"一年组剥鸡蛋比赛"中通过"观看视频、模仿学习"的方式，让孩子们快速掌握动作要领。在剥鸡蛋比赛中，最快的学生8秒就能剥下蛋壳，还有的学生能够完美地将整个蛋壳分成两大块。每名学生都能在规定时间内完成任务，当他们把自己的"作品"高高地举起时，洋溢着的笑脸上不仅写满了开心和幸福，也写满了"自信、自强、自豪"的育才精神。一个个白嫩的鸡蛋，一张张白嫩的笑脸，孩子们哪里知道，在他们"炫耀"自己作品的同时，他们本身也是老师们最骄傲的"作品"。

表2　与学生生活融合实施的活动列表

类型	名　　称
日课	品德与社会（道德与法治），日行一善（课堂、集会、行走、两操、卫生、用餐、交往等）
周课	少先队活动、升旗仪式、班会、心语广播、神采飞扬展示等
月课	安全演练、节假日活动等
期课	开学典礼、科技节、艺术节、家长开放日、生活技能大赛等
年课	入队仪式、开笔礼、毕业季等

实现与地方课程之间的融合，同生共长

美国教育家杜威提出："教育即生活，学校科目互相联系的真正中心，不是科学，不是文学，不是历史，不是地理，而是儿童本身的实际生活。"与学生实际生活最贴近的就是地方课程。我校将综合实践活动与地方课程进行有效的融合，既丰富了两个课程的资源，又利于两个课程的实施，提高了地方课程的实效性。这种积极落实发展学生核心素养的做法，真正使地方课程与综合实践活动课程同生共长，使学生的综合素养得以提升。

如：在综合实践活动课程3～6年级"我也能发明"考察探究类主题活动中，我们要求学生基于自身兴趣，在教师的指导下从自然、社会和生活中选择和确定"发明研究"主题，并要求学生能够主动获取知识并在分析的基础上解决问题。

地方课程《人与自然》3～6年级创造乐园板块中的主题活动有"倒过来思考""升降笔筒""防风衣架""奇妙的潜水艇"等内容。这些内容都与综合实践活动考察探究"我也能发明"主题有相似之处。我们把这些内容进行

整合，变成科技节的主题活动“未来科技我做主，创意pk我最棒”。

再如：综合实践活动课程1～2年级设计与制作活动“我有一双小巧手”包括手工纸艺、制作不倒翁、降落伞等；地方课程《人与自然》1～2年级创造乐园板块中主题活动有“创意纸模型”“小小不倒翁”“神奇的降落伞”等。两者从课程内容上看有所重复，因此我们将其进行删减整合，做到合二为一。以“制作降落伞”为例，综合实践活动课着重让学生动手设计、制作降落伞，培养学生运用各种工具进行设计并动手操作的能力，注重提高学生的技术意识、工程思维、动手操作能力等。在活动过程中，鼓励学生手脑并用，灵活掌握、融会贯通各类知识和技巧，提高学生的技术操作水平、知识迁移水平。而地方课程《人与自然》则让学生了解降落伞主要有伞面和伞绳两部分，明确降落伞下降的科学原理，在此基础上选择适当的工具材料动手制作降落伞。

我们通过设计以“伞伞生辉”为主题的飞行活动，将这两门课程进行整合。首先，通过实验的方法让学生理解降落伞降落的科学原理。学生根据科学原理自行选择制作降落伞的材料。其次，让学生进行创意设计，提高学生的技术意识，鼓励学生动脑动手制作降落伞，完成制作降落伞的任务。最后，教师组织学生进行降落伞降落的实验，学生交流展示自己的作品并互相提出改进的方法。这种合二为一的整合与实施，体现了“人与自然”与“综合实践活动课程”的育人目标。

我校地方课程与综合实践活动课程的融合，不仅落实了立德树人的根本任务，培育和践行了社会主义核心价值观，增强了学生的社会责任感、创新精神和实践能力，发展了学生的核心素养，同时也更加关注过程体验，避免学科化、成人化倾向，改变死记硬背和被动接受知识的学习方式。

表3　与地方课程融合实施的活动列表

年级		考察探究活动	社会服务活动	设计制作活动	职业体验及其他活动
一年级	上学期	我也上学了、月儿圆圆人团圆、有趣的十二生肖、欢天喜地过大年	遵守学校规则、我在家中这样做、言行文明有礼貌、坐立端正姿态美	七彩剪纸表情怀、学会自理多动手	
	下学期	年年端午粽叶香、世代相传百家姓	干干净净每一天、爱护校园我当先、物放有序会生活、认真做事受欢迎、我们学会玩游戏、拾得财物要归还	忙趁东风放纸鸢、小小玩具大智慧	
二年级	上学期	登高望远重阳节、我是中国人、正月十五逛花灯	欢乐一家人、团结友爱快乐多、文明出行我知道、我是孝顺好孩子、勤俭节约好风尚	益智有趣抖空竹、中国结里中国心	
	下学期	清明时节雨纷纷、惟妙惟肖的皮影戏、楚河汉界话象棋、惊险奇绝要杂技	轻声细语话文明、好借好还讲信用、待人接物有礼貌、信守诺言要做到、公共设施要保护	精雕细刻塑神韵	
三年级	上学期	方方正正中国字、风格迥异赏民居、了不起的中国功夫、历史悠久的货币	遵纪守时好学生、知错就改勇担当、升旗仪式需庄严、文明做客讲礼貌、互相帮助你我他		法律保护我们成长
	下学期	万里长城万里长、古扇盈尺传雅韵、黑白棋子显智慧、世界语言知多少、世界民族大家庭	节约之中学理财	中华美味扬天下	包罗万象《三字经》、自我介绍展风采、人人离不开法律

续表

年级		考察探究活动	社会服务活动	设计制作活动	职业体验及其他活动
四年级	上学期	雅俗共赏话楹联、苍龙卧波中国桥、多姿多彩的民族服饰	信守承诺好少年、真诚待人从我做起、热情待客尊礼仪、仪表端庄有朝气、专注倾听会交流		我的零用钱、法律面前人人平等
	下学期	茶韵悠长传四方、石中君子中华玉、能工巧匠技非凡、银行——财富集散地	彬彬有礼体态美、良好秩序靠大家、不良行为要远离	舌尖上的文化	亲近世界话旅游、走进社会博物馆
五年级	上学期	走进诸子百家、琴瑟笙箫华夏韵、缤纷绚丽的世界民族服饰、美味丰富的世界饮食	文明就餐知礼仪、公共场所礼先行、通信交往表真情、一身正气 坦荡做人		让我们走进宪法、家庭理财小能手
	下学期	南腔北调中国戏、赏世界民居知特色	尊重民俗求共荣、理解父母守礼仪、与人交谈知分寸、崇廉尚洁树新风、“红领巾”爱心义卖	水墨丹青中国画	未成年人受保护、了解交通求安全
六年级	上学期	节气歌里话农耕、望闻问切杏林暖、丰富多样的国际传统节日、五花八门的交往习俗	相敬相爱一家人、集体活动守礼仪、民族礼仪要尊重、俭以养德 贪奢为耻		生命健康不容侵犯、保险的学问
	下学期	中华织绣放异彩、巧夺天工中国瓷、匠心独运话斗拱	文明上网视野宽、学习礼仪在躬行、自律自省谨言慎行		校园欺凌属违法、互帮互助的国际组织、联合国儿童基金会、带你学理财

实现与社会生活的融合，让学生参与真实的社会活动

开放的时代呼唤开放的教育。习近平总书记在全国教育大会重要讲话中指出：“要在增强综合素质上下功夫，教育引导学生培养综合能力，培养创新思维。”

我校的综合实践课致力于让学生走出校园，原汁原味地将社会生活的现实、事件、问题纳入其中，使学生不再仅仅学习、消化经过学科处理的“事实”，而是直面“事情本身”。融合取向的综合实践活动课程将学生带入广阔而鲜活的生活现实，让学生在社会活动中去实践、探索、历练、体验，全方位地走进现实的社会生活，实现生动活泼地成长，而不是仅仅游荡在学科的孤岛上，迷失于昔日的文化成就之中。在东北育才双语学校小学部，如果说学科课程属于知识型，它让学生处于“过去完成时”，那么综合实践活动课程则属于生活型，它让学生处于“现在进行时”。

1. 职业体验课程

我校综合实践课程中的职业体验课程是根据《综合实践活动课程指导纲要》和职业生涯发展相关理论，结合小学生的年龄特征，小学时期职业体验课程的总体目标而明确的，旨在引导学生通过参与职业体验活动，增进学生对社会职业的了解和自我职业兴趣的了解，在社会、职业和自我之间建立初步的联系。

主要设计过程如下：

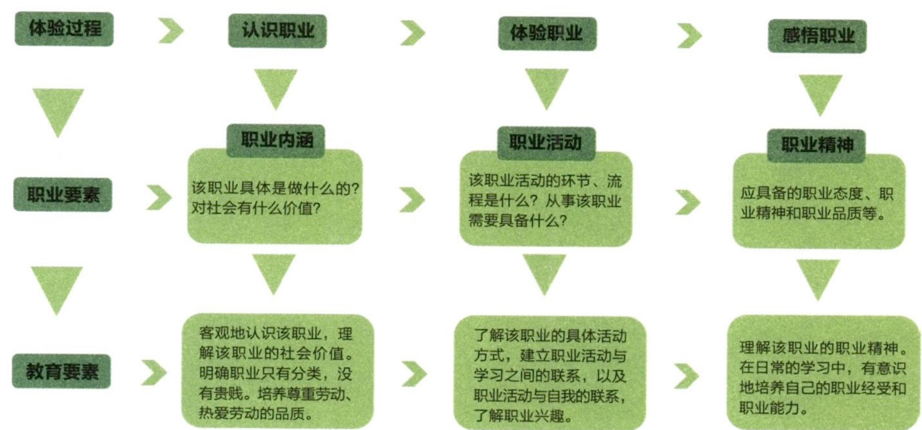

通过职业体验课程，学生能够了解不同职业的特性，体会劳动的快乐，感受职业的艰辛，进而培养学生热爱生活、关注社会的思想感情。同时，针对不同年级的不同特点，教师应在职业体验课程结束后布置不同的任务，如收集有关职业的资料，查阅赞美职业的诗歌、散文，从中体会职业使命感和责任感。在完成任务的过程中培养学生的实践能力，收集整理资料的能力以及与人交流、沟通、合作的技巧。通过学生之间的交流，培养学生认知社会的能力，使其理解社会，并在社会活动中学会尊重和团结各类群体等。

表4　与职业体验课程融合实施的活动列表

2. 研学旅行课程

我校综合实践课程中的研学旅行课程不仅具有综合实践课程的基本样态，同时也包含德育课程的各种元素，是复合型、多功能的课程。它融合了品德与社会（道德与法治）、少先队活动、综合实践活动等学科。让课程以“学习”为主线，以各类场所为基地，通过“走进博物馆、走进大自然、走进工厂、走进社区、走进农村”等方式，促使学生了解、体验、感悟真实的生活，将学校所学的知识学以致用，锻炼、积累、转化为各种真实生活所需要的综合素养，养成良好的生活习惯，形成正确积极的生活态度。

如：我校三年三班学生向康平郝官屯九年一贯制学校小学部捐赠图书的活动让学生通过“行走课程”，了解真实的国情，既有情感上的交流，又有文化上的融合。四年级的学生通过参观辽宁省博物馆，深刻感受到了历史的厚重，感受到五千年文化的博大精深。正如习总书记所说“让文物活起来”，作为东北育才双语学校小学部的学子，无论走到哪里，都会成为具有家国情怀、国际视野的优秀的人。

表5　与研学旅行课程融合实施的活动列表

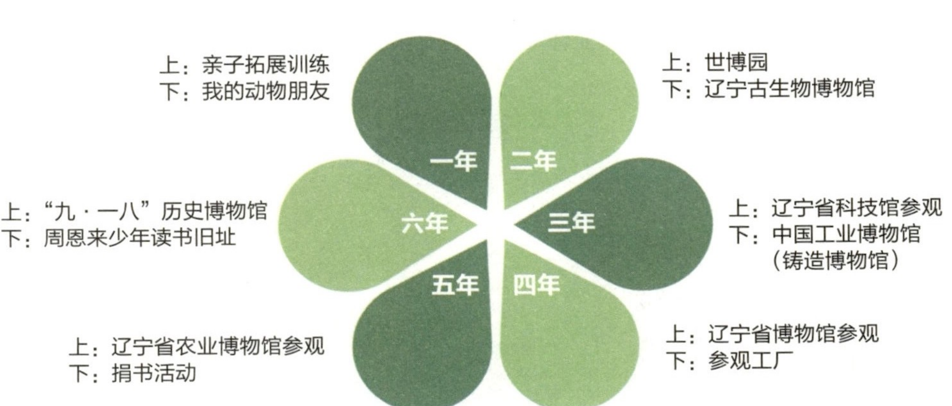

对孩子的成长而言，这些综合实践活动经验就是人生的财富，是发展中的过程性资源和学生成长过程中的条件性资源。它丰富了学生经验，积累了对自然、对社会、对人生的感悟。

教育本身不仅仅是一种生活，也是儿童的生长与发展过程，是一种建构理想生活的活动。因而，学校教育不仅应使儿童体验到生活的乐趣，而且应关注儿童在教育过程中的生活方式，并以发展的角度建构儿童的生活方式。多年来，我校始终坚持以综合实践活动课程为载体，助力学生综合素养的提升。课程的实施真正唤醒了孩子们天生作为学习者的能动性，他们乐此不疲地投入到和自身生活密切结合的各种研究、服务、体验、设计制作和问题解决的实践过程中，在这里，孩子们收获的是全人立体的成长。

以美育人，让孩子神采飞扬

大文豪泰戈尔曾说："教育的最后目的不是教授技能，而是叩击心灵，如果一个人能对路边的一丛盛开的矢车菊动容，这就是成功的教育。"当一个人面对一件普通的事物时，他能够联想到其他更深刻的东西，这种能力就是对美的感知能力。正如中央美术学院首任院长徐悲鸿所倡导的：中华美育精神应该是《中庸》里阐述的"尽精微，致广大"。从细处说，美育是教育孩子发现美、理解美、追求美，让美的精神融入日常生活；从大处说，美育是以美育人、以文化人，让中华美育为文化自信筑基。

育才双语小学部从建校伊

始，就以校本课程开发为载体，以笛养性、以琴启智、以陶育人、以美赋能，营造具有深厚文化底蕴的校园，建设以美育人的特色化学校。

以笛养性

绮叠萦散，飘零流转，婉转的笛声牵动着透过窗的光影，恍若长空里万点的花瓣纷纷飘落，将平凡的图画点缀成一幅梦的意境。《闪烁的小星》《洋娃娃和小熊跳舞》《欢乐颂》……一曲一曲，孩子们在宽敞的音乐教室里，感受着笛声的美，感受着轻松愉快的氛围。低年段孩子学习竖笛，高年段的孩子学习长笛。孩子们在快乐中不知不觉完成了从C调到F调的学习，音域更加宽广，演奏技巧上也更加丰富。最终，音乐课中所学的歌曲都可以用竖笛、长笛进行演奏，达到了课堂教学与小乐器的有效结合。音乐课中还把歌唱、打击乐、舞蹈、欣赏等融为一体，进行各种活动。

在课堂中，教师为激发孩子们的学习兴趣，最初采用了一些简单的，学生熟悉的，通俗易懂的小曲子、小旋律让他们练习。如在竖笛、长笛教学中，教师将课堂化为舞台，给学生提供自我表现的机会。成绩优秀的同学，还可以担任乐曲的领奏或是以独奏表演、小组表演等表演形式，发挥骨干作用。这也极大地激励着学生不断进步，不断挑战自己，获得成功的体验。

以琴启智

轻轻触按出一组和弦，振出不可思议的乐声。琴声如此迷人，它生动、质朴，任何你意想不到的声音都可以表现在干净的黑白键上。当双手落在琴键上弹起乐曲时，指尖流淌出的琴声有如展翅欲飞的蝴蝶，扑闪着灵动的翅膀；又好像塞外悠远的天空下，沉淀着的清澄的光。

育才双语小学部的学生到了中年段就开始学习电子琴。在学习电子琴演奏的过程中，学生们学会了理解、欣赏和表达音乐。练习的过程又培养了毅力和耐力。美妙的音乐如春风化雨般浸润着孩子们美好的心灵。我们知道，现代电子琴演奏的乐曲都是中外著名音乐所改编和移植而成的。孩子们弹奏这些经典作品能够在心灵深处与伟大的音乐家交流，心胸变得更加宽广，视野更加开阔。这不仅丰富孩子们的精神世界，也让孩子们学会了用文明、欢愉的方式去对待和追求美好事物。

正如莎士比亚所说，“只有热爱才是最好的老师，它远远超过责任感”。如果一个人从起床到睡觉都在做自己喜欢做的事，那么他一定更有动力，同时也会更具创造力。因此，唤醒并点燃学生内在的艺术需求和热情，让每一位学生自觉、自主地寻求发展，是育才双语小学部美育教育一直遵循的理念。“竖笛小乐手”“长笛音乐家”“电子琴演奏之星”等这些荣誉称号的颁发，极大地调动了学生学习的积极性。在这里，小学部的每个孩子都能在艺术学习中感知美的存在，每个孩子的艺术天赋都能尽情发挥。在这里，一切皆有可能。

表1　电子琴课时安排

部分	讲授内容	具体乐曲
第一部分	讲解电子琴有关历史，手指触键姿势及动作	音名与唱名
第二部分	学习 Do、Re、Mi、Fa、So 5个音	《圣诞大合唱》《述说》《在花园里》《吹号》《快乐小朋友》
第三部分	左手新手位的学习，G 7的学习，学习停止键的使用。	《小雪花》《欢乐颂》《种树》
第四部分	左手新手位的学习，夯实基本拍子。	《铃儿响叮当》《向前进》
第五部分	区分指法和音符的练习	《小星星》《美丽的云》《小铁匠》
第六部分	Am的学习，新音符la　si的学习。	《遥远的路》《森林之歌》《古老的故事》
第七部分	八分音符的学习。	《洋娃娃和小熊跳舞》《风笛手来了》《粉刷匠》

续表

部分	讲授内容	具体乐曲
第八部分	3/4拍子的学习，了解临时变化音。速度练习。	《c大调圆舞曲》《春游》《磨刀人》《布谷鸟》
第九部分	八分音符与变化音相结合速度练习。	《骑竹马》《顽童》《气球》《在泉边》
第十部分	调号的学习。	《太阳升起》《园丁》
第十一部分	八度记号的学习	《月亮上的人》《自新大陆》《乘凉的老人》《蒲公英》
第十二部分	附点音符的学习	《莫扎特的旋律》
第十三部分	调音的学习	《大鹿之歌》《小叮当》
第十四部分	综合练习	《克里门泰因》《俄罗斯之歌》《雅克教士》

以陶育人

中国的陶瓷艺术要追溯到9000多年前的新石器时代。它的产生是人类进化过程中具有划时代意义的伟大创造；是人类第一次利用水和火改变了黏土的形状和性质，创造了一种新的物质；标志着人类文明的开始。勤劳智慧的中国人在几千年的文明发展史中，开创了极其辉煌灿烂的陶瓷文化。一部陶瓷史其实就是中华民族文明史的小小缩影，蕴涵着无穷的艺术和社会价值。

育才双语小学部在中年段全员开设陶艺课，不但能让孩子们在动手实践中领略、弘扬陶瓷文化，感受、传承中华文明，更能在陶艺制作中启迪智慧、锻炼技能，培养动手实践和创新能力。

“这个是工作台，脚一踩它就开始工作了。我们可以在上面做出各种各样的陶瓷艺术品，相信你们一定可以做出梦寐以求的东西！”在陶艺教室宽大的方桌边，陶艺老师正在鼓励孩子们开始操作。同学们学着老师的样子，用手拍打着结实的黏土，不时发出这样的疑问：“这土看上去软绵绵的，拿着怎么这么沉、这么硬呢?”“老师，它真的能成型吗?”开始制作了，老师把黏土摔在工作台上，轻轻地踩一下启动踏板，工作台开始转动起来。同学们很兴奋，学着老师的样子往黏土上泼了一点水，没想到坚硬的土马上变成了一摊泥水。同学们用手碰了一下，泥水却塌了。老师笑着帮同学们扶起陶泥，教大家如何去触摸它。过了一会儿，软软的黏土竟然固定住了。“老师，我的为什么上面细、下面粗?”“老师，我这个花纹好漂亮。”“老师，我做的这个是实心的，怎么做成空心的杯子呢?”老师听完，耐心地给大家一一做了讲解。原来只要用手轻轻地往下钻，过一会儿就可以得到想要的形状。同学们恍然大悟。

对儿童来说，玩泥巴是最惬意不过的游戏。虽然他们对陶艺的制作懂得很少，但那种回归泥土、贴近自然、游戏似的创作方式的确让人着迷。孩子们积极动手制作陶艺作品不仅锻炼了手指的灵活性，同时也是对创造能力和发散思维能力的培养。弗洛伊德曾说过：每一个游戏着的儿童都与创造性艺术家一样，是在创造一个他自己的世界，是在以一种使自己快乐的新方式重新安排他世界里的东西，并赋予了极大的感情。他创造了自己极认真对待的幻想世界。

以美赋能

著名教育学家凯洛夫说过，“大美育是学生全面发展的一个不可缺少的部分，它的本质在于理解自然和社会的美，理解人与人相互关系的美，在于以艺术眼光来认识周围现实，也在于培养艺术上的美的创造力。”

“我喜欢芭比娃娃，我选芭比淑女训练营。”

“我要选衍纸画。”

“我选POP海报设计。”

“我家有很多扣子，我选创意扣子画。”

“我去云南看过扎染，我选扎染。”

“我喜欢美食，我选美食制作坊。”……

每到学期初的兴趣选修课申报阶段，孩子们都会对丰富多彩的课程内容应接不暇。“快乐时光”兴趣选修活动课程是育才双语小学部“以学生全面发展为本，追求学生特色培养”的教育理念的体现。选修课每周五上午采用走班形式进行，包括科技类、实践类、艺术类、体育类、创意类、益智类等六大门类，36个科目，60个活动小组。实现一人一课表，以满足学生个性化发展需求。给每一个生命个体成长提供最佳的方式，让每一个生命个体在学校教育中都能很好地去完成艺术兴趣的培养与熏陶。

表2 “快乐时光”兴趣选修课程表

类　别	科　目（36个）	课　时
1. 科技类	1 科技小制作	2节课
	2 科学小实验	2节课
	3 乐高机器人	2节课
2. 实践类	4 表演与主持	2节课
	5 军事天地	2节课
3. 艺术类	6 POP海报设计	2节课
	7 儿童舞	2节课

续表

类　别	科　目（36个）	课　时
3. 艺术类	8 拉丁舞	2节课
	9 街　舞	2节课
	10 世界名曲欣赏	2节课
	11 素　描	2节课
	12 儿童画	2节课
	13 漫　画	2节课
	14 软陶制作	2节课
	15 魔　术	2节课
	16 硬笔书法	2节课
	17 软笔书法	2节课
	18 舞蹈队	2节课
	19 管乐队	2节课
	20 合唱团	2节课
4. 体育类	21 跆拳道	2节课
	22 音乐花样跳绳	2节课
	23 轮　滑	2节课
	24 篮　球	2节课
	25 羽毛球	2节课
	26 足　球	2节课
	27 乒乓球	2节课
5. 创意类	28 美食制作坊	2节课
	29 创意扣子画	2节课
	30 芭比淑女训练营	2节课
	31 扎染手工坊	2节课

续表

类　别	科 目（36个）	课　时
6. 益智类	32 围　棋	2节课
	33 国际象棋	2节课
	34 象　棋	2节课
	35 游戏大本营	2节课
	36 魔　方	2节课

兴趣是最好的老师。为了上好兴趣课，学校设置了多样的授课形式，灵活的授课内容。以“表演与主持”为例，学生们在课堂上通过儿歌、绕口令、诗歌朗诵、小品、儿童剧、话剧、京剧对白片段表演等多种艺术形式，培养自身的表演与口才，感受语言的美妙，进而将兴趣、爱好转化为自身的技能。

科技有改变生活的力量。每一个爱学习的孩子都对科技充满了好奇。在我校开展的兴趣选修课中，“科技类”可以说是深入人心，包含科技小制作、科学小实验、乐高机器人三部分。兴趣班的探索学习不仅增强了同学们的动手、动脑和科普创新能力，同时也激发了同学们从小爱科学、学科学的热情，培养了他们勇于探究、勇于创新、勇于实践的科学精神。

如果说科技展示的是智慧的魅力，那么当艺术与实用不谋而合时，就是传播艺术魅力最好的方式。“看，下周有校园篮球赛！”“我还是更喜欢科技节。”“我好想参加趣味体育比赛！”每当“POP海报”张贴在连廊或楼门前的墙壁上，路过的同学无不驻足浏览，发出这样的感叹。这只是育才双语小学部选修课中“艺术类”中众多科目的一种，另外，还有儿童画、漫画、软陶制作、软笔书法、街舞、拉丁舞等。实用性和审美性紧密地结合在了一起，让孩子们充分享受着艺术带来的快乐。

在众多实用的艺术门类中，最令人垂涎的莫过于美食了。育才双语小学部选修课中的“美食制作坊”同样一直以来深受学生们的喜爱。“小心烫!”“真香啊!”当柔嫩的小手里捧着热腾腾的面点，轻轻送到嘴边，品尝着自己亲手揉、切、拼、捏、蒸后的作品时，孩子们满眼都是幸福和满足。在孩子们的艺术作品中，纯真的心灵，好奇的天性，美好的想象，正通过“食”这个人类最原始的渴望，得到最自由的展现。

多年来，学校一直十分关注学生的全面发展，将体育工作放在重要的位置。为此，学校设立了上下午大课间，并组织学生开展韵律十足的“绳操”活动，并每年举办一次“双语杯”校园篮球联赛、校园足球赛和花样跳绳比赛。兴趣选修课中同样少不了“体育类”，包含了跆拳道、音乐花样跳绳、轮滑、篮球、足球、羽毛球、乒乓球等。多种多样的体育活动激发了学生的体育兴趣，点燃了学生的体育热情。看到学生们在运动中表现出挺拔、匀称、协调、强健、有朝气、有力量的神态和风姿，让人深深地体会到健康与美的结合。

正如蔡元培所倡导的：“美育是最重要、最基础的人生观教育。”美育远远大于生活的点缀和消遣，也不仅仅是为了培养一个散发着艺术光彩、有才华的人，更重要的是为孩子们开辟一条道路，把他们引进美的意境，让他们拥有一双发现美的眼睛。东北育才双语学校小学部的美育教育渗透在一点一滴之中，让学生们在心灵深处尽情感受美、创造美，在美的境界中自由舒展。

/第二章/

聚焦课堂——立足学生心灵与生活的自主发展

为促进学习而设计

教育的本质归根结底是生命个体的社会化过程，教育是关乎生命的事业，贯穿于自然生命体的成长过程。一切教育活动都是围绕人的生命进行，教育的作用就是在生命与生命、生命与自然的相互影响中改变生命的存在状态，使生命打破原有的认知平衡，建立新的认知平衡，从而发展自我、更新自我。

东北育才双语学校小学部360°全课程体系关注了每一个生命体在自然生长中的现实需要和未来发展需求，这样的课程理念必定会引领课堂实践的反转：我们的课堂不拘泥于知识技能的传授，更注重学科思维的培养；不仅呵护儿童在自然生长中对知识的好奇，更助力儿童在自主发展中，敢于面对深度思考和创新实践的挑战。我们致力于通过有指向的课程活动和有意义的课程经历来引导学生用全副感官和心灵去吸收和体会知识和生活的本原。

我们的课堂以学生发展为中心，以培养学生创新精神和实践能力为重点，转变了教师角色、教学方式和学习方式，有更真实的认知和习得的过程，关注的对象是学生的思维品质和有效表达。课堂唯一的中心是学生，因为课堂的空间和时间的主人是学生的发展需求，学生的质疑和评价的权利得到高度尊重。这样的课堂就是富有育才双语小学特色的“生动、主动、互动”的三动学堂。

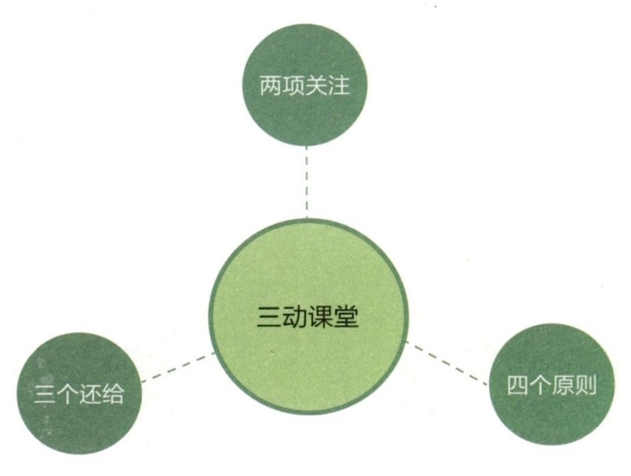

“生动”是课堂教学的

外显形式，将静态的教材文本转化为学生的体验活动，引导学生在主体的亲历活动中真实而具体地感受生活、参与生活和创造生活，在熟知里发现新知，在模拟生活情境中实现换位思考。“主动”是指在教学中，引导学生主动参与知识、能力、情感、态度、价值观的建构及形成过程，引导学生向自己的生活世界回归，厘清困惑，开展有意义的学习。强调灵活采用多种方式，调动、吸引学生主动探究学习，强调学生思维的真正参与，不求花样的翻新，拒绝表面的浮华，追求内涵的变化。“互动”指的是在学生与教师之间、学生与学生之间、学生与文本之间、学生与自我（学生的现实生活及其已有的生活经验）之间的多维对话交流中，实现知识、情志、行为的真实有效提升。

三动学堂，为未知而教，为未来而学。在教学中，我们千方百计支持学生积极地学习，进而在复杂多变的世界中培养学生的好奇心，启发他们的智慧，增进他们的自主性与沟通合作能力，涵养他们的责任感，引领他们追寻有意义的学习。三动学堂的核心内涵具体包括“两项”关注、“三个”还给、“四点”原则：关注学生的思维品质，关注学生的有效表达；把课堂的时间和空间还给学生，把质疑和评价的权利还给学生，把认知和习得的过程还给学生；高立意、重基础、宽视野、深思辨原则。

在点悟心灵中催发生命自明

马克思说：“教育之为教育，正是在于它是一种人格心灵的唤醒。”教育是心灵的转向，一切改变首先从心开始。教育对生命的影响是深刻的、本质的。教育在本质上是生命体之间的对话，通过对话，呈现思维，表达思想，传递情感，转换心理能量。

“悟”即“吾”“心”，点悟是受到指点内心有触动、有所认识。“没有交流就没有对话，没有对话就没有真正的教育”。教育点悟心灵，需要通过在相互尊重、平等交流、建构生成的对话中施加教育影响。在对话中心有所动、心有所悟，使人的认识和思维发生变化，生命才能不断自我发现。

教学语文四年级上册《去年的树》一课时，教师在引导孩子感受小鸟和树之间的深厚情谊时提出这样一个问题：

“一棵树和一只鸟儿是好朋友。鸟儿站在树枝上，天天给树唱歌。树呢，天天听着鸟儿唱。这是怎样的一对朋友呀？你们能想象一下吗?”

问题抛出后，教室里立刻热闹了起来：

“它们是很好的朋友，不管天晴还是下雨，它们都要天天唱歌，天天听歌。”

“不管刮风还是酷暑，它们都要天天唱歌，天天听歌。”

“不论是心情好还是心情不好，它们都要天天唱歌，天天听歌。”

“不论有没有生病，还是有没有吵架，它们都要天天唱歌，天天听歌。”

听到孩子们的畅所欲言，教师适时和学生分享了自己的阅读感受并引导学生通过朗读来加深对文本的理解：

“是啊，我想用一个词来形容小鸟和树的关系，那就是唇齿相依。鸟儿和树就是这样的一对好朋友。可是再好的朋友也有分别的时候，它们是怎样分别的呢？请同学来读读分别的句子。”（两名学生分角色读）

教师通过创设“是怎样的朋友”和“感受分别时的心情”这两个对话情境，让学生通过与文本的交流互动、与同学的交流互动、与教师的交流互动激发潜能，启迪心智。

再如讲授《钓鱼的启示》时，教师问“父亲想不想把鱼留下，为什么”时，孩子们纷纷表达了自己的看法：

“文中父亲不想把鱼留下，因为他是成人，有自己判断对错的标准。”

“我不同意你的观点，他不想放掉鱼，因为人都是自私的。”

“我认为他在挣扎，从课文中能看出来，他的内心斗争，就像我们捡到钱一样，是否归还失主，也要经历挣扎斗争的。”

“他想把鲈鱼留下，因为这是他见过最大的鲈鱼，从来没见过比它还大的。”

“如果留下鲈鱼，即使不吃也可以卖钱，解决家里生计问题。”

“即使父亲想留下鲈鱼，可最后还是选择了放弃，因为父亲要做个有道德的人，而且还要给他儿子做个榜样。”

《礼记·中庸》载：“自诚明，谓之性；自明诚，谓之教。”教育就是在生命的成长中认识到人的生命价值、人的个体的独特尊严，自主进行理性选择与淘汰，逐渐摆脱混沌，提升客观审视、理性判断、优化选择的能力，不断提高对自身价值的认识，提高对人与人、人与社会、人与自然等关系的认识，唤醒人的自我发现潜能，使人能够通达事理、明辨是非，达到自明状态。

在点燃激情中助力生命自信

德国教育家斯普朗格说：“教育的最终目的不是传授已有的东西，而是要把人的创造力量诱导出来，将生命感、价值感唤醒。”教育就是通过活动激发人的精神，调动人的潜能，促使人主动创造，自我成长。

“燃”是“燃烧、引火点着”，点燃即受到激发调动人潜在的精神。教育点燃激情，就是让生命在活动中体验、被激发，通过丰富多彩的活动，构建生命互相影响的场域，使生命共同体之间发生意识共振，唤醒创造意识，激发生命潜能，产生行动热情，点燃生命亮光，使生命在相互影响中不断觉醒，持续突破，获得自我创新。

在教学五年级上册品德与社会《电视里看世界》一课时，教师设计了这样的活动：根据自己的特长录制一期节目，在班上交流展示。布置活动任务时，教师并未对节目的形式和内容做详细要求，只是做出提示：大家可以自己录制，也可以小组合作完成；既可以是自己的才艺展示，也可是自编自导的剧本展示。如此，让每一位学生都能选择适合自己的探究方式。

学生们接到任务后非常兴奋，立即展开了思考、讨论并开始动手操作。在实际拍摄过程中，学生非常用心，许多同学牺牲了周末的玩耍时间，反复改写、录制自己的作品。无论作品质量如何，在录制过程中教学目标就已经达成了——孩子们对学校、家庭、社会、大自然中感兴趣的现象进行了观察、记录、拍摄，班上喜欢电视节目、想尝试拍电视节目的同学更是找到了参与和表现的机会，从中发现了不一样的自己。

自信是个体对自身成功应对特定情境的能力估价，是人的第二生命。教育的过程首先是一个精神成长的过程，在这个过程中，生命中自我创造的意识被激发、被点燃。教育的功能不仅是增添个体生命物质上的力量，而且能够增强自我成长的内驱力，从而获得精神成长的能量，让人勇于突破自我，主动在品格、修养上提升自己的境界，在不断的自我创造中迈向更高层次，焕发出积极向上的光彩！

在点化智慧中促进生命自觉

“点化和润泽生命是教育之核心，是教育之本。”教育是生命对生命的影响，它是一种启示，一种引领，通过唤醒学生的自觉意识，促进学生勤于追问、乐于探究、勇于思辨的学习智慧的形成。

“化”有“变化、生成”之意。教育点化智慧，就是生命受到启示使人悟道，开启心智、转换思维、激活灵性，提升智慧。

在教学“十几减9”这一课时，教师引领学生：通过“画一画”“摆一摆”的方式，你能探索出几种“十几减9”的解题思路？

开放式问题的设计，为学生提供更广阔、更自由的创新思维空间，孩子积极思考，乐于探究，最终汇总出以下四种算法：

第一种算法是一个一个地减，减去9个还剩4个。这种算法是最原始的方法。

第二种算法是盒子里10个减去9个，再将盒子里剩下的1个和盒外的3个合起来，得到还剩4个。

第三种是从13里面先减去3个，再减去6个，最后还剩4个。

第四种是利用加减法的关系，先想9加几等于13，然后据此推出13减9就等于几。

生命自觉离不开人对自己生命价值和意义的反省与追问，离不开个体生命由内而外维护自我、发展自我的意识，以及对身心达到和谐自由状态的自我超越。教育不仅教给学生知识和技能，而且通过引领，化育人心，培养人的认同自觉、选择自觉、学习自觉、发展自觉、成长自觉、行动自觉，促进人的心灵与智慧的增长，生成追求自觉的优秀品质，不断提升生命境界，走向生命自觉。

为促进学习而设计的三动学堂，其实质就是触动人的心灵，转变人的思想；唤醒人的意识，激发人的精神；提升人的境界，生成人的智慧。三动学堂以学生的发展为本，将学生面对的真实生活作为学生成长发展的本源，促使他们用知识去妥当地解决生活问题，帮助学生通过生活学习生活，去过一种美好的生活！

让学习从渴望开始

捷克心理学家夸美纽斯有一句通俗的比喻说得好：“如果人们吃饭没有食欲，勉强地把食物吞到胃里去，其结果只能引起恶心、呕吐，最少也是消化不良，健康不佳。反之，如果在饥饿的驱使下把食物吃到胃里去，那它就会乐意接受，并很快地消化它。”——饥饿感使人产生对食物的渴望，那么对学习的饥饿感就会使人产生对学习的渴望。简单来说，对学习的渴望，是由人们内在的心理需求产生的驱动力，驱使人们渴望学习。

在“情”中学，满足学生对情感的渴望

关注儿童生命成长的教育是充满尊重、充满赏识、充满激励的教育。常言道：“亲其师，信其道。”很多学生热爱某一学科，最早就是从喜爱某一位老师开始的。我校教师充分发挥个人的人格魅力，注重以情动人，注重师生间感情的沟通和培养，建立融洽、和谐、友好的师生关系。

一节语文课上，一名同学朗读课文中的一段，将段落中的外国人名读错了，教师立即给予正音并鼓励该学生重读，出乎意料的是该生第八遍才将这个名字读正确。老师表扬该生虽经七次失败，却不气馁，最终取得成功的学习方法。老师告诉学生，外国人的名字就是难读，自己也是练读了好多遍才读流利的，还鼓励学生说：“对这样难读的名字，读不好是正常的，读好了是超常的。”

面对学生的“出错”，耐心地等待学生成功之举，充分体现了尊重学生、信任学生，真正做到了目中有人、心中有生。课堂教学中这样的等待，凝聚着师爱，蕴含着期望，寄托着成功。

“周恩来一直静静地坐在那里，没有抢着发言。魏校长注意到了，打手势让大家静下来，点名让他回答。周恩来站了起来，清晰而坚定地回答道：‘为中华之崛起而读书！’”“正是目睹了这些不平等的待遇，深切地感受到了‘中华不振’，所以少年周恩来立志——为中华之崛起而读书！”“请你们再铿锵有力地说一次——为中华之崛起而读书！你们是国家的栋梁与希望！”“同学们，你想为什么读书？”

一节语文课，老师在传授文化知识的同时，向学生们进行爱国主义教育，激发学生爱国热情，以校友周恩来总理为榜样，立志“为中华之崛起而读书”。

教育家夏丏尊先生说得好：“教育之没有情感，没有爱，如同池塘里没有水一样；没有水就不能成为池塘，没有情感，没有爱，也就没有教育。”感情是教育的催化剂。教师只有真正尊重、理解、关心、帮助、支持、赏识每一个学生，才能使他们自觉接受教育，学生的个人爱好、个性品质才能得到良好的发展。

在“疑”中学，激发学生对未知的渴望

在二年级的美术课上，“同学们，老师今天接到了一个特别的任务，去机场接一个朋友，没有人告诉我这个朋友到底长什么样，只给了我一个写着‘大嘴怪’的举牌，你们见过他吗？”问题一提出，学生们的好奇心就被迅速调动起来了，心中一团渴望学习的火焰一下子就被点燃了，争先恐后地想要知道：“大嘴怪”究竟是个什么样的形象呢？

老师：“大嘴怪可能是一个人物的形象，也可能是汽车的奇异造型，还可能是什么呢?”

同学们争先恐后地回答:“它可能是一条可爱的鱼”,“它可能是一条凶猛的大鲨鱼”,“它可能是一个蝙蝠侠”……

“为了能让大嘴怪来到这里后更快乐,你愿意帮助他找到更多具有相同特点的好朋友吗?”

提问是抛砖引玉,是针对课堂内容进行调动的前提。通过精心设计的提问引入课题,可以吊起学生的胃口,激发他们的好奇心。以情激疑,巧妙设问,这节课利用侦探故事充分调动了学生的好奇心和求知欲,激发了学生的共鸣,从而使学生们自发地想要去了解未知的“大嘴怪”,主动想用画笔来描绘自己想象中的“大嘴怪”。

在欣赏完一组美丽的陶器图片之后,老师开始提出这样一个问题:“我的一位朋友特别喜欢养殖多肉植物,最近我亲手做了一个陶器,想寄给她,但是老师也犯难了,该怎么打包才能避免陶器在运送途中损毁呢?”

这是一节四年级的科学课,主题是“物体的形状改变以后”。

同学们纷纷举手回答:“可以填充报纸”“可以填充海绵”“可以填充泡沫”“可以填充木屑”……

老师:“那么大家想想为什么填充这些材料之后,陶器不会被损坏呢?这些材料会有什么作用呢?为什么会有这么多作用呢?今天我们就通过动手玩一玩、动脑想一想来研究‘物体的形状改变之后’又有着怎样的奥秘呢?”

设计巧妙的问题,具有启发性,发人深思。并通过身边实例,引发学生自发思考形变物体的性质,激发自主探究科学知识的兴趣。

在“做”中学，点燃学生对认知的渴望

苏霍姆林斯基说：“成功的欢乐是一种巨大的情绪力量，它可以促进儿童好好学习的愿望。请你注意无论如何不要使这种内在力量消失。”在做中学，是我国教育家陶行知先生大力倡导并亲身躬行的，至今仍有旺盛的生命力，在新的历史条件下我们又赋予它新的内涵。

老师：请同学们拿出手中的笔，在体验单上写下“我爱品社课”五个字，看看谁写得又快又好。

“老师要改变一下游戏规则——请同学们把双手背到身后，在规定的时间内用嘴写下刚刚的五个字。”

“显然这一次同学们用的时间更长了，有没有同学想要跟大家分享一下自己的感受？”

“虽然非常困难，但依然有4名同学写得很好很工整，现在请这4名同学起立，单腿蹦到老师这里领取奖励，然后再单腿蹦回到自己的座位上。”

接下来老师采访了这几名同学：“单腿蹦这样一个往返感觉怎么样？我们体验了残疾人日常的两项基本活动。大家都体验了他们在生活中遇到的困难，那么我们还能想象出他们在生活中会遇到的其他困难吗？”

以上是四年级的一节品德与社会课，在此次教学活动中我们把要讲述的内容寓于学生实际生活中所熟悉的、所了解的、所感兴趣的事物中，让学生在做中理解残疾人生活的不便和难处，引导学生对残疾人产生“理解、尊重、关爱、帮助”的情感，激发了学生的同情心，让学生感受到残疾人的不易、乐观和坚强，引导学生自觉地关爱和尊重残疾人。

教师手里拿着这样一个电路：其中一根导线断掉了，没有多余的导线进行替换，但老师手里有其他几样材料，塑料的水性笔、钥匙、铅笔："谁能利用这些材料帮老师将小灯泡重新点亮?"

利用上节课学习的简单电路的连接，同学们能让小灯泡亮起来——用导线把电池的正负极和小灯泡的两个接触点连接起来，这样就形成了电流的通路，小灯泡就亮起来了。

接上了钥匙，小灯泡就亮起来了，这说明钥匙可以让电流通过，这样就构成了一个闭合的电路。那其他材料也能让电流通过吗？比如说这根塑料的水性笔。

这是一节五年级科学课，主题是学习"导体和绝缘体"。老师在创设情境时，将生活中的小电路带入课堂，引发学生思考，点燃学生学习的渴望，学生迫切地想知道生活中哪些是导体，哪些是绝缘体，对这节课的内容产生了浓厚的学习兴趣。

在"趣"中学，调动学生对自学的渴望

计算机课上，老师说："我们在word文档曾经学习过插入图形，那么PowerPoint软件的插入图形跟word中自选图形的操作会一样吗？下面请同学们打开老师下发的任务一文件夹，自主观看微课——绘制形状，并试着完成文档中的任务。"

英语课堂上，短短几分钟的微课却形象地描述了on，in，under，over，above，through，across等介词的区别，突破了教学的难点。课后，简要清晰的微课视频还可以作为复习和巩固此课所学内容的有效手段。

信息技术课堂上，同学们通过观看微课视频学会绘制脸谱轮廓，体验对称轴在脸谱绘制中的重要作用。发展学生数字化学习能力，激发学生学习的自主性，培养学生自主学习的能力。

音乐课堂上，学唱歌曲《布谷》的时候，可以通过微课将休止符呈现给学生，并用儿童的语言帮助学生感受，对比体验其演唱效果。再如“一对好朋友”的课后练习中，教材内容通过“走、跑跑、快跑快跑”等词语和动作，帮助学生分别感受×、××、××××等节奏型，这里就可以将这几种节奏型录制成音频，同时伴有相关的肢体动作，帮助学生感受音符节奏；还可以将这几种节奏型做成声部节奏来铺垫合唱教学。用这样的微课方式，可以让学生直观地听到、看到这些音符。

利用视频微课改变常规的学习方式，使学生乐意“自主学习”，作为更具直观形象性的微课，以精短的教学视频来呈现，是我校教学中针对学科知识点或教学环节而开展的教与学活动，不但保留了传统教学模式的优势，还可以跟学生进行有效互动。调动学生的多种感官参与，达到愉悦教学的目的，同时也有助于学生自主学习，使学生加深对所学知识的理解和记忆。因此微课视频是在教学实践中有其独特的地位和意义的，它在我校日常课堂的教学中被广泛地运用。

五年级数学《看图找关系》一课中，首先通过看微课，让学生们对看图找关系有了初步的了解。针对微课中学习到的知识，以小组为单位分工合作，用iPad进行画图，最后上传图片

翻转课堂

给蜜蜂bee canvas。在课堂练习环节，同学们拿出手中的iPad，扫描屏幕的二维码，进入答题页面进行答题、提交，收集完数据后，由老师进行适当讲解。这节课主要学习的是折线统计图的应用，更主要的是数形结合的思想在指导我们来解决问题。课后，学生们纷纷自主地利用网络，进一步搜集“折线统计图”的相关资料，有了更加清晰、全面的认识。

利用数字设备，充分调动了学生对学习的兴趣，使学生爱上“自主学习”。在教学流程、教学理念、师生角色、教学模式这几方面，尝试打破常规课的局限。充分尊重每一位学生的学习需求，通过在线学习与面对面教学的有机融合，实现因材施教的个性化学习。从培养学生的核心素养角度出发，秉承“以学生为主体”的教学理念，经由工具和多媒体资源的辅助，发挥互联网分享、开放、协作、整合的特性，我们做了深入的研究和创新实践。

这些尝试，丰富了东北育才双语学校小学部在信息技术与课堂教学深入融合方面的实践与探究，尊重学生为主体，实现自主渴望学习。

在“境”中学，唤醒学生求知的渴望

开学初，一年英语组所选的活动主题分别为Introduction，Body，Fruit，Animals。在Introduction活动课上，教师为孩子们搭建了展示自我的平台，创设了情境，在活动中感受英语的魅力并渗透规则意识，努力让孩子们用最短的时间适应育才双语小学部的生活，并做到自信、大方地表达。在Body活动课上，教师把小丑制作成巨型海报，将小丑这类孩子们既熟悉又感兴趣的形象引入活动中，由孩子们自己动手，指出其身体各部位的英文名称。在Fruit活动课上，教师把仿真水果带入活动中，在一个个形象逼真的仿真水果面前，孩子们又激动又兴奋，一个个英语单词不由自主地脱口而出，活动结束后很多同学都说：“老师，我真想咬一口。”

在 Animals 活动课上，教师通过情景再现的方式，带领孩子们认识动物，鼓励孩子们扮演自己喜欢的动物，并与其他动物交朋友。

animals扮演

一直以来，育才双语小学部都将英语课程定位在一个开放的体系上，努力让其贴近实际、贴近生活。我们深知，“玩”是儿童的生活内容，“游戏”是儿童重要的学习方式，而“活动”则应是小学英语教学的主要形式。因此，在一年级我们就开设了英语活动课。在活动课上，教师不再使用单一的教材，而是以激发兴趣为目标，根据一年级学生的具体情况创设情境。

“大海中真是风急浪劲，波涛汹涌！老师看看小浪花们表现得怎么样。如果你认识这个词语，就站起来迅速地把它读出来，小浪花们，准备好了吗？”

“小浪花们表现得真不错，现在海面上已恢复平静，老师再看看地面上的小火车开得怎么样。”

“小小火车谁来开？”“我来开。”

“小火车开始爬坡，把认识的字从词语之中分离出来，看看大家还认不认识它们！火车启动了，咔嚓咔嚓嘟。”

低年级识字课堂上，同学们最喜欢的游戏是“词语大波浪”，课堂上洋溢着快乐的气氛，学生们兴致勃勃，满足了他们好动好玩的心理。当学生自身对于学习产生浓厚的兴趣，他们的整个认知活动都会活跃兴奋起来，开始自动自发地参与到识字学习活动中。

穿衣服情境

一节四年级的英语课，购物话题在英语教学中是很常见且实用的。课堂导入环节巧妙、新颖，教师提问："Guess what the teacher bought yesterday?（猜老师昨天买了什么？）"创设生活情境，引发学生的好奇心。

接着，为了使情境更加深入，让孩子们有更多的发挥空间，老师将事先准备好的服装，发给学生们试穿，注意尺寸和身高不对等，这样孩子穿上后发现服装不合身，尺码不对，此环节风趣幽默且与课文息息相关。学生们既新奇又兴奋，纷纷表达要去服装店购物，买与自己号码相符合的服装，同时利用本课所学句型进行生活中购物的对话。

我们根据学生的认知水平和已有生活经验，充分挖掘适合学生的生活情境，选择既贴近教学内容，又是学生熟悉的生活情境，让学生恍然大悟，原来这些知识就在生活中。

东北育才双语学校小学部采用全方位、立体化的方式，全心全意致力于唤醒学生内心深处对学习的渴望。我们的责任就是点燃火种，激发学生对学习的兴趣，给学生营造一个开放、民主、平等、和谐、愉悦的学习空间，让学生真正拥有"亲自"思考问题的过程，真正拥有"亲自"实践的经历，真正拥有一片"亲自"飞翔的天空，使学生们拥有学习的快乐和成功的享受，从"要我学"到"我要学"，让学习从渴望开始！

让学习真实发生

真实的课堂、真实的探究、真实的学生应该是教学的至真追求。学生是学习的主体、核心，没有诱发学生学习真实发生的教学都是徒劳的。东北育才双语学校小学部通过打造"生动、主动、互动"的三动学堂，将构建"真实课堂"作为教学的主体架构，努力建立以"儿童"为核心，以经验为原料，以探究为方式，以学科活动为路径的学习场域，促发儿童的学习真实发生。

以儿童为核心，让学习真实发生

儿童是真实课堂的中心，是教学的出发点和归宿。在真学课堂上，儿童习得知识技能，积累丰富的活动经验，感悟深刻的思想和方法，点化自我心灵，润泽自我独特生命。这里，儿童的学习力、学习素养、好奇心以及情感、学习态度、价值观等都是儿童生命的应有组成，不可或缺。只有基于儿童主体全面发展的学习才是真实、有意义、有价值的学习。

一个周一的午后，阳光明媚，孩子们在操场上玩耍，小男孩儿拉着大哥哥般的体育老师在说些什么呢？"老师，我太羡慕体操运动员了！真希望我也能做出他们那样的动作！"二年级的洵洵说道。老师看着他微笑着说："这周我就带着你们一起在体育课上体验一下体操运动员的经典动作，你想不想

体育课

挑战一下？”淘淘高兴地跳了起来：“当然啦！太好了！”

二年级的仰卧推起成桥课帮助淘淘实现他的小愿望！本课的教学重点为双手翻腕于耳侧，蹬地挺髋。难点为两手推掌的同时蹬地、挺髋、抬头等动作的协调配合。学习过程中，学生容易出现手没撑住、挺髋顶肩不充分等易犯错误，教师采用提示动作要点，多做跪姿和躺姿顶髋练习，加强保护与帮助的方法来纠正。在教学中，教师把课堂还给学生，让学生在体验、游戏与合作中掌握动作要领，体验体育学习的乐趣。

在做热身活动、放松活动时运用音乐、韵律操、创设情境、讲解与示范法，使学生明确活动与放松的正确部位；在基本部分运用不同方向的侧面示范，使学生直观了解上下肢的协调发力，挺髋的重要性。在准备部分与基本部分分别运用蚂蚁搬家、炒黄豆、跪姿后仰传球接力、髋下传球接力游戏，让学生能够主动参与到教学活动当中。

课堂上，针对二年级的学生年龄较小，容易急于求成，易出危险，老师用游戏的方式，巧妙降低学习难度，在游戏蚂蚁搬家（搬小垫子）比赛中运用讲解法使学生能够清楚游戏方法及比赛规则；在基本部分中运用讲解法与示范法，使学生能够明确仰卧推起成桥的动作要领，同时竞赛分组练习法以及巡回指导法有效提高学生学习兴趣，达到共同进步。

学生通过观察教师的示范动作，在大脑中形成正确的动作概念。在做完髋下传球接力的游戏后运用保护帮助的方法，体会完成动作的身体感觉，在与同伴相互配合中提高发现问题、分析问题、解决问题的能力。在分组练习时，运用模仿体验法，将自己对动作的理解慢慢尝试肢体练习。

一节课下来，不同时段、不同方式的体验活动使课堂氛围融洽，整堂课学生们都能在观察、聆听和行动中去体验动作，并通过小组合作的方式总结动作要领，分享经验，改进不足，并在最后的活动环节中完成动作，用规范的姿势独立完成仰卧推起成桥的动作。同学们在欢乐的气氛中精神得到陶冶，身体得到锻炼，技能得到发展。这样的课堂是立足于儿童的课堂，是学生们喜欢的课堂，是让学习真实发生的课堂。

以经验为原料，让学习真实发生

儿童原有的认知经验是真实课堂的“助推剂”，是儿童展开真实学习的宝贵原料。在真实的课堂教学中，我们把脉儿童经验，从儿童经验出发，依靠儿童经验，并对儿童经验进行调整、扩展，实现儿童经验的不断改造与重组。

英语，作为东北育才双语学校小学部的特色课程之一，帮助孩子们打开了看世界的另一扇窗。多年来，学校始终坚持“语感为基，语用为实”的英语课程建设。在这里，我们从教材出发，我们从课堂出发，将学生的课内学习和他们的课外生活融为一体，听、说、读、写与仿、练、唱、演结合，促发儿童英语学习的真实发生。

在人教版教材 1BUnit6 中讲到话题 Happy Holidays 时，老师整合教材和学生已有经验储备，让学生利用即将到来的圣诞节和新年，创设一个新的情境：圣诞老人要到我们学校来给表现突出的育才双语小学部孩子们发放礼物，请将我们的学校介绍给圣诞老人并邀请圣诞老人一起在中国迎接新年。本节课融文化品格的培养于活动体验之中，而不是通过说教和贴标签的形式

英语课圣诞主题

完成，是顺应学生的兴趣和需求来创设情境，力求学习活动情境化、趣味化，以激发学生对于学习内容的情感共鸣和思维参与，提升学生对文化内涵的理解。

在本课中，老师创设Christmas Party的情境，满足了学生对于圣诞文化的兴趣以及急于体验的渴望，在课堂中连续开展了have a party，give presents和song time，将几个活动有机串联起来。小同学们表达的热情高涨，在活动中，不仅本单元学习的知识内容应用到了实际情境中，之前的知识储备也在实际语用中得到了淋漓尽致的使用，更重要的是孩子们更多地了解了圣诞节文化，并把中国的新年文化介绍给圣诞老人，成为一个个文化传播的小使者。

在我们的美术课堂上，教师格外注重美术新课程与学生生活经验紧密关联，引导学生通过具体情境或亲身实践，使学生在积极的情感体验中提高想象力和创造力，提高审美意识和审美能力。我们的三动学堂明确提出要在教学中转变教学方式，突出“体验式”“探究式”的学习特点，通过引导学生观察和体会生活，为其创设更为真实的独立思考、自主学习的空间。

在上《橙色的画》一课时，老师采取了这样的方法：首先指导欣赏，让学生从中了解到丰富多彩的色彩世界中，最主要的有红、黄、蓝三种颜色，接着是橙、绿、紫三种。接着让学生观察实物：进一步对红、黄、蓝三种色相认识，点破这三种颜色是色彩中的“三原色”，并让学生在自己的颜料中，找出红色和黄色这两种颜色。然后，让学生自己动手调配颜色，学生惊喜地发现原色中红色和黄色这两种色彩调配，就会得到一个新的色彩——橙色，学生在体验中种种疑惑迎刃而解。

美术课写生

教师注意引导学生从自己的世界出发，用多种感官去观察、体验、感悟，获得真实的感受，学生们在整节课中都处在对“以科学的方法认识和理解色彩世界”的探究中及浓厚的兴趣之中。这些体验使学生感到自己与色彩是如此的接近，生活中离不开色彩的存在。

课堂教学，要紧密联系学生的生活实际，从学生的生活经验和已有的知识出发，创设生动有趣的教学情境，激发学生参与学习的欲望，让学习真实发生。

比如在教学数学课《10的分与合》，设计到商店购物的情境：爸爸给你10元钱，让你买你喜欢的物品，你应该付多少钱？营业员应该找回多少钱？

出示商品的价格：

文具盒　　5元

水彩笔　　7元

铅笔刀　　1元

橡皮泥　　3元

橡皮　　2元

钢笔　　　　8元

笔记本　　　6元

学生都积极地利用自己已有的生活经验寻找自己喜欢的物品，并且都解答了问题……这样将学生用已有的经验联系到课堂学习中，又将学到的知识应用到解决生活中的实际问题中，既培养了学生学习数学的应用意识，又调动了学生在生活中运用数学的积极性，真正激发了学生学习的积极性。

以探究为方式，让学习真实发生

真实的学习过程应该是儿童主动探究的过程。教学中，教师激发儿童发现有待探究的问题，引导儿童主动“问学”，让儿童细心观察、深入思考，不断地进行手脑合一的“具身实践”，进而完成学习的“再创造”。

例如在讲授《梯形的面积》一课时，由于学生已经拥有三角形的探究经验，因而学生的探究可以更大胆一些、更多元一些。在教学中，学生除了将梯形本身旋转180°，用两个完全相同的梯形平移转化成平行四边形外，还探究出多种转化方法，如沿着梯形的中位线分割、旋转等。正是在多元探究活动中，学生能够冲破思维禁锢、冲破机械模仿、冲破简单再现。数学学习由此显现出别样的精彩。

例如教《美丽的小兴安岭》一课时，教师通过虚拟旅游情境激发孩子的探究欲望：先把全班同学分成四小组，让同学们都戴上不同颜色的旅游帽，分别代表四个旅游分队，并让小组商量分别选出一个同学当导游。接着播放一段优美的乐曲并兴奋地说：“同学们，在祖国的东北有许多高大的群山，其中有一群山，可美了，像个大花园，课文称它为‘美丽的小兴安岭’，你们想去吗？”听了学生的回答后老师马上放小兴安岭美丽风光的解说录像，同学们个个都兴趣盎然。老师又相机问："你们是想在明媚的春天去，还是在金色的秋天去？是在枝叶特别繁茂的夏天去，还是在白雪覆盖群山的隆冬去？为什么？"同学们听了情不自禁地展开想象，因急于了解小兴安岭四季的美丽而产生了探究课文内容的兴趣。

在特定的问题情境中，在民主和谐的氛围中，学生们确定了探究的方式，决定每个旅游分队探究学习一个季节的内容，再由分队的小导游带领全班同学游览，这样，课文的内容就被同学们在轻松愉快的情境中掌握了，也提高了同学们探究问题的能力。

学生真实学习的过程就是学生生命成长的过程。学生是天生的思想者、探究者、实践者。在教学过程中，我们通过激发学生的自我探究欲望，让学生产生自我探究的需求，不断地假设、尝试、验证、修正，真正地参与到学习的过程中来。

以学科活动为路径，让学习真实发生

学科活动不仅能巩固所学，促进学生"学以致用"，更能激发学生对学科的学习兴趣，进一步锻炼和提升学科之外的综合素养，是促发学习真实发生的重要途径。东北育才双语学校小学部历来将学科活动看作学科课程的必要且重要的组成部分。各学科坚持每学年都开展学科活动。

2017年12月，语文组以落实"核心素养"为目标开展了为期一个月的语文学科实践活动，并进行了以"书香溢满校园·经典浸润心灵"为主题的语文学科活动汇报展示。

整个汇报过程以"中国字·中国话·中国人"为主线贯穿始终，起承转合，站在现在回顾历史、眺望未来……

节目伊始，在播放《文化中国·汉字》视频的同时，我校三、四年级的六位小同学用毛笔分别写下“中、国、字、中、国、人”六个大字，号召全校同学“从小写好中国字、长大做好中国人”！就是在这种“文化的传承与理解”的背景下，孩子们给在场的所有人带来了一个又一个惊喜和感动：

一年组的小同学们伴着熟悉的《上学歌》旋律，带领大家一起走进了《我们的语文书》。

二年组同学的《古诗新唱+成语接龙》歌舞表演，对“服化道”的掌控能力，对舞台的把控能力，更是让在场所有师生都感到惊艳，他们不仅熟练掌握了课本知识，而且通过这样生动的表演对文化的理解与传承也有了更深层次的理解和感悟。

三年组同学在课本剧《狼和小羊》中，将树林里小动物们的灵动，大树爷爷的深沉，小山羊的可爱，大灰狼的凶残，猎人的正义与帅气等每一个角色都表现得淋漓尽致。

四年组师生共同为大家展示了古诗词吟诵《千古诗韵》，从大漠孤烟塞北到杏花春雨江南，从山水田园牧歌到金戈铁马阳关，时而婉转低吟，时而慷慨激昂，时而去国怀乡，时而豪情满怀。

五年组那慷慨激昂的《长征组诗》诗朗诵，崭新的军装、整齐的绑腿、鲜艳的五角星帽徽，他们精神抖擞、气宇轩昂，用自己的实际行动表达了“传承长征精神，建设美好家园”的远大志向。

六年组的舞台剧《军魂》更是让我们感受到了中国军人舍生忘死、英勇无畏的英雄气概！小演员们坚定的眼神、精湛的演技，莫名地戳中在场师生的泪点，京剧唱段的加入更使得整个舞台剧更加精彩。

最后，伴随着婉转动听的音乐，节目在5位老师带领着19位同学表演的诗朗诵《最美中国话》中落下了帷幕。

知识会更迭，而能力是长久的，文化是永恒的。多年来，东北育才双语学校小学部语文学科在国家课程基础上，立足学情，挖掘教材内涵，增设成语、古诗、古文、软笔书法、硬笔书法等校本课程，开展课前演讲、快乐晚诵、睡前故事、主题阅读、汉字听写大赛、诗歌朗诵会、古诗文大赛、作文大赛等丰富多彩的学科活动。将汉字文化、汉语文化、汉文文化和民族文化等学科素养贯穿在语文学习的课堂内外，以学科实践促发学习自觉，以中国文化的根本精神努力为每一名学生成长烙上中国印。

今天的课程改革、课堂改革需要触及教学方式与学习方式的变革，为了培养全面发展的人，需要把学生放在真实情境中，解决真实的问题，让学生完整地学习。学科实践活动的构建与创新实施正成为一个有力支点，它能够切实实现关注学生的学习样态，推进教与学方式的转变。

教育的本质是心灵的解放，教育的关键在于唤醒学生的生命，迸发学生的情感，激活学生的思维。“教”不等于“学”，教师教了学生不一定会学，学生学了也不一定会懂。特别是在分数至上的应试教育模式下，很容易让教师的教替代学生的学，让教育流于形式，让学习变成“假学习”。学习就是要让学生进行持续的自主建构，并最终形成自己的知识结构和学习方法。我们深知，教育的真正魅力在于让学生卷入式地体验，并给予他们“阳光、雨露和土壤”，让他们在合理的时间内自由而美好地生长，让学习和创造真实发生！

让孩子收获 1+1＞2 的惊喜

“互联网+”时代的到来，人工智能技术的飞速发展，促使着生产方式不断变革。生产方式的变革在一定程度上决定了社会对于人才的需求，进而决定了教育对人才的培养方式。教育部在《基础教育课程改革纲要》中，把培养学生的交流与合作能力作为新课程改革的重要目标。我校基于新课程改革所探索的三动学堂，在改变传统教学方式的过程中，把关注学生生命发展作为教学的核心理念，把“小组合作学习”作为课堂教学环节的重要突破口，让孩子们在合作中收获1+1＞2的惊喜，促进他们均衡而有个性地发展，以适应未来学习、生活和工作的需要。

分工明确　轮流当家

主动参与、善于合作、乐于探究，这是我们大力倡导的学习方式。于是，原本“安静”的课堂一下子就“热闹”起来了，以小组合作为代表的合作学习被教师们广泛采用，改变了以往简单、机械的问答式教学。课堂上学生学习兴趣盎然，学生变被动为主动，成为学习的主人，课堂变得生动……从表面上看，课堂气氛比较活跃，但通过一段时期的观察，我们发现：多数小组合作学习往往存在“注重形式，缺乏实效”的现象。为此，我们深入探索三动学堂下的小组合作学习模式，明确提出小组合作要全员参加、分工明确，杜绝成为组内学习水平高学生的“一言堂”，要为每一位成员提供主动学习和创新的机会，充分调动每位成员学习的积极性、主动性，要让学生在合作中激发出活力，碰撞出智慧，绝对不能仅仅是形式上的热闹。

以科学课小组合作科学实验为例。科学实验时的小组合作一般每组分为

6人，根据每个人的特长进行不同的分工。最初分工为自制能力和管理能力强的学生为组长，善于记录的学生为记录员，表达能力强的学生为汇报员，动手能力强的学生成为操作员，分别还有材料员、观察员等。最初按照学生的优势分工，在一定周期后，调换小组成员的角色。这次担任小组长的下次去担任汇报员，这次担任操作员的下次去做记录……经过初始分工的示范，每个学生对小组中的几个角色都从了解、尝试、胜任到熟悉。这样的轮流当家，其目的就是让每位成员都有发言、管理、记录、操作的机会，都能得到多角色锻炼，切身体会每个角色的重要。

例如在学习《导体、绝缘体》一课上，小组合作的目的是要学生进行实验验证不同物体的导电性，从猜想——实验——分析结果，逐步养成科学探究的能力。在小组合作学习中，每一位学生都积极主动地参与实验每一步。分工明确，更是让学习水平高的学生和部分学习水平低的学生都有责任感，不论对错，都需要经过实验验证物体是不是导体或绝缘体。之后老师引导学生，对猜对的学生做一个调查，说出这样猜的理由。学生的交流给了学生学习的一种方法。比如有学生得出：铁钉、铝条猜测是导体，因为这两样和老师之前实验的钥匙都是金属类的。而橡皮是橡胶做的猜测应该是绝缘体，依据是我们平常看电工工作时都戴着橡胶手套。

学生猜测的过程是联想、想象等各种思维活动的过程，这为学生彼此间提供了一种学习的方法、一种学习的态度；实验验证和交流汇报的过程是各负其责、分享成果的过程，学生的责任感、成就感在整个过程得到充分体现。

互动讨论　拓展思维

我校一直探索的三动学堂，就是要积极发展学生的分析、判断、推理等思维能力，致力于培养学生的质疑意识、思维品质和创新精神。在小组合作领域，我们在培养学生独立思考与合作学习的关系上达成这样的共识：独立学习是合作学习的基础。如果没有独立思考，没有形成自己的思想与认识，那么，在合作学习中就只能是观众和听众。合作的过程其实质是个体对独立学习的再认识、再提高，是对独立学习成果的反思、融化和应用。当学生自己的思考有了一定的结果时，要整理自己的思维，从心理上做好与人交流的准备，只有这样，才能在与伙伴的互动讨论中提高思维品质。

例如二年级学生学习《量一量》这一数学主题活动时，教师让各小组以合作方式找出可以测量长度的方式。学生开动脑筋，尽可能多地寻找测量方法。小组成员先独立思考，说出自己的想法，再对每一种方法进行讨论，形成小组意见。

A组有一学生说自己是用手掌测量的，马上小组成员在这一想法启示下，产生了用脚掌测量、用胳膊测量、用手指头测量、用张开双臂测量、用身高测量等方法。

B组有一学生说自己是用书本测量的，其他成员各自说出新的启示：用木板测量，用铅笔测量，用橡皮测量，用彩笔测量……

为了进一步拓展学生思维，教师给学生创造思辨的机会和环境，让他们在解决问题的过程中去大胆地推测、激烈地争辩，从而使学生思维的广阔性、深刻性、独创性、批判性、灵活性、敏捷性得到有效锻炼，使学生的探索更加有效、高效。

四年级学生学习了英语中的一般现在时、一般将来时、现在进行时等时态，很多人容易弄混。在上复习课时，教师采用小组合作学习形式，对这些时态进行总结。小组合作从定义、标志词、结构、表现形态、易错易混等各种方式画出了思维导图、比较图，思路清晰明了，通过小组成员的力量很快将所学知识串联起来。

在品德与社会课堂上，五年级学生学习《我们的民族》这课时，针对自己感兴趣的一个民族进行合作探究，各小组利用圆圈图进行收集整理资料。A小组成员对蒙古族感兴趣，分别从蒙古族的衣、食、住、行、节日、音乐(乐器)、舞蹈、语言、特产、图腾、与汉族的关系等等十多个方面展开资料收集与整理。每个成员有分工有合作，有讨论有交流，圆满完成任务。

各小组成员在积极思考、主动交流、思维碰撞的过程中收获了全面思考问题的能力，收获了学会接纳、学会欣赏、学会反思的能力，拓展了解决问题的思路。让人们惊喜的是他们完成的不仅仅是一个任务、一幅作品、一种思路，而且是在合作过程中思维的拓展与延伸，争议中的协商与认同。

分享倾听　整理概括

小组合作学习改变着教师教的方式和学生学的方式。它为学生提供更有效、更主动的学习平台。我们所倡导的“三动学堂”强调关注学生的有效表达。学生汇报展示作为小组合作学习的一个重要环节，严格要求学生用书面化的语言组织汇报，以及注意语言的精练与简洁。这对学生口语表达能力、倾听能力和整理概括能力都有极大的提高。比如：“我们组经过讨论、调查、采访一致认为……”“这是我们组共同研究的成果，感谢大家的倾听，谢谢！”“我们组有一些不同于A组的观点，我们想请教A组一个问题，行吗?”“我们组提出了这样一个问题，请大家看看是否能解释?”“我们组保留意见”……这样的小组合作汇报不是为了展示而展示，而是使小组合作学习更加有效、高效。

例如二年级学生在课下设计的游戏进行汇报。

大家好，我是小A，下面请让我代表A组汇报我们的结果。

我们设计的游戏名称：抢椅子。

游戏人数：3～10人。(10人以上也行，但容易乱，所以我们建议10人以内。)

游戏方法：(摆的椅子数比人数少1把)

把椅子朝外围成一圈。同学按照一个方向听音乐围着椅子转圈走；

音乐停大家抢椅子坐，没有抢到椅子的同学被淘汰；

每次淘汰1人，就去掉一把椅子，最后一位坐到椅子上的同学为冠军；

游戏中出现问题：A与B都坐在椅子上，谁也不让谁。

第一次讨论：谁先坐谁赢。

第二次讨论：两同学一起坐的，谁坐在椅子上的位置（面积）多谁赢。

第三次讨论：两同学一起坐并各自坐的一半用猜拳方式决定。

第四次讨论：规定什么样的为犯规。

经过几次验证，我们逐渐制定游戏规则：

游戏中同学不能有快有慢，大家脚步尽可能一致；

游戏中同学不能把手扶着椅背；

游戏中不得推前面的同学；

如果发生不一致，大家一起商量，不能打闹；

这是我们组的汇报，感谢大家的倾听，谢谢！

榜样的力量是无穷的。学会倾听他人的观点，给了学生一种示范、一种启发、一种态度；学会分享，带给学生更多的快乐。团结的力量可以让渺小变得巨大。小组合作学习，既让学生锻炼了自身，更让学生意识到合作的美妙。

教师也是合作者

教师作为合作学习的组织者、引导者和参与者，其主导作用不可忽视。我们注重从选题、参与、引导、调控、评价五个方面组织设计，使小组合作学习扎实有效。

1. 在小组合作学习的准备阶段，教师是学习任务的设计者

选取适合开展小组合作学习的内容很重要。避免小组合作学习流于形式，学习内容要符合以下几点：

学习内容可具体分解，使每个合作成员有明确任务；

讨论的问题要有思考性、启发性和探究性；

小组合作操作性强；

能够激发学生兴趣与参与度。

比如数学、科学学科合作的内容一般是探究规律、推导公式、归纳结论等。偏向人文学科则会选择开放性问题，让小组成员在各抒己见的过程中发散思维，寻找规律等。

五年级学生学习三角形的面积时，教师让各小组以合作形式探究三角形的面积公式，提示各组通过以前学过的图形面积来验证、推理。各组成员通过动手做一做，剪一剪，拼一拼，把三角形转化为长方形、正方形或者平行四边形等办法，经过推理，得出了三角形面积公式。这样小组合作学习就恰到好处。在剪切、拼凑的过程中，学生相互协作，相互讨论，相互学习、接纳、认同，获得完成学习任务后以外的情感、价值观的惊喜。

2. 在小组合作学习的过程中，教师是参与者、引导者

在小组合作过程中，教师的引导至关重要。找准合作学习的切入点，可以激发学生的兴趣和欲望。而教师的引导，就是学生探索潜能和欲望的导向。

学生合作制作一本书时，小组讨论想制作一本多音字的书，将这学期学过的多音字总结出来。可学生为按照什么样的方式将多音字串起来犯了难，教师就引导学生："看看字典、成语故事是按照怎样的顺序编写的呢?"学生受到启发，翻出字典、课本、课外书，找到多种编写的方法。比如有同学说可以按照多音字的音序、部首，有同学说可以按照教材课本的顺序、单元顺序等等。

在小组合作过程中，教师作为合作者的一员，也是一名参与者，而不是旁观者。

在一堂二年级的语文课上，各小组分别自主选择一个生字，合作完成有关它的注音、组词和识字方式。B小组选择了"闻"字。各成员经过思考后依次说出自己的观点。"我是在电视上学到的，晚间新闻。""我是在古诗里学到的，处处闻啼鸟。""我是在成语里学到的，举世闻名。"……"老师是在人名里学到的，我国近代著名的学者闻一多。"类似这样，教师参与了每一小组的合作学习。教师的参与让学生更加兴奋，探索的兴趣和欲望更强，效果更好。

在学生合作过程中，教师要及时诊断和处理小组中出现的“过热”与“过冷”现象，善于启发，巧妙引导，及时调控，保证各小组合作有序、有效开展。同时在小组合作过程中，适时提出指导意见和追问问题，让学生的探索更加深入。拒绝表面的浮华和热闹，拒绝流于形式的合作探究，强调的是学生的真正参与、真实参与。

3. 在小组合作学习后，教师是评价者

教师在整个小组合作过程中，抓取契机，从小组自评、互评和师评三种方式评价。评价的内容包括小组活动秩序、组员参与情况、小组学习过程与效果等方面。而教师的适时鼓励与及时评价更能激发学生的探究欲望和兴趣。

在道德与法治学科《风儿轻轻吹》的主题活动中，教师设计了学生寻找风和制造风两个开放性的环节。第一环节让小组合作在哪里能找到风。教师设计问题：“风看不到，摸不着，可是风就在我们身边，我们能感受到。你从哪里感受到风了呢？快来找一找！”接着以一首小诗感受风，让学生感受风藏在很多地方，只要用心感受就能找到风。当小组合作汇报时，教师这样评价：“你组的想法太好了，总结出十多条。”“这组同学能够从头发的感触上、水里的波纹、地上飞起的纸片感受风，观察真细致。”“你们组刚才合作时讨论声音低，全员都积极参与。”这样的评价给了学生许多鼓励和信心，更多的学生参与思考，更多的答案层出不穷地涌现。在后一个利用各种工具制造风环节中，学生通过室外活动体验制造风。每个小组至少写出十多种制造风的工具，答案多种多样，包罗万象，并划分出制造出来的风的用途。学生的五花八门的回答也超出预设，创新与想象，实验与思考，在这里得到充分的呈现。

让学生有所得，不仅是知识和能力，还有心理与情感。根据培养目标设置一些开放性问题，启发小组合作学习从多角度、多方面思考，培养学生思维的开阔性和灵活性。而教师的组织和评价使小组合作更加高效。学生在合作学习过程中逐渐养成合作习惯与合作精神。学生的这些收获远远大于所学知识与技能，是未来工作岗位中的根基。

小组合作学习是符合时代发展的学习方式，它促进了学生智力因素和非智力因素的和谐发展。在教学中，我们始终坚持以学生为主体的学习方式，充分发挥教师的主导作用，把握最佳时机，组织学生开展小组合作学习，让小组合作学习真正从形式走向实质，满足学生现实和未来发展需要，让他们在合作中收获更多的惊喜、更多的精彩！

为孩子的智慧人生奠基

提到智慧，大家很容易想到古希腊的“智慧之神”——赫尔墨斯，而对于当下的我们，无论是教师还是学生都不是神灵，都不具备与生俱来的智慧。智慧究竟是什么呢?《辞海》中这样解释：智慧是指对事物认识、辨析、判断、处理和发明创造的能力。而培养和发展孩子的智慧，让孩子们学会思维，善于思考，形成思想，并最终成为“思想者”——这才是教学的灵魂所在，也是教育的最高智慧。

早在2010年，我校就确定了以两项“关注”、三个“还给”、四点“原则”为主要标志的东北育才学校常态课堂教学标准。其中，第一项就是关注思维，教师在课堂教学中要关注学生到底有没有思考。多年来，我校的教师们在这一标准的指引下，在《国家中长期教育改革与发展规划纲要（2010—2020）》中提出的四种教学方式（讨论式、启发式、探究式、参与式）的基础上，不断探索、找寻有效的课堂教学方法和教学形式，以激发、丰富、助力、推动和深化学生思考，为学生的思维发展保驾护航。

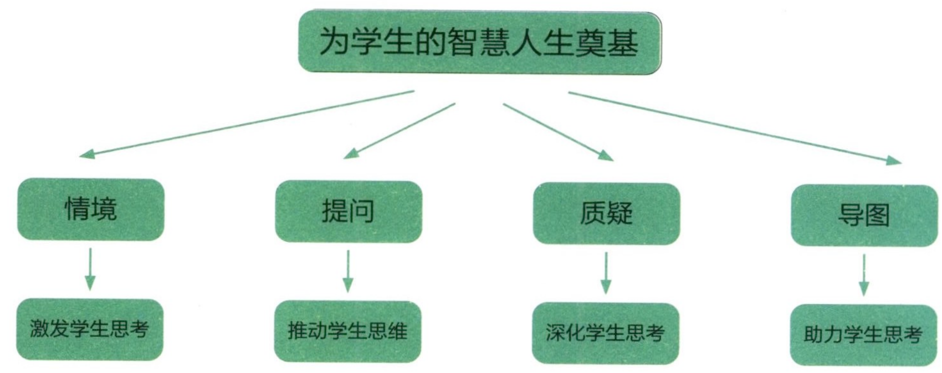

情境——激发学生思考

学习的兴趣和求知欲是学生能否积极思考的动力。要激发它们，行之有效的方法就是创设合适的情境。在教学过程中，我校的教师们根据教材内容和学生的认知规律，总结出利用认知冲突、借助故事情节、联系生活实际等方法来创设情境，从而达到激发学生思考的目的。

1. 利用认知冲突，创设情境

老师在上《物体在水中是沉还是浮》一课时，给学生出示小石块、泡沫塑料块、回形针、蜡烛、带盖的空瓶、茄子、橡皮等物品时，并不急于让学生动手做，而让学生先进行预测，说说预测的理由，并记录下来。再把水槽分发给小组，让学生来动手做一做，把实验结果填入下表，形成比较。让学生带着疑问进行验证实验，会更有针对性。

表1　物体在水中是沉还是浮

	小石块	泡沫塑料	回形针	蜡烛	茄子	橡皮	带盖空瓶
预测							
理由							
结果							

这样，老师利用学生们预测的情况和实验结果间的冲突，调动了学生们积极思考、主动参与的热情，达到了很好的教学效果。

2. 借助故事情节，创设情境

老师在教学《分数的大小比较》时，设计了这样一个故事：唐僧师徒四人去西天取经，过了火焰山，来到一个村庄。猪八戒去化缘，农夫给他们送了一个大西瓜。悟空要求公平地分给四人，每人四分之一。八戒听了不高兴地说：“瓜是俺老猪化来的，俺肚子大，要吃八分之一，至少也要六分之一。忠厚的沙僧给八戒切了六分之一，正当大家开心地吃着西瓜时，贪吃的八戒却在一旁直拍脑袋：怎么自己的这份反而比他们的少呢？带着这样的思考，学生们个个积极主动地去探索四分之一、六分之一、八分之一的大小。

3. 联系生活实际，创设情境

老师在教学《别伤着自己》时，让学生分成几个小组进行讨论，联系生活实际，创设一种生活化、常态化的讨论环境，要求学生结合平时自己遇到的真实情况来谈谈怎样做才安全。这样，学生的真实体验与教学活动就有机结合起来了，巧妙地激发了学生的参与热情。

多年的课堂教学实践告诉我们，在课堂教学中教师合理利用教材，采用各种方式，创设不同的情境，会使学生产生好奇、疑惑的情感体验，从而产生兴趣并积极主动地探索，达到激发学生思考的良好效果。

提问——推动学生思考

一切思考都是从提出问题开始的。教师根据不同的教学内容和不同的教学对象巧妙地提出问题，能紧紧抓住学生的心理，激发学生的求知欲，驱使学生回忆、想象、创造，使学生成为课堂教学的主体，推动学生思考。但提问也是有一定原则的。如果老师问了学生问题，问题却没有思维的含量，这个问题就是无效的；老师问了问题根本没让学生思考，你马上回答，这个问题也就白问了；老师问了一个好学生，这个学生答上了，但其他学生真的思考了吗？所以，要提高课堂提问的有效性，就要遵循一定的提问原则。多年来，我校教师在课堂提问的实践中，总结出两项提问原则，分别是“四度原则”和“追问原则”。

1. 四度原则

课堂教学设计的问题要充分考虑四度原则：广度、角度、难度、密度。

广度：设计问题时要考虑大多数学生的知识经验和智力水平。

角度：设问的角度要新颖，富有启发性。教师要引导学生从不同的角度思考问题，积极鼓励学生在课堂上说：老师，我还有另一种方法；老师，我和他的观点不一样……

难度：难度适当，处于学生的“最近发展区”，让学生跳一跳，摘得到。

密度：问题的设置要疏密有间、张弛得体，在提问后给学生留有一定的思考时间和空间。

老师在讲授《鸡兔同笼》时，呈现这样一道题目：生物组养鸡比兔多14只，鸡的脚比兔的脚多12只。求生物组养鸡、兔各多少只？在解决这道题时，老师就先让学生自己讨论，找到自己认为对的方法，然后全班汇报。汇报时，同学们认为应该先假设鸡兔的只数相等，去掉多出来的14只鸡，然后再找它们的脚数有什么关系。通过鸡兔只数相等时，兔脚的只数是鸡的二倍这一关系式最后求出鸡、兔各多少只。学生们按照这样的方法最后解出这道题。当大家还回味在这种胜利中时，班级的几个同学又提出了新的想法：如果先假设鸡兔的脚数相等，去掉鸡比兔多出来的12只脚，然后比较它们的头数，可不可以求出这道题呢？于是老师引导学生从这一角度思考，最后发现这个方法也是可行的。

在这一过程中，老师运用“四度原则”，充分考虑到所设计问题的广度、角度、难度以及密度，使学生成为课堂的主体，推动了学生思考，让学生的思维得到有效的发展。

2. **连续追问原则**

连续追问，作为一种提问技巧，在课堂教学中经常为教师们所运用。它是前次提问基础上的延伸和拓展，是为了使学生弄懂、弄通某一问题，在一问之后又再次补充和深化，对培养学生思维的深刻性、敏捷性有着积极的作用。

老师在讲授《植树问题》时，出示了这样的题目：在操场的南边，有一条20米长的小路，学校计划在小路的一边栽树，每隔5米栽一棵，怎样栽？请设计出一份植树方案，并说明你的设计理由。

学生汇报作品（把示意图贴在黑板上）：

生1：先用20÷5=4，说明有4个间隔，为了让学校绿树成荫，我们在两头都种上树，所以我们栽了5棵。

生2：我们也是先用20÷5=4，求出有4个间隔，我们组考虑到学校校园面积不是太大，为了多给同学们一些活动空间，所以两端都不栽，这样就栽了3棵。

生3：我们也是先求出20÷5=4，有4个间隔，我们只种一头，另一头不种，所以我们栽了4棵树。

师：同学们设计得真有创意，请小组交流一下：每种情况棵数与间隔数之间有什么关系？

（学生根据示意图讨论交流，接下来学生汇报。）

生1：我们发现当两端都种树时，所栽的棵数比间隔数多1（老师板书：棵数=间隔数+1）

师追问：为什么棵数会比间隔数多1呢？（学生再次讨论）

生2：一棵树对应一个间隔，最后一棵树没有间隔与它对应，要想对应的话就要补上一个间隔，所以棵数会比间隔数多1。（学生边讲边在老师画的草图上进行演示）

生3：当两端都不栽树时，一棵树对应一个间隔，这样就会多出来一个间隔没有树与它对应，所以棵数会比间隔数少1。（老师板书：棵数=间隔数-1）

生4：一端栽一端不栽时，一棵树对应一个间隔，树和间隔数正好都用完，所以棵数=间隔数。（老师板书：棵数=间隔数）

师：同学们分析得都非常到位，回忆一下，我们在设计这三种方案时，第一步都是先求出什么？

生1：我们在设计方案时，第一步都是先求出这段路有几个间隔。

生2：我们每个小组都是用20÷5=4，求出间隔数。

生3：路的总长20米÷每个间隔的长5米=4个间隔。（老师根据学生的回答在算式20÷5=4对应的数下面写上总长÷间隔长=间隔数）

师：这段路最多栽几棵？

生：这段路在两端都种的情况下，栽得最多是4+1=5棵。（老师板书在对应的草图后面）

师追问：最少呢？

生：两端不栽的情况下，栽得最少是4-1=3棵。（老师板书在对应的草图后面）

师再追问：为什么同样都是4段，棵数却有多有少呢？（引发学生思考）

师继续追问：你认为棵数的多少是由哪个位置决定的？

生：这很明显嘛，当然是与两端栽不栽树有关了。

老师巧妙地处理生成性资源，突出重点的部分加以追问，巧妙地引导学生寻找规律，不同程度上深化了学生的思维。

苏霍姆林斯基说：“教育的技巧并不在于能预见到课堂的所有细节，而在于根据当时的具体情况，巧妙地在学生不知不觉中做出响应的变动。”提问的形成不是一朝一夕成就的，我们不断实践、不断反思、不断总结，使提问从有痕到无痕，从偶然性到常态性。

质疑——深化学生思考

“学起于思，思源于疑”。有所疑，才有所思；有所思，才有所得。教学的根本在于引导学生主动思考，而思考的起点却是疑问。“疑”使学生在认知上感到困惑，产生认知冲突，引起深究性反射，深化学生的思考，产生批判性思维。我校教师在教学实践中，积极探索培养学生质疑能力的方法，主要分三步走：倾听、勤思、善辩。

1. 倾听——质疑的基础

认真听是听清别人讲话内容的首要条件，要求学生开动思维器官，集中听觉于说话者传输的信息，从而敏捷地在头脑中形成清晰的印象。因此，教师要引导学生端正听话态度，明确听话目的，课堂上可以通过重复听来强化学生听的意识，进而帮助学生养成良好的边听边思考的习惯。

2. 勤思——质疑的关键

学生能批判地接受事物，做到有接纳、有否定，关键在于他对事物是否有自己独立的思考。当学生遇到疑难问题时，教师不要急着给他答案，启发学生自己去想，自己去分析，去运用学过的知识和经验。让学生自己去寻找答案，在寻找答案的过程中，学生的思维能力才会得到不断提高。

3. 善辩——质疑的结果

学生在认真倾听、捕捉信息的基础上，再加以独立思考，形成自己独特的见解，最后还必须大胆地站出来评判。教师要创设民主的氛围，建立平等的师生关系，让学生“敢辩”。其次，要教给学生办法：讲明观点，说明理由，语言清晰，具有说服力，让学生“会辩”。

老师组织班级同学开展以“Small Volunteer Civilization First”为主题的英语辩论赛。将班级学生分为三个阵营“school group”、“home group”、“social group”。三个阵营的孩子热烈讨论“How to become a good student at school?”“How to become a good child at home?” How to become a good juvenile in society?”

三组辩论的同学以充分的论据、准确的发音、流利的表达赢得现场阵阵掌声。

学生在辩论的过程中，不但使自己的英语口语得到了锻炼，而且深刻认识到自己在学校、在家以及在社会中的责任，达到了深化学生思考的效果，实现了思维培养的最高层面。

导图——助力学生思考

思维导图又叫心智导图，是表达发散性思维的有效图形思维工具，它简单却又很有效，是一种实用性的思维工具。思维导图运用图文并重的技巧，把各级主题的关系用相互隶属与相关的层级图表现出来，把主题关键词与图像、颜色等建立记忆链接。思维导图充分运用左右脑的机能，利用记忆、阅读、思维的规律，协助人们在科学与艺术、逻辑与想象之间平衡发展，从而开启人类大脑的无限潜能。我校教师在课堂教学中，经常引导学生绘制思维导图，使之成为助力学生思考的有效工具。思维导图主要应用在课前预习、课堂板书、整理复习等方面。

1. 课前预习

课前的自主预习可以培养学生学习能力。以往的课前预习只是流于形式，绝大多数学生只是将上课教师要讲的内容潦草地看一遍，不会对其内容进行深究。而思维导图的引入，如同一盏明灯，可以引导学生一步步“走进”知识，让学生通过“明灯”引导对知识进行深入探究，找出适合自己的学习方法，并且可以对“路线”进行设计。

2. 课上板书

黑板板书和多媒体相比容量小，但老师可以一边讲课一边板书，讲完课后，呈现出一幅完整的知识间有机联系的结构图。好的板书应该是一节课的思维导图。

3. 整理复习

复习课是教学中的一个重要环节，它和一般新课的教学有所不同，具有容量大、时间紧、密度高的特点。复习课的学习目标主要体现在三方面：一是同遗忘作斗争，弥补知识缺陷，温故而知新；二是通过对知识梳理，在头脑中建构起系统知识的网络结构，促进后继学习；三是促进认知策略发展，提高解决问题的能力。要达到这些目标，必须注意复习课的教学策略，而思维导图是一种能帮助学生主动建构知识结构的工具，在复习课中利用“思维导图”使学生在脑海中对学过的知识形成一个系统的知识网络体系，理清知识间的联系。

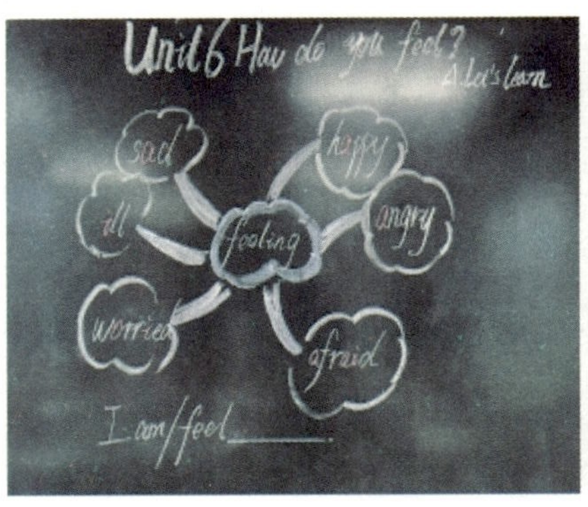

课堂是学校教育的主阵地，是塑造学生精彩人生的战场。因此，通过课堂教学引发学生积极思考，落实核心素养。让学生们从学会思考、善于思考，到形成思想，再到产生新的思想，并最终成为“思想者”，这是我校课堂教学的灵魂所在，也是教育的最高智慧。回顾育才双语小学部十几年的发展历程，老师们潜心学识、严谨治教，学生们“深究而悉讨，慎思而明辨”，共同助推学校和谐与稳定发展。

让孩子拥有语言生成的密码

语言能力是一种陈述事物、分析问题、传递思想、表达情感不可或缺的基础素养。它不仅是一种交流技术，更是一种思想和文化，一种科学和艺术，但它绝非随着人的年龄增长就能自然生长，必须从小进行自主自觉、科学有效的教育培养。

基于学生语言能力培养的本质叩问，东北育才双语学校小学部打造的“生动、主动、互动”的三动学堂，关注孩子的有效表达，让孩子在多元、综合的学习活动中拥有语言生成的密码。

在多维阅读中积累语言

读书是一种重要的学习方式。精神的提升和传承必须强化阅读。阅读让我们发现前方并引领我们走向前方；阅读帮助我们壮大经验并创造经验。一个人的精神发育史，应该是一个人的阅

读史，而一个民族的精神境界，在很大程度上取决于全民族的阅读水平。

东北育才双语学校小学部基于中国学生核心素养要求，全力打造涵养学生视野、思维、品格，涵盖小学教育各学科的360°全学科阅读课程体系。通过构建“自主阅读”“英语晨读”“快乐晚诵”“全科阅读”等多维立体的阅读课程，让阅读从单一走向多元，从个体走向群体，从封闭走向开放，从教育手段走向教育目的，为培养具有民族情怀、国际视野的育才学子奠定终身发展的坚实基础。

1. 英语晨读

在我们东北育才双语学校小学部，每天的英语晨读课是打开清晨的最好方式。英语课程标准明确提出：英语教学应注重语言实践，培养学生的语言运用能力，逐步实现语言知识的内化。晨读是组织英语教学的有效手段，是提升学生英语听说读写能力的关键环节。用好晨读课能够帮助学生积累英语知识，激发英语学习兴趣，激励学生大胆地用英语表达思想，提高课堂学习效率。我们充分利用现有教学资源，积极组织英语晨读课，让学生成为晨读的主人，使晨读走上“朗读、理解、记忆、输出”的道路。

在育才双语小学部，英语教师精选晨读内容，循序渐进地挖掘学生的潜能。首先，英语晨读内容与教材紧密相连。英语教师将英语教材中的经典句子或段落作为晨读内容，引导学生进行熟读和背诵，巩固所学知识，提高学生读句子、读段落、读文章的效率，使晨读课发挥教育作用，更好地促进学生身心健康发展。其次，英语晨读内容立足课内辐射课外。英语教材固然重要，但是还有很多英语资料也是英语阅读的极佳材料。如《英语报》中有许多好的写作素材和阅读作品，为学生的认知活动提供丰富的感性经验和思维素材。再次，英语晨读内容与名言名句相结合。在英语文化中有许多名言名句短小精练，易学易记，不仅有利于提高学生的英语水平，还能够鼓励学生克服困难，养成良好的学习习惯。

多年来，英语教师结合学生实际，不断丰富晨读方式，在齐读、领读、自读的基础上，选择竞读、情境再现等多种形式组织晨读。第一，开展小组朗读。将学生分成学习小组，对每个小组设计差异化的晨读内容，学习成绩好的学生帮助学习成绩弱的学生纠正错误，达到共同进步的目的。第二，开展讲故事比赛。英语教师选择课本外与该单元内容较为匹配的趣味故事，引导学生进行朗读和理解。第三，开展分角色对话。在晨读课上要求学生对课本剧进行背诵表演，使学生在具体的情境中锻炼英语口语交际能力。

晨读不仅要考查学生的朗读能力，还要考查学生的语言感知能力和组织能力等。英语教师必须要贯彻落实新课程理念，把晨读课的主人地位还给学生，让学生掌握主动权，使学生把英语晨读看作一种习惯和享受，而不是为了应付考试或纪律检查的工具。同时，英语教师要改革晨读评价机制，采取多种指标相结合的方式对学生晨读效果进行测评，激励学生完成每一项晨读任务。首先按照活动要求进行评价，提升学生的英语素养。比如拼读英语单词要音准、洪亮；英语对话要清晰、高效。其次，按照展示水平进行评价，培养学生的创新思维。比如在分角色表演时，对于表演到位、语言规范、配合默契的小组给予及时的表扬和奖励。再次，定期公示评比结果。晨读课要巧设任务巧评比，将晨读评价结果张贴在教室的明显位置，让学生形成晨读的竞争意识。

“一日之计在于晨”，加强早晨诵读的力度，对英语学习有着至关重要的作用。一直以来，我们以晨读课为平台，以学生为主体，循序渐进地设计晨读任务，多方位、多渠道挖掘英语晨读教学资源，投入比正常学校更多的时间和精力，逐步提高学生的英语口语能力。同时，结合实际学情，明确晨读目标定位，利用好晨读的“黄金时间”，让学生愿意读、主动读、熟练读，使晨读更有效果。

2. 快乐晚诵

我国著名理学家朱熹认为朗读是非常好的学习方法和读书方法。他说：“凡读书，须要读得字字响亮。”“谓读得熟，则不待解说，自晓其义也。”

现代心理学研究充分表明，小学生的机械识记正处于黄金时期，如果利用这个黄金时期让学生诵读大量的经典美文，会对学生的整个人生产生重大的影响。诵读过程是学生学习文本的过程，是自己积累语言的过程，可以使学生形成很好的语感。诵读越多，积累越多，语感越强。

基于诵读对儿童语言生成的意义，我们每天安排20分钟的晚读时间让学生进行诵读。快乐晚诵具体包括三项：语文教材课文、论语经典、课外美文。孩子们每天到下午4点钟的时候，就会准时准备出每天诵读的内容，整齐地摆在书桌上。让孩子通过大声朗读培养语感、提高理解、产生自信、体验成功！

3. 全科阅读

在学生的阅读实践活动中，学生的阅读应该是跨学科的。数学、科学、音乐、美术、信息技术等学科都呼唤着课内与课外的结合，科内与科外的整合，为此，东北育才双语学校小学部在培养学生的知识结构综合化的背景下，从只关注单门学科阅读的狭隘观念中跳出来，形成小学全科阅读的意识，开创综合立体的阅读模式。

我们的全科阅读是为适应学生自身的学习需要而进行的，针对全学科的阅读动机、阅读兴趣、阅读能力的培养所实施的，广泛、统整、动态的学习

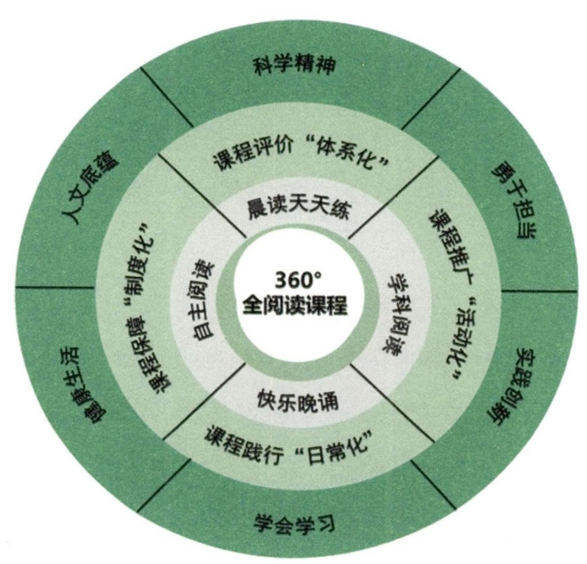

过程。通过目标设置、教学环境创设、阅读模式创新、教学案例研究等方式，建立在新课程标准实施的背景下，针对各学科课程的知识点选择富有童趣性、知识性的阅读教材，组织开展适合小学生的全科阅读活动，以达到知识点之间的融会贯通，课堂内外的科学沟通，学科之间的有机整合，以促进学生的自主发展，从而提升学生的全面素养。

著名作家余秋雨曾说过：“阅读的最大理由是想摆脱平庸，早一天就多一份人生的精彩；迟一天就多一天平庸的困扰。”应该说我们欣喜地感受到学生通过不同的阅读方式，汲取精神营养，内化为自己对知识的理解，对所学课程的理解，以不同程度地为他们语言的生成奠定坚实的基础，为他们童年的生命增添色彩。

在认真倾听中丰富语言

在我们东北育才双语学校小学部，我们不仅通过多维阅读让孩子进行语言积累，还特别注重培养孩子的倾听能力丰富孩子的语言。那怎样才能培养孩子的倾听能力呢?

我们认为首先教师需要认真倾听。只有认真倾听，才能了解学情，获取学生真实的想法，从而做出正确的判断，及时调整教学方案，并且建立和谐的师生关系，激励学生敢想、敢说，培养学生的创新精神。学生发言时，教师要细心倾听学生的每一句话，甚至每一个字。当学生的发言有错时，教师要及时予以纠正，否则会放大学生的错误。由于表达能力的差异，学生在表述时容易漏掉某些关键性的细节或不能清楚地表达自己的想法。教师的倾听既能让发言学生获得成功的体验，也能激发其他学生的创新欲望。

其次，要求学生也要认真倾听。除了要让孩子想听外，更要让孩子知道从何而听、怎么听。这就要老师适时引导了，教给孩子方法。我们给孩子提出的要求就是：一要看着讲述者的脸听明白，二要听完以后思考有没有不同意见，三要在大脑中多问几个“为什么”。对于低年级的孩子来说，往往老师提一个问题，有的孩子要思考很长时间，有的还可能想不出或者摸不着头脑。我们在提问的时候，为了适应大部分孩子，有时就把问题划分成几个小问题，降低难度，避免学习能力差的孩子因为没有信心回答而不愿意听了。再则把问题提得清楚明白，重点突出，这就是提醒孩子们要“听”什么。

另外，还要求孩子们在听同学发言时，眼睛看着同学的脸，做到神情专一，如果同学回答与自己想法一致，那就微笑、点头表示赞同；如果同学说得不一样，要听完以后才能举手表达自己的想法。教师做好了榜样，孩子们也学会了倾听方法，这样才能培养出孩子“善听”的好习惯!

倾听是一种能力，也是一种习惯。在课堂教学中，我们注重对孩子倾听能力的培养，让学生学会倾听，乐于倾听。而学生一旦养成“专心倾听”这一良好的学习习惯，就会感受到倾听的魅力，感受到倾听带给他们的快乐。长此以往，我们的课堂上就不仅会有活跃热烈的讨论、争论的场面，也会有静静的倾听、深刻的思考进而会有准确有效的表达。

在有效表达中品悟语言

有胆量敢说话，有兴趣多说话的学生，未必都能说得好。语言能力是说话技巧与表达艺术的完美结合。育才双语小学的老师们通过创设氛围让学生“敢表达”，通过授之以渔让学生“会表达”，帮助学生树立表达自信，掌握语言表达技巧，让他们在有效表达中品悟语言的魅力。

1. 创设氛围，让学生“敢表达”

教师结合学生的兴趣，设置相应的教学情境，为学生的表达和交流建设平台，给予学生机会表达自己。在情境设置的过程中，结合课堂教学的内容，为学生的表达营造时间和空间。如讨论交流、游戏活动、购物情境以及比赛活动等，都是学生语言表达能力培养的有效方式。

例如，在北师大版小学数学三年级上册“认识小数”的教学中，在讲解小数的书写和读法之后，教师设置相应的情境，让学生认知小数的含义。

教师通过多媒体展示小明同学的身高是1米3分米，提出相应的问题：如果以米作为单位，应该怎样表示呢?

引导学生开展小组合作，相互进行交流和讨论。借助多媒体设置相应的教学情境，加强学生之间的交流和讨论，创造学生表达机会，构建学生表达平台。

通过这样的方式，设置学生交流互动的问题情境，使学生深入地理解数学知识，获得情感体验。因此，在小学数学教学中，深入发掘教材内容，设置相应的教学情境，提出数学问题，在问题解答的过程中，提高学生的语言表达能力。

2. 授之以渔，让学生“能表达”

表达是观察、记忆、思维、创造和阅读的综合运用，能否清楚有效地表达是衡量一个学生综合素养的重要标准之一，所以我们在给学生创设一个良好的表达氛围的同时，还注重教会他们如何才能更有效地表达。首先让学生抓住所要表达的对象，表达的对象明确了，学生才好运用各种手段，围绕对象组织语言。在现实课堂上，我们避免运用模糊、繁复、冗长的提示，要清晰、简洁、明了，要面向全体，可以用重复、提高音量等辅助手段来加以强调。把内在的思维转化为语言并有条理地表达出来，对于小学生来说并非易事，为此，我们有目的有计划地对学生加以引导，让表达言之有序。

在讲授《捞铁牛》一课时，教师有意识地让学生明白怀丙组织人员打捞铁牛的安排是有目的的，是按照一定的顺序来写的。接着让学生按照这个顺序复述课文，并要求学生按照一定的顺序，说说你生活中一次尝试做家务的经历。这实际上是一个完整的教会学生如何有效表达的案例：范例展示、提取方法、学法内化、个性重组、外化表现一气呵成，课上没有说一句专业术语，却能让学生轻松地明白了如何有顺序地组织语言，做到表达时脉络分明，层次清晰。缺少情感的表述，往往是苍白无力的，是否带着情感表述在很大程度上体现了这个人的素养水准和他的个性追求，因此，我们关注孩子的表达是否“言之有情”。让学生学会发掘文本的情感内涵，就像给表达加上一个“发动机”，将内心世界的个性观点表达出来，让表达更富有情感的冲击力。

在教学语文课文《姥姥的剪纸》时，教师紧紧扣住一个“拴”字，带领学生感受文字背后的温情。

当学生交流到“密云多雨的盛夏，姥姥怕我溜到河里游泳出危险，便用剪纸把我拴在屋檐下”这一句时，教师提问：“这段话中哪个字最传神?”学生立刻点到了“拴”字。教师故作惊讶：姥姥把我拴住，是不是束缚了孩子的自然天性呢？这个话题抛出后，学生展开了有声有色的争论，初步体会到“拴”字背后有爱意。事实上，姥姥恰恰是用她的剪纸，为“我”营造了一个丰富多彩的剪纸世界，为我打开了剪纸的艺术大门，在这个艺术天地里，我充分感受到了来自她的那份浓浓的关爱体贴之情。接着教师又引导道：“姥姥的剪纸究竟有什么魔力能牢牢地拴住‘我’呢？请同学们到课文中去寻找答案吧。”

让学生反复“咬”住反映主题的字眼“拴”字来品悟，从而达到与作者情感的共鸣。再次引领学生去品味、领悟、体验文本蕴含的情感，使课堂教学达到高潮，走向精彩，润物无声。学习语言的终极目的是运用。教师要善于捕捉学生关心的事情，捕捉社会中的热点问题，引导学生把在阅读、倾听中汲取的知识、方法、文化、思想应用到实践中去，只有这样，课堂教学才能彰显其旺盛的生命力和运用的实效性。正是因为有了这样的努力与尝试，我们才有了更多的惊喜与期待。

在学生的语文实践中，他们用诗描绘着自己的童年：“你是老屋台阶上厚厚的青苔/在岁月的河流里/积出一层层浓浓的回忆/你是祖母家的老猫/睡了又醒醒了又睡/让岁月如此的悠闲……”

他们通过话题“零的联想”表达自己对人生的思考：“一个完整而完美的人生是由从零开始和零的突破共同组成的，如果能做到这两点，就能领悟到人生的真谛，也能笑对人生了！零虽然是最无意义的数字，但它却包含着人生最丰富、最深奥的含义！”

蜜蜂采蜜靠的是“勤”，酿蜜靠的是“造”，语言的运用就像是蜜蜂酿蜜的过程。如果只是毫无目的地收集积累，没有自己的理解、感悟和加工，就不会酿出香甜的知识之蜜。在教学实践中，育才双语小学部的教师们积极引导学生通过学科阅读积累语言，通过学会倾听丰富语言，通过有效表达品悟语言，使学生都能像蜜蜂那样，既懂得“勤”更学会“造”，让学生在积累创新中拥有语言生成的密码，最终能够品悟到语言艺术的魅力！

点燃评价的力量

构建合理的学生评价体系、有效地实施学生评价、促进学生发展，是教育的必然追求。在东北育才双语学校小学部，我们对学生评价的目的不是为了优胜劣汰，而是科学地对每一个学生的优势、劣势、能力、潜力综合评估，客观地认识每一名学生，以培养一个全面发展的人为目标，为因材施教提供可靠的参考依据。

注重学生习惯养成

随着新课改的全面深入，人们的教育观念进一步更新，要求对学生的评价是发展性、综合性的，是能够真实反映学生的智力、审美、艺术、身心、技能、品德修养等发展水平的综合性评价。这样的评价体系能为学生的身心健康发展提供诚挚帮助，能够全面提高学生素质、保护学生的个性差异。

音乐、美术、体育、科学、品社、思想品德等学科注重对学生综合素质的培养，以立德树人为教育之本，以考察评价方式为主，注重对学生受教过程的观察和测评。育才双语小学部学生的体育测评工作，在同一时间，统一进行，增加测评工作的准确性及公平性，为体育教师在教学中有目的、有针对性地进行训练提供数据参考。全校音美测评，分基础指标、学业指标和发展指标三方面进行评价。基础指标由课程学习和课外活动组成；学业指标由基础知识和基本技能组成；发展指标由校外学习和艺术特长组成。全方位、立体性评价为核心素养的落实提供有力保障。根据不同学科，同一学科的不同学生，进行个性化的评价方式，制定分级考核的目标，例如，小竖笛、电子琴、篮球、花样跳绳、古诗等科目进行一科多考，逐步晋级，点燃学生的学习热情与学习主动性，给学生营造健康的心理场域。

良好习惯培养是小学阶段的重要培养目标，东北育才双语学校小学部在原有实践经验的基础上，以道德与法制、班会和综合共育为主要途径，着力以浸润式教育激发学生内在活力，做实“养成重点”，形成规范管理。运用切实有效的评价反馈引导学生不断自我调整和修正，为学生的博雅人生奠基。

育才双语小学部一年级上学期期末综合测评中一项重要的考核就是对于学生学习习惯的评价。为培养学生良好的学习习惯，开学初重点要求教师关注学生六大习惯的培养：认真听讲的习惯、说完整话的习惯、阅读的习惯、正确的书写习惯、做好课前准备的习惯、认真完成作业并检查的习惯。以学生正确的书写习惯进行考核为例，考核方式：学生抄写一段文字，抄写时间大约是10分钟。在这10分钟里，评审组成员对班级学生进行评价。

评价点：坐姿、握笔、字迹

评价等级：A、B、C三等。A优秀，B一般，C不合格

考核组成员直接按照座位图给等级，班主任能够收到坐姿、握笔、字迹3张评价表，之后根据座位图找到考核不合格的孩子，给予更多的帮助。

考核细则

1. 坐姿

正确：　　　　错误：

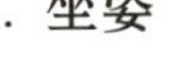

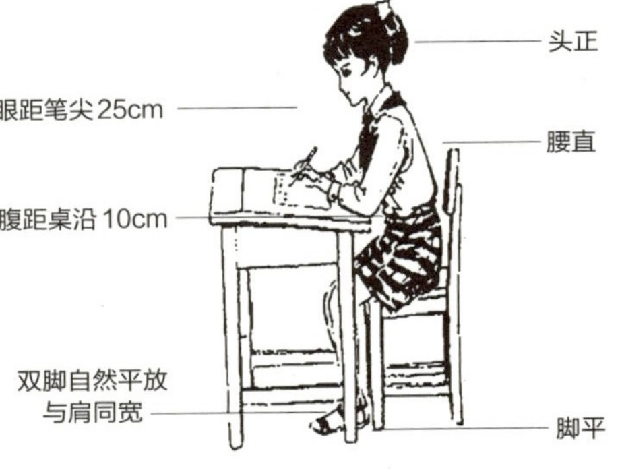

坐姿正确给A等。

坐姿基本正确给B等。

眼睛离笔尖不足20厘米或身体歪斜给C等。

2. 握笔

正确：

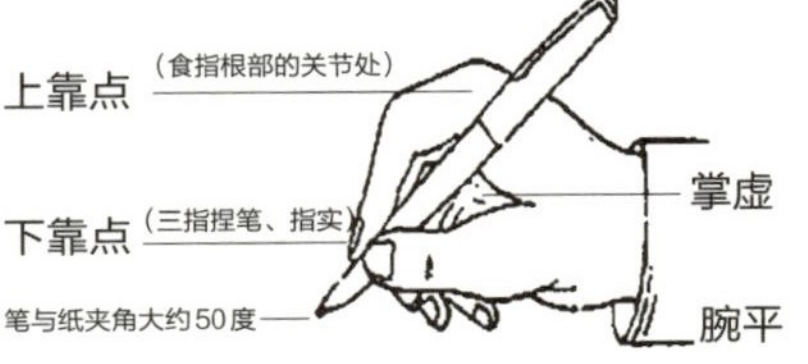

错误：

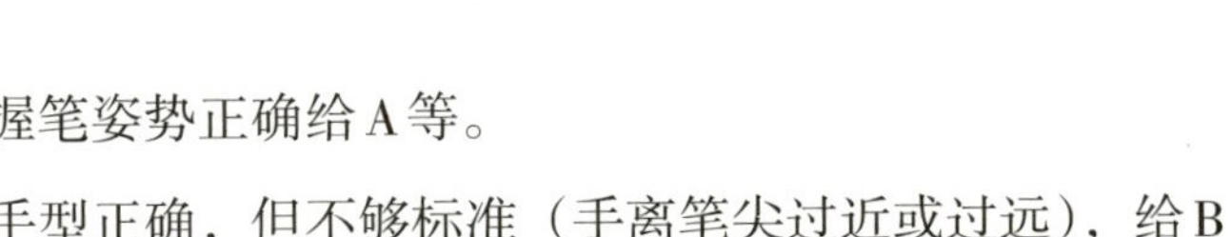

握笔姿势正确给A等。

手型正确，但不够标准（手离笔尖过近或过远），给B等。

握笔姿势错误给C等。

3. **字迹**

字迹工整美观给A等。

字迹基本工整给B等。

字迹潦草给C等。

每名学生每项均由2人进行考核，增加考核的准确性。A等加10分，B等加5分，C等不加分。最后将班级总得分除以班级人数，就是班级学生书写习惯平均得分。最后将考核结果在一年组班主任及任课教师会议上公布，提高教师对学生习惯养成的重视程度。

聚焦学科关键素养

在育才双语小学部，学科评价不再依据分数的高低，而是以“过程性评价”和“终结性评价”统领学生的整个学期表现，聚焦学科关键素养，基于学科课程标准的探索进行多方面评价。

1. **数、语、英学科综合评价**

数学、语文、英语是初等教育阶段的主干学科，要求必学、必知、必会，在知识教育体系中占比重很大，采用考试为主，辅以考察的方式进行评价。因为学科教育具有普遍性，所以采用量化的方式表达评价的结果。对学习成绩、学习态度、学习能力等方面进行综合评价。

划分低年级（一、二、三年级）和高年级（四、五、六年级）两个层级，低年级侧重学习习惯和学习兴趣的培养，低年级“习惯”评价是主流。数学进行讲题比赛，语文进行课前1分钟演讲，英语进行英文歌曲演唱。这些考核项目计入学生的表现性评价中。高年级侧重学习能力和知识运用的培养，关注热点、知识结构、教学目标等各方面评分比重在两个层级形成差异化的评价方案。

2. “规定动作”评价实用、有效

在评价过程中，以学生发展为宗旨，开发评价工具，关注日常“规定动作”评价的实用性及有效性。例如在作业方面，优化管理流程，提高作业效益，全面落实“精选、精讲、精练、精评”，做到“有发必收，有收必批，有批必改，有错必纠”的有效作业评价。

3. 具有学科特色的创新性评价

基于学科核心素养的校本化解读和课程标准要求，探索具有学科特色的创新性评价方式。例如应用于英语口语教学的档案袋评价。

档案袋评价是一种以学生为中心的评价方式，着重对学习过程进行评价，强调学生参与，注重学生发展，体现自主评价，强调自我纵向比较，关注学生在学习过程中的体验和收获。档案袋的建立让学生有了学习过程与结果结合、学习实践和知识并重的体验。

东北育才双语小学部英语教研组以英语学科素养为导向，通过认真研究《小学英语新课程标准》和档案袋评价相关的理论知识，结合教学目标、教学对象、具体教学内容以及教学对象的学习特点，确定了口语档案袋评价内容，对学生在英语学科口语能力的变化发展实行监控。

通过教师评价、自我评价、学生互评、家长评价四个评价角度，利用学习过程中学生在口语方面获得的成绩和教学过程中教师对学生的课堂观察两个途径，从学习成绩、学习能力、学习兴趣等多个维度，制定了综合性的档案袋评价内容和实施计划。从评价角度、评价方式、评价维度三个方面分别制定档案袋评价标准。考量各种评价内容、方式、方法的衡量方式的区别，确定多样性的评价标准和考量指标。在口语成绩评价方面采用分值衡量标准，在口语能力评价方面采用比较性排序衡量标准，在学习兴趣评价方面采用百分比程度衡量标准。细化教师评价的计量刻度，使专业评价更加精准；降低自我评价、学生互评和家长评价等非专业评价的量化难度，增加非专业评价的频度，使非专业评价对评价结果的误差影响降至最低。

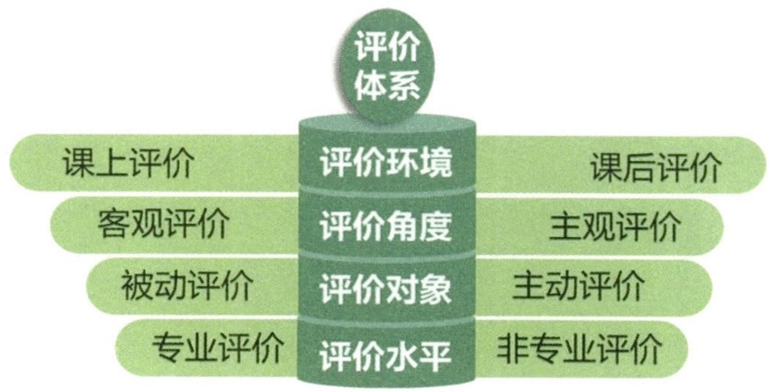

英语口语档案袋评价

每一名学生都积极地参与到评价中，亲自动手设计了档案袋的封面，根据制定好的评价计划，按时、定期开展各项内容的评价，例如：口语考评、学生课堂行为观察、自我评价和学生互评、利用反馈单督促家长参与档案袋评价等等。并创新性地利用互联网多媒体手段进行口语能力测评，开展英文卡通短片配音、课后口语展示和评价活动，调动学生参与的积极性，并拓展学生学习行为的观察渠道。

课堂口语活动评价，选取了四个具有持续性、代表性的口语活动进行评价考量：课前口语展示活动为学生提供口语能力展示的平台，通过观察，对学生英语口语基础能力进行评价；结合课内的知识点，课上开展问答练习，评价学生课内学习知识、运用知识的能力；利用角色扮演活动评价，调动学生参与的积极性，激发兴趣；开展卡通短片配音，为学生创造更新颖的口语练习展示形式，拓展学生学习行为的观察渠道。课后的口语跟踪评价，以自评、互评和家长评价为主，教师点评为辅。利用反馈单，以问卷形式让家长参与到档案袋评价中来。通过微信平台、“一起作业”和“英语趣配音”APP软件，可以利用多媒体学习材料，针对发音、语调、流利度和音量等精确评分。

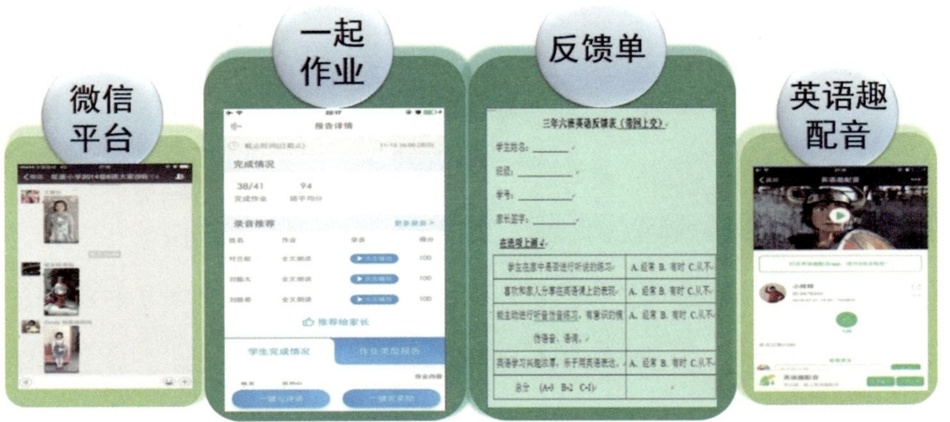

课后特色口语评价活动

通过档案袋的建立，学生能够持续地看到自己的学习过程，及时地总结学习经验，调整他们的学习计划进而建立新的学习目标。大多数学生课堂表现积极，乐于用英语表达，并且能用更连贯、清晰、准确的口语进行交流。学生英语口语能力有所提高，听、读、写的能力也有所提高，最终达到理想的学习效果。

档案袋评价记录了学生成长的足迹，提供展示个性的舞台，充分调动了学习英语的积极性，让每个学生都有充分发挥自己创造力的机会，获得极大的成就感。通过制作档案袋，学生得到了更多来自于老师、同学和家长的建议和帮助，他们逐渐享受说英语的过程而不再被分数所局限，学习兴趣愈加浓厚，点燃了学生学习英语的热情。

在评价过程中，教师能及时了解每个学生英语口语学习情况并针对学生的特点辅助学生掌握学习技巧，根据学生们的综合评价结果制定教学方案，最终使英语口语的教与学都有所改善。

“群星闪耀”展风采

教育的核心价值是发现并开发每位学生的潜能，让他们得到最好的发展，成为社会有用之才。综合素质评价的目的就是为学生的身心健康发展提供帮助，全面提高学生素质，保护学生的个性差异，通过看、说、唱、演等丰富多彩的形式引领学生学会学习、学会生活、学会自理、学会活动，“自信、豁达、优雅”成长，树立榜样的力量，百花齐放、星耀校园。

1. 创建鲜活灵动的评价环境

评价环境是有效实施评价的基础。在东北育才双语学校小学部的校园连廊中，处处可见设计了综合素质评价内容的展板、展窗：关注习惯素养的“做更好的自己”行为习惯培养系列展窗、学生作品交流窗、优秀学生展示窗、先进班级评比板……

这是“星光闪耀育才园”展窗写在前面的话：“友善的你，真诚的你，礼貌的你，爱读书的你，爱运动的你，爱艺术的你……每一个发光的你都是独一无二的。你们点亮了充满书香气的教室；你们点亮了绿草如茵的运动场；你们点亮了精彩纷呈的舞台。闪闪发光的你们，将会成为育才园里最美的图画。”通过展示让无声的墙壁、窗子说话，帮助学生完成自我约束和自我激励。

在教室中，班主任老师同样针对不同年段的学生素养培养重点，师生共同布置板报，设置“优秀作品园地”“我最棒”“星光闪耀”等板块，多角度体现学生精神成长过程，用多元的评价突出教育的人文关怀。

2. 特色主题评价活动，梦想在评价中“点燃”

学校通过开展特色主题评价活动，点燃孩子们的梦想。“Better English，better me”英语文化节系列活动，全员参加，从教材出发，从课堂出发，听、说、读、写与仿、练、唱、演结合，全员参与，层层晋级。评价方式多元，课堂伙伴点赞、视频、QQ群、微信、移动手机端等新媒体也被运用到评价中，最终评选出班级和校园中的“英语之星”，激发学生学习英语的热情。英语，让孩子们遇见了更好的自己！最后以汇演形式呈现，几百名小演员走上舞台，从一年级的ABC起步到二年级课本剧；从三年级音乐之声配音表演到四年级的英文说唱；从五年级的英文版汉唐诗歌吟唱到六年级激情满怀的励志演讲。学生的激情与梦想在这里点燃！

“未来科技我做主，创意PK我最棒”是东北育才双语小学部针对学生科学创新素养培养的科技小发明、小制作比赛。评比过程中，学校收到作品200多件，其中，特等奖11件，一等奖23件，二等奖37件，三等奖100余件。所有获奖作品于午休时间在教学楼二楼连廊进行了现场展示。作品的小主人们在现场分享着自己作品的制作方法、科学原理和心得体会，前来参观的学生们感叹道：“原来我们也可以成为小小科学家呀！”孩子们再一次明白了科技就在我们身边，它源于生活，更改变着我们的生活，只要有一双善于发现的眼睛，一个勤于思考的大脑，一颗热爱生活的心，每个人都可以进行科学探究。

在书香中感受科技的玄妙，在实践中感知科技的魅力，在生活中运用科技的神奇，育才学子在创意PK赛中遇见了更好的自己，点燃了创新探究的热情！

“英语之星”“诗词之星”“运动之星”“阅读之星”“书法之星”“舞蹈之星”“科技之星”，学生评价荣誉下的张张笑脸，露出了无限的欣喜与自豪，实现了让每一颗星星都发光的评价目标。

评价是思想与思想的碰撞，是生命与生命的对话。东北育才双语学校小学部以培养“全面发展的人”为核心，采用定性和定量的分析对学生在学校的学习和成长是否达到培养的预期目标以及与目标的差距做出客观阐述。在这样的评价机制下，学生根据评价结果了解自己，发现自身的学习生活行为对成长的影响，完成自我约束和自我激励；教师结合评价对学生的成长做出判断，针对性地选择科学的教育手段，从一言一行来打磨学生的行为，多角度体现学生精神成长过程，用多元的评价突出教育的人文关怀，激发学生学习的热情，为学生学会学习引路，为学生的多元发展奠基。

在这里，评价不仅仅是选拔的工具，更是知晓与改进的工具；不仅仅用于规过，更强调在正向激励中奠定学生成长的信心，在快乐与激情中绽放认知，激励学生在受教育的过程中找到生命的价值，体验幸福的内涵，不仅勇于创造幸福的未来，更学会享受幸福的当下！

“互联网+”时代的课堂创新

无论农耕时代还是工业化时代，在教学理念中，特别是教学前沿的主阵地中，环节或课堂的设计都过重地强调了知识的传承，这使得教学策略与教学活动不得不以教师为核心来运用和开展。而信息时代中，科技飞速发展、技术日新月异，互联网的开放性穿越了知识的边界，技术的力量搭建了知识的通道，它们共同营造了以参与者为主体的学习生态。传统课堂中言传身教的模式已不能适应“以学生为中心”的教学变革，更无法满足信息时代人才创新培养的要求。于是从培养学生核心素养的角度出发，经由工具和多媒体资源的辅助，发挥互联网分享、开放、协作、整合的特性，借助技术平台的数据分析和处理，秉承“以学生为主体”的教学理念，我校以翻转课堂为切入点做了深入的研究和创新实践。

翻转课堂也被称为“颠倒课堂”“翻转学习”“反转课堂”。它是指重新调整课堂内外的时间，学生先通过个性化的自主学习和课前自测，完成知识的建构和反思，再通过群体学习空间营造动态、互动的学习环境，进而满足学生个性化的学习需要、发展学生批判性思维、培养学生解决问题的能力和创造新知识能力的一种教学模式。这种教学模式十分重视教学流程的翻转，强调“前置学习”“后置发展”。它的本质是“互联网+”时代的“人本”教育、“素养”学习。这种基于互联网的教学模式，也使得它的授课形式并无定论，即便是翻转课堂的创始者也只是开放性地对其做了“是什么”和“不是什么”两个问题的解读。于是基于我校寄宿制的特点，结合学生的学情和课堂的类型，我们创设了三种翻转课型。

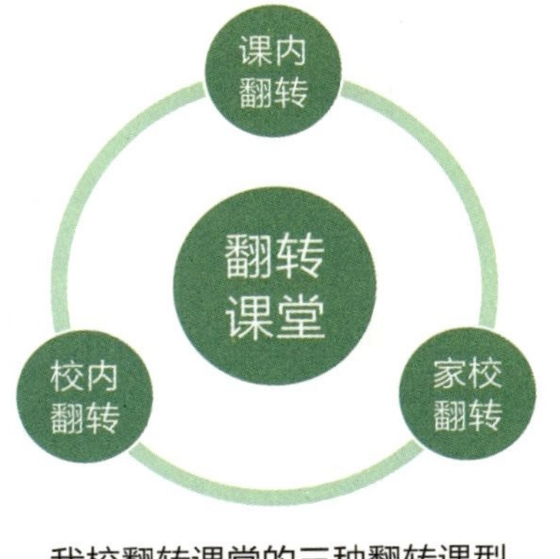

我校翻转课堂的三种翻转课型

课内翻转

课内翻转就是将一节课分为两段或将活动任务分成两部分进行翻转教学的模式。学生先独立地学习教师提供的翻转学习视频，完成知识的接受。再尝试运用知识解答问题。其后通过合作学习来实现思维碰撞，解决自己的疑难困惑，实现知识的拓展和能力的提升。最终内化为个人的素养。

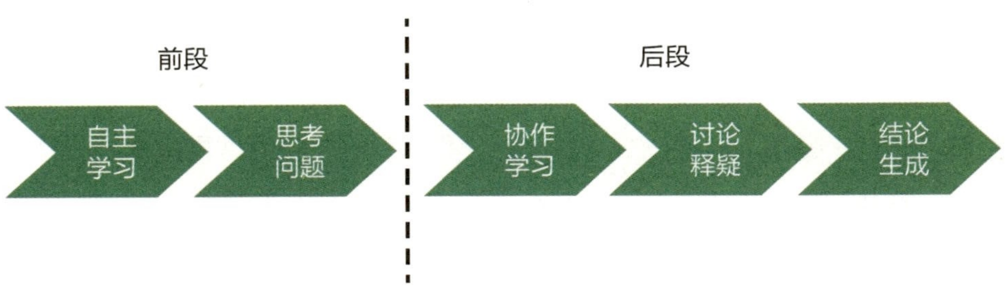

课内翻转课堂的基本环节

在课内翻转探索与实践的初期，受制于“课内”环境，这一翻转形式更类似于微课课堂。教学中教师在班级的多媒体中统一播放视频，学生集体观看、学习视频。在这种组织形式下，学习资源多数情况只是从头到尾播放一次，不论知识与方法学生掌握与否，是否需要回看某个环节或是遗漏了某个关键要点，不论是不是理解清楚、准备充分，都只能与老师和其他同学进入下一环节之中。学情的差异和认知误区都交由合作学习和交流讨论来解决。可这样的“翻转”既没有体现学生学习地位的主体性和学习需求的自主性，也没有为学生的思维和发展留足时间与空间，是不成熟的、想当然的，其效果可想而知。

其后我们总结经验教训，从“学生自主学习受限”的实际问题出发，进行了多次讨论和研究，引入了BYOD（bring your own device，自带设备）学习理念中的“device（设备）”元素。允许学生将个人的移动学习终端带入学校，由学校提供网络信息环境，整合学习平台和资源，构建相对宽松自由的视频学习环境，确保这一阶段学生能够自主掌握学习节奏，不受硬件条件的限制。我们也并未满足于问题的解决，而是进一步深究了这一问题的成因——课内翻转的形式受制于“课堂”时间，这使得学生在课堂中的“前置”学习时间不够充足。为了解决这个问题我们从翻转视频的设计和翻转教学的组织两方面入手，力求提高课内翻转的课堂效率。

在翻转视频的创作中，我们重选题、精设计，突出重点、化解难点，特别关注学生“主动”学习态度的生成。视频中先根据要讲授的内容创设情境，再以现象的观察、问题的提出或结果的猜测等方式来激发学生学习和使用新知识解决问题的兴趣，最后通过原理分析、方法指导或逐层揭秘等方式

来引发和维持学习动力直到问题结束。

例如二年级科学《看月亮》一课，翻转视频中先给出案发时间2018年11月8日和嫌疑人的供述“借着月光，我看见是李四偷了牛”，来创建破案情境。随后柯南在未做调查的情况下直接就断定了嫌疑人在撒谎。

问题呈现：为什么柯南仅凭嫌疑人的一句话就完成了断案呢？

问题一提出，学生的好奇心和兴趣便被调动起来，积极且快速地进入了使用移动终端自主学习的环节中。翻转视频里我们字斟句酌地说明了月相盒的功能，详细且精当地对使用的关键步骤做了讲解和演示，确保有更多的时间留给学生实践和反思。

在翻转教学的组织中，我们倡质疑、促参与，相互切磋、互相启发，特别关注“生生互动”与“师生互动”。通过协作与交流让学生既能解决问题又能发现更多的问题，以此培养和发展学生学习的思辨能力和质疑精神。

例如五年级品德与社会《做好旅行准备》一课。在课前我们会根据学生的具体学情进行分组。分组的依据包括学生的性格、学习能力、表达能力，特别要参考到学生的旅行经历等。通过这些前期的分析准备，来确保协作学习的过程中每一名成员都能够发挥自身长处或分享自身经验，为组内的协作学习、互相促进提供支持和帮助。

待学生完成翻转视频的自主学习后，围绕“旅行前要做哪些准备”这一问题，教师组织学生先进行合作学习，逐一解决本组同学提出的个人疑难，然后汇总组内成员的意见，再对具体要做的准备展开小组讨论。

讨论环节我们的老师为各组的同学提供了三个问题，“需不需要”“必不必要”“为什么”。组内整理好的条目要依次“过三关”，最终总结出两条结论：组内认可的、确定性的、有理有据的“准备”，以及组内存疑的、不确定的、莫衷一是的“准备”。随后组长利用移动终端，通过问卷星提交结论。教师借助网络和数据平台的优势将各组结论进行实时汇总和同步展示，以同类项目在各组的不同结论作为切入点，在各小组间开展“过三关”的讨论。根据课堂的节奏、氛围，生生互动的情况，进行师生互动，给予学生适时的点拨与评价，包括合作学习的建议或效果；质疑精神的鼓励或赞赏；相左意见的梳理或为难。进而做出引导：“不如我们站在对方的角度思考一下，为什么要做这一准备或者为什么不用做这个准备呢?”这样就通过角色置换的方式转变了学生看待问题的角度，为学生提供了全面、立体思考问题的契机。

学生的课堂讨论和回答异常积极活跃，面对众多的表达诉求，在有限的课堂时间中，我们的老师充分发挥了网络平台即时、高效沟通的优势，临时开辟了网络讨论群组，建议还未在课堂中表达观点的学生将观点发布到讨论群组里。

“旅行的目的地不同，所以准备的东西也不同，比如去沙滩和去爬山准备的就不一样”；“习惯不同、爱好不同、甚至角色不同，携带的物品也有差别，比如我爸爸每次旅行还要带上笔记本办公”；“虽然每个人需要准备的物品会有一些差别，但是有些准备是必须要做的，我妈妈告诉我出门牢记四个字‘身’‘手’‘钥’‘钱’”；“我觉得出门带好钥匙和手机就行了，我从来没用过身份证。现在买东西也不一定非要用现金了”；“其实钥匙都可以不用带，现在的锁可以用密码或者指纹打开，但身份证很重要，妈妈告诉我‘不带它就没有地方住’”；“旅行人身安全很重要，我家旅行时都要带上一个小药盒，还要买保险”……学生在课堂内的互动发言和网络讨论组中的精思见解，无不闪耀着思维的火花，折射出认知的升华。表达的生成、思维的形成、素养的达成不外如是。

在课内翻转的建构中，翻转视频的设计要精当，表达要精练，制作要精良，这样才能为学生的自主学习和差异化学习提供高质高效的资源。翻转行进的过程中，网络、终端设备和数据分析平台要紧密围绕着“师生”“生生”的合作与互动展开，使其联通节点、快速响应和直观反馈的特点得以发挥，确保课堂流畅、高效地进行。课内翻转模式在教学实践中有其独特的地位和意义，它在我校科任课堂的教学中被广泛地运用。

校内翻转

校内翻转（A、B课模式）就是先利用校内的一部分课堂时间实施翻转视频的学习并完成课前自主评测（A课），再通过另一节正课时间来实施课堂研讨（B课）的一种模式。我校是住宿制的民办学校，周日晚间至周五下午的时间，学生都要在学校学习和生活。这种群体的、规律的作息方式，为“校内翻转”提供了良好的基础条件。

校内翻转课堂我们更多地运用于周课时较多的学科。学校在安排白天的课表时留出了一定数量的自习课，老师可以结合晚自习来统筹安排学习时间，组织学生开展“前置”翻转学习。相对于课内翻转，校内翻转能够为学生提供更多的自主学习时间。所以我们会将翻转视频的内容设计得更加丰富和饱满。学生在相对宽松的环境中，学习也更为舒适和自由，有相对充足的时间来变换自学与质疑的节奏：需要停顿下来思考或做笔记就暂停播放；知识要点不清楚就倒退回放；一遍不理解就循环播放，直到理解为止。当然在这样一段固定时长的学习中，我们还关注到了学生群体的基础水平差异和能力水平差异，通过网络为他们提供多样化的学习和阅读资料，真正关注到每一个学生的学习需求。让前置学习自主、差异、灵活地发生。

校内翻转课堂的基本环节

“前置”翻转学习的另一个重要环节是自主评测。评测的目的之一是让学生回顾和总结翻转视频学习的收获，以及梳理疑惑、困惑和问题，让翻转更有据。目的之二是借助互联网数据平台分析班级评测结果，做出统计和反馈并生成报告，让教师了解“前置”学习的结果和效果。通过数据分析来精准地定位学情重难点，及时地对“后置”翻转课堂进行“二度设计”，让翻转更高效。目的之三是根据前置学习的效果，重新审视翻转视频的设计和策略、深度和高度，及时地对“后置”翻转课堂精准补救，让翻转更有效。我们也提倡并且鼓励学生利用课余时间小范围地进行交流和学习，它既有助于拉近生生之间的起点距离，还有利于碰撞出生生之间的思维火花。

“前置”学习阶段学生完成了知识的学习、理解和应用，教师通过网络和技术平台完成了数据的采集、分析和处理。在翻转的“后置”学习课堂中则要将重心放在分析、思辨、评价、创新……这些体现能力与素养的活动和环节上。因为难度偏大，所以除了生生交流、协作讨论、质疑探究之外，还需要教师的适时参与和引导，通过师生互动来共同完成。

例如五年级数学《〈分数应用题〉复习课》一课，学生在“前置”学习中完成了《分数应用题的回顾》这一翻转视频的学习。视频精要地回顾了四种方法的解题特点以及关键要点，实现了知识点的系统性梳理。其后学生结合自身一个月以来对分数应用题部分的学习感受和练习结果，在问卷星平台

提交学习心得与答题疑难。老师在“前置”学习中借助互联网和技术平台完成学情的采集和分析，发现多数同学并不能全面、立体地看待四种解题方法。练习中更多的是凭借自己对某种方法的熟练程度来思考和解答，因而拉低了解题效率和质量；另外绝大多数学生都习惯代数法（方程法）解题，理由是容易分析和理解。

根据群体数据的特点，老师在“后置”课堂的第一环节“翻转沙龙”中直接引入分享和交流：“你最喜欢哪种方法，最不喜欢哪种方法，为什么？”这一问题来源于“前置”学习的问题，但又高于这一问题，它包含了鲜明的个人态度，容易引发群体的认知和认同冲突。在探究和交流中，这种冲突能够快速地调动课堂的气氛，营造质疑与思辨的环境，达到思维碰撞的效果。在学生充分表达甚至是争论后，老师来引导课堂的教学节奏与走向，提出求同存异的主张，从刚才多数同学赞同的代数法（方程法）出发，谈优点，说理由。这种高效且流畅的课堂环节过渡，正是“前置”学习中网络数据分析和应用的直观体现。学生的回答需要教师适时地追问，“为什么代数法（方程法）简单，简单体现在哪里？”促使学生深度思考代数方法简单的原因——通过求设将未知转化为已知，容易理解，找到等量关系就可以列出等式。

“等量关系明确，所以代数方法最简单，那么哪种方法解题最快呢？”教师借上一问题学生生成的心得为突破口，再次追问。然后展开小组合作引发学生思考“最简单”和“最快”这两种问法的区别，进而破除思维定式，将思考延展至其他几种方法。学生在协作中回顾了四种方法的解题特征和解题步骤，最终明确了它们各自适用的问题类型，最快的解题方法不是这四种中的任何一种，而是“能够根据不同类型的题目选择不同方法”的方法。至此学生的思维和解题模式完成了建构主义理论中“最近发展区”的跨越。

其后教师组织学生使用网络设备进行翻转教学的测评。每道典型题要分别使用“最喜欢”的方法、“最不喜欢”的方法和“最快速”的方法实现一题多解，在对比中构建方法体系、深化知识结构。

最后学生通过数据平台的反馈结果，根据班级的总体情况和个人实际情况完成自我评价，教师结合两部分内容对翻转测评进行集体评价，视情况做出必要的说明或补充。

对比传统课堂，这样的一节校内翻转课堂科学合理地利用了学生的在校时间。有了充足的时间保证，学生的“先学”可以根据自身的需求进行个性化的安排，而网络平台下的“前置”测评既让学生了解了自己的学习情况和质量，又为老师在课前有针对性地开展课堂翻转提供了数据依据。这是实现精准点拨和高效课堂的必要前提。

“后置”的翻转课堂也与传统课堂不同，它是生生互动、师生互动、思维碰撞和知识创新的场所。教师的任务是组织和引导，不去控制和干预。通过“助产术”式的问题设置，启发学生思考、引发学生的质疑，再适时地开展独立探索和协作探究，让知识体系逐步构建，思维脉络逐渐清晰。

家校翻转

家校翻转与校内翻转在“翻转”中有着高度的相似性。不同之处在于家校翻转的“前置”学习地点是家里。虽然只是地点发生了变化，但对我校来说意义重大。作为寄宿制学校，学生每个周末放假前都会将一张印有本周知识点的反馈单带回家。里面包含了学生本周在学校学习的重要知识和应该掌握的基本技能，有的里面还整理了阶段性的知识结构甚至是易错点分析等等。它不仅能够帮助学生厘清当周的复习要点，起到提纲挈领的用途，还能够让家长了解学生一周的学习和生活，承担着家校沟通和家校互动的作用。但是在互联网科技迅猛发展、多媒体技术广泛应用的今天，纸质资源无法承载更多、更详细的内容信息，更不能发挥视频资源更丰富更多元的学习优势。所以我校老师利用家校翻转课堂的方式，将反馈单中重要的知识内容、课外延伸的学习资料或下周的“前置”翻转视频迁移到了互联网上。这使得学生有了完全充足的自主学习时间和个性化的学习资源，充分释放了翻转课堂“以学生为中心”开展教学的活力。它与面对面的协作学习、质疑学习以及创新思维生成学习的“后置”课堂共同构建了全新的教学生态。

近年来，移动式学习方兴未艾。我校老师从移动支付的场景中获得了扫码互联的灵感，创新式地将翻转视频的链接转换成了二维码。如同生活中的很多场景一样，学生只需要使用移动终端完成扫码就可以直接进入视频资源的学习，这一便捷入口的提供完全打破了时空的限制，让学习融入生活，随时随地，自然发生。这一细微的变化引起了学生的极大兴趣，不仅更加关注了这种移动式的学习，还在家长的支持下自发结成了微信讨论小组，自行开展了本属于“后置”学习部分的同伴助学活动，他们还为这种学习方式起了一个“外号”——码课。

神奇的斐波那契数列（2）　黄金分割　欧拉定理　巧用工具——透明的力量
访谈：分数应用题的学习　转化单位一　合理安排地点　解题助手——线段图

这种由学生主导的类翻转学习，需要学生有积极主动的兴趣；具备合理安排和控制网络学习的能力；掌握分析、反思和自我评价的方法；形成友好、互助、探讨的合作风气等诸多条件为前提。在此前我们从未预想过这样的一种课堂创新方式会带给学生如此之多的收获，这令我们激动不已。

在翻转课堂的研究和创新实践中，我们深深地感受到了“互联网+”时代为教育带来的深刻变革，给老师带来的机遇与挑战，为学生带来的无限可能。“流水不腐，户枢不蠹”，发展与变化是时代对教育的要求，我们的课堂创新也会顺应“互联网+”时代的发展需求，站在长远、终身且面向未来的立场去培养学生。

行走在路上的“活”课堂

感受周围的世界，把有趣的、特别的、惊喜的……种种发现告诉他人，这应该是人类的本能。因为这样的能力，人类文明才得以在这个星球上发展出不可思议的智慧和文明。不仅世代传承，还在创造奇迹。

东北育才双语学校小学部走出校园，“行走在路上”社会实践课程，将学习空间由教室拓展至校外，将学习内容由书本延伸到社会，把学习时间从一个阶段延伸至实践教学全过程。为促进孩子们对自然的认知与探索，为学生们提供一个丰富的、开放的环境，持续地为富有创造性的参与提供更多选择。

为了让学生们在这门“行走的课堂”上真正学到知识，东北育才双语学校小学部打造个性化+多样化课程菜单，让学生按需选课。

研学行走课程汇总表

年级	一	二	三	四	五	六
上学期	亲子拓展训练	世博园	辽宁省科技馆参观	辽宁省博物馆参观	辽宁省农业博物馆参观	“九·一八”历史博物馆
下学期	我的动物朋友	辽宁古生物博物馆	中国工业博物馆（铸造博物馆）	参观工厂	辽宁省科技馆	周恩来少年读书旧址

迎着阳光　走向远方

学生们在行走、探索、学习的过程中也逐渐养成健康的体魄、不可征服的毅力、睿智的头脑、“不抛弃、不放弃”的团结精神。基于各项有意义的社会实践课程的开展，将孩子们内心深藏的情感世界与外界更进一步联系起来，从而完成人格、知识、能力与关系的整体建设。

充满生机的田野课堂

经常听到有的家长说：“我的孩子不认识大米。”“我的孩子不知道小麦长什么样。”“我的孩子写起作文枯燥无味，无话可说。”不知道、无感和不会表达，给了教育工作者一个更重要的信息：有些能力不是没有，而是在身体里沉睡太久了！如何唤醒他们？怎么去唤醒这最初的人类本能？——田野，这个最丰饶和富有生机的课堂——追溯事物的生命轨迹，去打开一片土地全息的图景，便是开设田野课堂的重要意义。

为了让孩子们对农业有更深切的了解，从而知农、学农、乐农，东北育才双语学校小学部“行走的课堂”来到了辽宁省农业基地进行参观学习体验。我们的第一站是辽宁农业博物馆，它是我国北方地区首家省级农业博物馆，填补了我省没有农业博物馆的空白，对挖掘、保护、研究、宣传辽河流域农业历史和灿烂文化有着重要的历史意义和现实意义。同学们先参观古代农业陈列馆、农具与民俗馆、动物资源馆等展馆，了解我省古代农业生产生活情况。接着参观了现代农业生产，同学们学到了现代的节水灌溉技术、无土栽培技术、冷暖棚技术在农业中的应用。最后，参观草莓的种植并品尝了最新的草莓品种。

第二站我们来到浑南科普基地，那里有许多鲜活的植物和动物，孩子们真是大开眼界！最先参观的是植物展区，孩子们看到不知名的黄色的瓜，叫着“黄瓜！黄瓜”。有的同学第一次见到南瓜的藤蔓，还看见柿子秧上结了许许多多的小柿子，有的柿子已经成熟了，变黄了。还有大叶子的芭蕉树，很多同学联想到了铁扇公主的芭蕉扇。那一排排刚刚培育出来的不知名的小苗，也让孩子们怜惜不已。接着参观动物展区，同学们看到了猪圈里的大肥猪，虽然散发着猪圈臭烘烘的味道，但孩子们还是在仔细地观察，发表着自己的见解。参观完鸡鸭鹅，最后看到的是鹿、孔雀，同学们驻足与它们合影。

在参观过程中，同学们认真观察，并做笔记，详细记录。这是以自然观察和自然笔记为依托的观察力养成课程。观察和记录是一切自主学习的基础，人类的知识积累最早就是通过观察和记录开始的，观察和记录也是科学精神养成的开端。我们通过实地观察，学习农业课程，启发同学们观察和记录的兴趣与能力。

陆游说“纸上得来终觉浅，绝知此事要躬行”，谁说我们的教室只能在学校？其实还有社会这个广阔的天地；谁说我们的学习只能是听老师讲？今天我们就走出校门，自己感受了世界，自主地学习、探索。学习有很多种方式，实践也是获得知识和能力的重要途径。今天我们走出了校门，体验到了更“立体”更“鲜活”的知识!

博大的展馆课堂

1. 传承文明，铭记使命

博物馆作为民族文化和世界文明的集中表现，作为精神文明、物质文明传承的载体，肩负着弘扬民族文化，振兴民族精神的艰巨使命。通过这些文化展示，能够使人们了解祖国的历史和辉煌成绩，并且以此作为激励，不断约束自己的行为，树立远大的人生目标与社会理想，从而为中华之崛起而奋勇向前。

参观博物馆逐渐成为人们增长知识、开阔视野的重要方式。为此，我校“行走的课堂”，来到了坐落于沈阳师范大学校园内的辽宁古生物博物馆。为了迎接同学们的到来，博物馆工作人员做了精心的安排和详细的讲解。同学们跟随讲解员依次走进各个展厅。

第一展厅：辽宁古生物博物馆简介，是展览的序幕，除重点展示辽宁的古生物化石分布外，还突出介绍了辽宁省的化石保护工作。

第二展厅：地球与早期生命，除介绍地球和生命起源的基本知识外，还介绍了早期生命演化中的“失败尝试”——“伊迪卡拉生物事件”，以及演化成功的范例——“寒武纪生命大爆发”，包括中国云南澄江生物群、贵州凯里生物群及加拿大布尔吉斯页岩生物群。

第三展厅：30亿年来的辽宁古生物，介绍了辽宁的“十大古生物化石群”，其中辽宁距今约30亿年的“鞍山群早期生命”、中生代“燕辽生物群”、“热河生物群”以及“辽宁的古人类”是四大“亮点”。

第四展厅：热河生物群，本馆最具特色的展厅之一，带领孩子们走入一亿多年前辽西的“恐龙王国”“古鸟世界”以及古生物期“花的摇篮”。

第五展厅：国际古生物化石，展示了来自全世界10多个国家的精美化石，包括世界著名的“德国麦索化石”的特展，日本成羽晚三叠世生物群，俄罗斯南滨海晚三叠世生物群，泰国的硅化木，美国、英国、阿富汗的中生代植物，以及产自中国华南海生生物化石珍品等。

第六展厅：互动科普厅，带大家亲自参与古生物化石有关的活动，包括进入首次在中国亮相的“恐龙剧场”，以及“与恐龙赛跑”“寻找化石”“中华龙鸟盖印”等。

第七展厅：珍品化石，展示本馆20余件化石珍品，包括至2011年止世界最早的带毛恐龙——“近鸟龙”、世界最早的花——“辽宁古果”和“中华古果”，以及世界上唯一发现的“会滑行的蜥蜴”——“赵氏翔龙”等世界级化石珍品。

第八展厅：辽宁大型恐龙厅，展示了辽宁的8件大型恐龙。其中“辽宁巨龙”“薄氏龙”等都是首次与观众见面。

这次辽宁古生物博物馆游学，同学们了解到，辽宁古生物博物馆拥有馆藏1万余件，精品馆藏200余件珍贵化石，有按照化石的大小复制成原型的四大“明星化石”，包括截至2011年的世界最早的带毛恐龙“赫氏近鸟龙”、

“会滑行的蜥蜴”——赵氏翔龙、为揭示鸟类可动性头骨的早期演化和早期鸟类的树栖能力演化研究做出了贡献的“沈师鸟”、“世界最早的花”——辽宁古果，还有高5米的猛犸象复原化石、剑齿虎的头骨化石以及大型恐龙化石的集体“亮相”，其中长达15米的“辽宁巨龙”是第一次与观众见面。

在古生物博物馆课外实践课堂上，同学们“见证”了远古时代的生命演变。在互动科普厅，同学们可以参与与古生物化石有关的活动，包括“恐龙剧场”，以及“与恐龙赛跑”“寻找化石”“中华龙鸟盖印”等。此次博物馆课堂，培养了学生主动探索的精神品格。在整个研学全程，学生们井然有序，认真细致地聆听讲解员的生动解说。观赏化石时特别小心，注意保护，彰显了育才双语小学部学生们的良好素质。

2. 点亮科技之光，开启智慧之路

科技改变生活，创新成就未来。春风里，走出教室，走出校门。世界很精彩，我们一起去看看。感受生活的五彩斑斓，畅想智能创新的未来。我校四年三班的同学来到沈阳市气象台，同学们参观了气象科普展，了解了有关气象、气候、天文方面的知识，还模拟了天气预报的播报——在电视机里看见自己的身影，着实让同学们兴奋不已。看到用来测量风速、风向的装置，同学们入迷地观察，仔细研究工作原理。

平昌冬奥会上精彩的“北京八分钟”，沈阳智造惊艳亮相。为了一探究竟，同学们又走进了沈阳新松机器人产业园，近距离地了解智能科技的魅

力。我们一直以为科技是科学家的事，来到这里才知道，科技关乎我们每一个人的幸福：从教育到金融，从生产制造到服务他人，从地铁售票到高铁维修，从汽车喷漆到智能生产线……科技早已浸润在生活的每一个角落。

最令同学们激动的，是和服务机器人进行互动对话，同学们争先恐后地对这个智能机器人提问。

“你几岁了？”

“今天的天气怎么样？”

“你喜欢什么颜色？”

“你的爱好是什么？”

“你喜欢学习吗？”

“你平时做运动吗？”

……

以上问题，机器人都对答如流。有个热爱数学的同学，提出了一个问题：“9的99次方是多少？”机器人没有算出来。但是工作人员说，机器人会记住这个问题，并反馈给研发人员，也许下次我们再来的时候他就能回答了。同学们不得不感慨，真是一个学习能力超强的机器人。我们也要向他学习呢！

博物馆是一个严肃、庄严的圣地，是一个获取无限知识的“大讲堂”。博物馆中所有展品都是经过考古发掘、历史积淀所证实的财宝。大量的历史知识和人类文明足迹都印刻在文物之中，博物馆已经成为一部人类“百科全书”。而观览博物馆的过程，其实就是一种开阔视野、拥抱文化生活的方式。

东北育才双语学校小学部开展的系列博物馆之行，让学生们以史为鉴、以文明为基石，必然会激发学生产生一种发自内心的对人类文明、民族历史积淀的崇拜感和自豪感。

爱心满溢的社会课堂

1. **亲子训练营**

感悟成长艰辛，感恩父母教导。为了促进父母与孩子之间互相了解，相互体谅，帮助家长更好地教育子女，培养孩子独立生活的能力，“行走的课堂”来到了棋盘山、世博园等地，开展了亲子训练课程。古希腊哲学家曾经说过：“感情是由交流堆积而成的。”是的，无论何种情感，其升华都依赖于交流。但是，紧随社会的竞争力度，大部分父母都把精力集中在工作上，没有足够的时间去好好地陪陪孩子。为什么不合理地抽出一个充满阳光的周末陪同孩子进行一次别开生面的亲子拓展呢？对于孩子来说，“阳光与你同在，那便是我想要的未来”。

课程中安排了“两代人同行”“能量密码”等游戏。孩子们和家长们以组为单位，分工合作。亲子训练营，增进了家长与孩子的沟通交流，完善孩子人格；培养了孩子们的勇气、责任心、毅力等众多优良品质。这次实践课程既是一次强健体魄的自我挑战，也是一次心灵之旅，感恩之行。

2. **超越自我，身心共长**

在合作中学习，在锻炼中成长。中国学生发展核心素养将教育的视角落在学生是否拥有强健的体魄，健康文明的行为习惯和生活方式，同时，关注学生是否拥有健全的人格，具有积极的心理品质，于是，我们的行走再次开启，我们的课堂在心中延续。

这是一个如常的清晨。这，又是一个不同的清晨。晴空，湛蓝，有白云朵朵，有阳光明媚……

操场上，早餐后的同学们，像喳喳的鸟儿一样，欢快地追逐着，撒着欢儿。

在儿童节来临之际，老师和家长们为孩子们准备了不一样的“节日礼物”。同学们兴奋不已，盼望着，猜测着，每个人都谈论着今天的社会实践课程！老师们说，今天将是充满惊喜的一天，今天将是不一样的一天。

今天课程的主题是“超越自我”。在欢声笑语中，孩子们来到了活动基地——棋盘山。下了车，一位英武挺拔的，着军人训练服的教官迎接了孩子们。为孩子们整理队伍，教会他们喊口号。当教官喊道：育才少年！同学们要回复：静——悄——悄！虽然阳光很足，但是孩子们并没有畏惧和退缩。在阳光下，同学们排成了整齐的队列，就连他们的影子，也整整齐齐地“站”在阳光里。

第一项教学活动：寻宝！寻宝是有比赛机制的，被分成的两组，分别选举出连长、旗手、指挥官等，并取好队名。蓝队取名：AO队，黄队取名：雷霆队。看，同学们认真地设计着自己的队旗，每一名成员都要在队旗上留下自己的“印记”，以证明我们是一个团队！同学们各抒己见，为团队的胜利贡献着自己的力量！同学们之间也会产生分歧，大家都是为了团队赢得荣誉而努力着！

第二项教学活动：“摇绳子”。规则是，全体同学围坐成圈，抓住同一根绳子，随着音乐的节奏，一起顺时针摇动绳子，并大声数数。天哪！同学们的力量真是令人惊叹！竟然摇了888次绳子！在这期间，有的同学流露出了吃力的表情，但是看到其他同学认真努力坚持不懈的样子，没有一个人选择放弃，仍然和大家齐肩作战！

今天的课程接近了尾声，摇绳子游戏之后，同学们虽然身体疲惫，但是心里却很是满足和自豪！他们做到了坚持，感受到了坚持之后的喜悦和幸福！

就在同学们休憩的时刻，音乐缓缓响起。

教官为同学们娓娓道来。

“我们的父母，多少个日夜，含辛茹苦，为我们构建幸福的家。我们敬爱的老师，多少次陪伴，孜孜不倦，为我们撑起幸福的校园生活。是父母和老师们教给我们文化知识，也教育我们德行从善；是父母和老师们为我们指引正确的道路，为我们照亮前行的道路。

多少次，我们曾不理解；

多少次，我们曾不配合；

多少次，我们曾不珍惜……

当我们像自由的小鸟在天空中飞翔的时候，是老师和父母为我们遮风挡雨；当我们像快乐的小马驹在草原上奔跑的时候，是老师和父母为我们拓宽来路。

听着教官的诉说，同学们想起了自己的爸爸和妈妈，想起了自己的老师，不禁潸然泪下。

这是课程结束后，同学们写的感悟：

“今天，虽然是我们的节日，但是我们学会了感恩和知足。我们知道，在我们幸福的生活背后，有家长和老师们的默默付出！尤其是我们敬爱的老师！比起和父母相处的时间，您陪伴我们的时间更长！无数个日日夜夜，当我们睁开眼睛，您的身影先映入眼帘。无数个日日夜夜，当我们闭上眼睛，耳畔是您的谆谆叮咛。

老师，您辛苦啦！我们知道，一个拥抱，一枝花，并不足以表达我们的感激和爱！唯有更努力地去成长，去成为您希冀的美好，方能报答您的培育之恩！

敬爱的老师，亲爱的父母：感谢您，送给我们如此不一样的儿童节礼物！感谢您，让我们从未停止成长和收获。在夏日里，在成长的日子里，这有一个儿童节，我们，接收着老师和父母厚望的洗礼！请放心，今天，我们收获了许多！感恩之情，将流淌在我们的血液里。

在今后的学习生活中，我们定将更加努力，扬帆起航!”

这次“超越自我”的社会实践课程，同学们磨炼了意志，强健了体魄，懂得了感恩，陶冶了情操。

团队拓展课程，帮助学生发现和建立与自然、与团队、与社区的关系。活动的开始，同学们要分组讨论团队合作的规则，制定战术。在小组合作过程中，同学们会发自内心地去遵守和维护，而“团规”“队规”也会随着活动的进展不断完善。很快，总结各组的讨论，我们可以看到如下的规则：

爱护环境，不乱丢垃圾，不乱摘花草；注意安全；

对老师和同学友善；

团结队友；

尊重对手；

在野外行进中，不能超过领队，不能落后于守尾老师。

而在同学们分工合作、团队协作的同时，作为老师和教练则观察同学们的行为是否符合我们共同制定的团规、队规。如果有主动拾捡垃圾这种保护环境的行为出现，也会记录和加分。这些方法大大激励了同学们的团队荣誉感，在学习知识、完成任务、遵守规则等环节都格外用心、积极、投入。

朱熹曾说过：“知之愈明，则行之愈笃；行之愈笃，则知之益明。”通过这些团队协作的社会实践课程，学生们逐渐形成自尊自律、文明礼貌、诚信友善、宽和待人的优良品行；具有团队意识和互助精神；能主动作为，履职尽责，对自我和他人负责；能明辨是非，具有规则意识；热爱并尊重自然，具有绿色生活方式和可持续发展理念及行动。

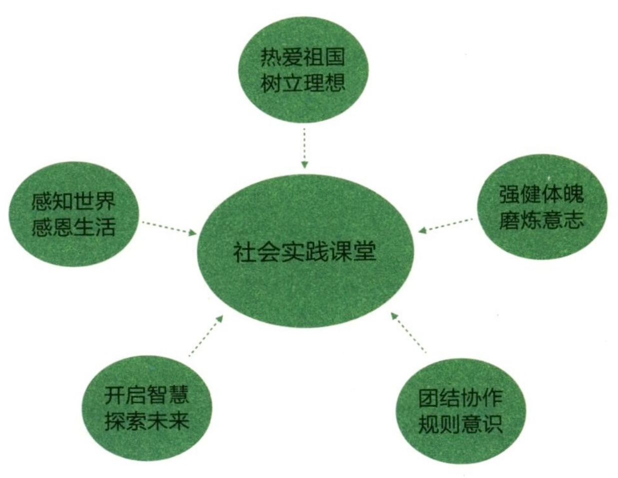

读万卷书，行万里路。社会是一个重要的课堂，生活是一门重要的课程，实践是一条重要的学习途径。社会实践这本“无字之书”对于孩子们的成长具有重要意义。东北育才双语学校小学部系列社会实践活动，以“学习”为主线，以各类场所为基地，通过体验、探究、实践等方式，促使学生了解、感悟真实的生活，将学校所学的知识学以致用，取得了良好的效果。

家长进课堂：我们一起成长

千年古茶，千载流芳。小小绿尖，遇水承叶。一杯清茗沁人心肠。世间

怡然心情，只在一杯清茶中。五年七班的“家长进课堂活动——茶文化之中国”带领孩子们一起走进了几千年前的茶文化世界，孩子们观茶叶、赏茶具、闻茶味、品茶香，了解茶的历史，将思续穿越到2000多年前的茶马古道，又迁回至现代万亩茶园……

“强五”“运五”“运八”“运20”“胖妞”“轰6k”……一边听着一个个响亮又有趣的名字，一边通过PPT饱览它们的芳容，孩子们感受着中国空军实力的强大，一句“什么是国防”带孩子们进入了课程的主题，这是四年一班“家长进课堂”活动现场。

苏霍姆林斯基说过：“没有家庭教育的学校教育和没有学校教育的家庭教育，都不可能完成培养人这样一个极其细微的任务。”随着教育教学改革的不断深入推进，家庭教育对孩子的影响之大表现也越来越明显。《国家教育发展纲要》中也明确指出：“充分发挥家庭教育在青少年成长过程中的重要作用。家长要树立正确的教育观念，掌握科学的教育方法，尊重孩子的健康情趣，培养子女的良好习惯，加强与学校的沟通配合。”家长与教师是重要的合作伙伴。优秀的家长资源聚似一团火，散似满天星。如何让散在的家长资源积极充分地发挥作用，是我们一直在研究的课题。自2005年建校至今，我们充分调动家长的积极性，开展了丰富多彩的“家长进课堂”活动，力求让每一位家长成为学校教育的“合伙人”。

“家长进课堂”活动流程图

确定时间

学校在学期初会确定“家长进课堂”活动的大致时间，如6月份第一周和第二周，然后各班结合自己班的实际情况确定最终活动时间。

确定人选

每学期进课堂的人选由班主任老师先在班级发出倡议，让家长了解活动的目的与意义，然后家长自愿报名，再由班委会和老师集体讨论确定最终人选，一般会选择素质和文化程度较高、协作能力强、平时对孩子富有爱心、对学校工作比较支持的家长。确定人选之后老师会通知家长，与家长约定好授课时间和地点，给家长充足的时间做准备。

确定主题

家长选定的主题内容要适合开展进课堂活动，主题内容要创新，要不同于平日的学校课堂教学，要符合不同年级儿童心理，也要与班级之前搞过的活动主题不同，这种主题内容的创新也是“家长进课堂”活动吸引学生之所在。不同家长利用不同的工作岗位、专业知识、兴趣爱好等为孩子们开辟更加丰富的知识天地，所确定的内容贴近了学生的学习和生活，充分实现了课内与课外、学习与实践、系统知识与现实生活的链接。每一个班级从一年级入校到六年级毕业共计12个学期，班主任老师会至少选定12名不同职业的家长参与此项活动，内容精彩纷呈。下面是我校2013级3班自入校6年来开展的“家长进课堂”活动的主题统计：

表1 2013级3班“家长进课堂”活动主题统计表

时间	上学期	下学期
一年级	我们的牙齿	安全记我心
二年级	走进博物馆	疯狂的色彩
三年级	风电知识	足球战术
四年级	中国传统文化——武术	金脑智慧
五年级	军事启航梦	植物克隆技术
六年级	闻香，品茗	

随着年级的升高，家长与老师共同商榷适合孩子年龄的主题，每一次主题活动的开展或者为孩子播下梦想与希望的种子，或者拓宽了他们的知识视角，“家长进课堂”实实在在地走进了东北育才双语学校小学部学生的内心，成为孩子们认识世界的有效途径。

确定形式

家长课堂形式要创新。家长上课的形式更像是有趣的生活，更多的是引导学生关注生活、体验生活、学会生活，讲解、游戏、体验、实践等多种形式吸引了孩子们的积极性。

一年（3）班开展“小学生自理能力培养”为主题的家长课堂时，班主任聘请了于子轩同学的爸爸，他的爸爸可是一位鼎鼎有名的军官，这位“军官教师”把学生的感观直接拉进了军营，通过照片和视频让孩子们了解部队环境、战士宿舍、队列表演，部队干净、整洁、有序的环境给孩子们带来很大的震撼。接下来孩子们和“军官教师”一起练习正步、摆臂，还有叠军被……每个孩子都认真体验了一次如何做一名小士兵，个个儿都有模有样。

为了让学生更好地理解低碳生活，五年一班的家长请来了喜来登酒店的设计师，通过设计师生动的讲解和实物演示，同学们不仅了解到了如何利用太阳能为整个饭店提供电力支持，还知道了酒店采用污水源热泵系统将城市污水处理后用于酒店采暖、制冷，使污水实现了循环利用，让学生对于节能减排有了更加深入的理解。

家长们不拘一格的授课形式让孩子们激动兴奋，不自觉地被内容所吸引，从而开启了一扇扇探索奥秘之窗，开阔了视野，丰富了知识，获得了更多的生活体验。

确定方法

由于家长毕竟不是专业的教师，在组织活动之前，家长也有自己的困惑。有的家长说："平时和孩子玩玩小游戏、讲讲故事都可以应付，但面对这么多孩子，要使他们都能够对我组织的活动感兴趣可有一定难度，即使孩子们对我组织的活动都感兴趣了，也不能只是简简单单地搞活动，还需要把一些知识讲明白，这真是一件极富挑战性的工作！"的确如此，即便是专业的教师在教学过程中的方式方法也是十分重要的，这就需要老师协助家长备好课、设计教学环节、制作课件、布置黑板、选用教具……使课堂在有序的组织下充满知识性和趣味性。

要想更清楚地了解自来水的生产过程，单凭讲授效果肯定不好，于是，六年（7）班的家长自制了简易的自来水流水线，学生们通过观察不仅明白了自来水是怎样一步步被生产出来的，更加懂得了如何去珍惜身边的水资源……

良好的跟进会让活动的付出实现更好的效果，而且也成为下次活动顺利开展的基础。课后，班主任与主讲家长和听课家长要及时对活动进行反思、评价和交流，比如：课上的哪些环节设计得比较精彩，孩子们吸收的效果比较好等，教师对家长要给以及时的肯定；哪些方面存在不足，值得商榷，其他家长以后来到课堂可以怎样改进……反思与交流为下一次“家长进课堂”活动积累了宝贵的财富。

上课过程中家长会指定专人进行拍照以及录制视频，课后将精彩的片段配以文字编辑成“美篇”或微视频，将课件、视频、照片等资料发到班级微信群以及学校资源平台，与所有家长和学生进行资源共享。一些精彩的“美篇”被家长们广泛地转发和点赞，社会反响非常好。每次家长组织完教学活动之后，“家长老师”认真精彩的表现都会激发其他家长的积极性，他们在群里除了表达对进课堂家长的感激之外，还纷纷表示自己也愿意走到学生身边，分享自己的人生经验，贡献自己的力量。

以2015级10班在2018年4月份开展的“家长进课堂活动——齿科医生进课堂”为例，阐述具体实施过程。

学校在开学初做了全校范围内的“家长进课堂”活动计划，具体时间为4月份的第二周和第三周，于是，10班的郑老师在接到计划安排后便在班级范围内发出倡议：

“家长进课堂”活动倡议书

“家长进课堂”活动又将与您见面，时间定为2018年4月16日（星期一）下午第一节课，希望有热情、有经验的您积极参与，别忘了我班“家长进课堂”活动的口号：一切为了孩子，为了孩子的一切！希望大家不忘初心，携手共进，再一次为孩子搭建向上的阶梯，欢迎您踊跃报名！

表2 “家长进课堂”活动报名表

主讲家长		主讲题目	
听课家长			

倡议一发出，有好几位家长报名主讲人，所涉及的领域有重型机器、冰球运动、法律法规、播音主持、牙齿保护……经过和几位家委会委员的商议，大家最终决定选择张万宣同学的家长到校给孩子开展“牙齿保护”主题课程，有12名家长报名听课家长。

接下来，张万宣妈妈进行构思，大概在4月初有了自己的想法。她本身就做客辽宁电视台的“健康一身轻”栏目，讲课能力自然不必担心，她把环节设计为：讲解如何刷牙、如何护牙、如何治牙；与助手一起为孩子们检查牙齿，填写龋齿记录单，将记录单留给孩子，以方便家长了解情况带孩子及时就医；发放小礼物；与同学们合影留念。整个设计环节流畅，实用性强，郑老师予以及时肯定，但预计时间需要用2小时，经商议后调整至1.5小时，课前需要准备牙齿模型、课件、板书布置等具体问题也一一落实到位。

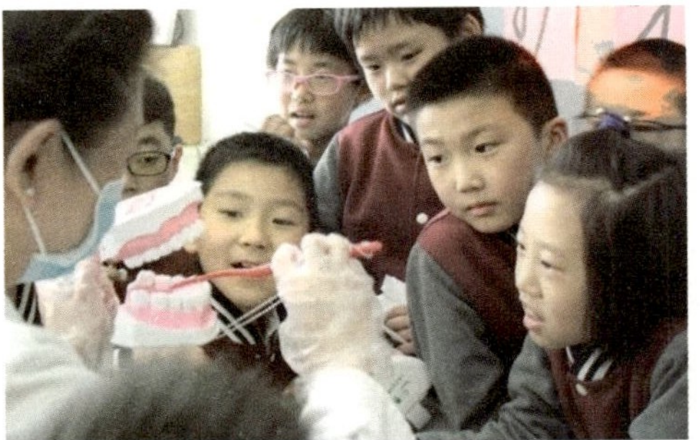

万事俱备，4月16日，张万宣妈妈携手齿科医院的院长和几位助手如约来到班级，报名听课的12位家长也纷纷到来，与孩子们共度了一堂意义非凡的爱牙课。课上，孩子们或开怀大笑或全神贯注或积极发言，不仅学到了爱牙护牙的知识，还增强了保护牙齿的意识，也有的同学对牙医的职业很是崇拜，萌生了当医生的梦想，对“家长老师”送的牙线和牙刷等小礼物甚是喜欢。课下，孩子们利用这些小礼物践行课内所学，真正达到了学以致用。

一堂课下来，孩子们有着丰富的情感体验，意犹未尽，坐在旁边的家长可是各怀心思，有的家长觉得自己以前忽略了孩子的牙齿保护问题，导致孩子长了好几颗龋齿，决定亡羊补牢，赶紧给孩子诊治；有的家长则发现自己的孩子听课时不认真，焦急的表情跃然脸上……

课后，张万宣妈妈将活动照片和过程整理成文字材料，发至家长群里，家长们看了之后表示非常感谢，也为学校能开展这样的活动感到高兴。

新形势下的家校关系不再拘泥于教师与学生之间的二维互动，而是多维关系下的联动与彼此促进。建校14年间，我们的“家长进课堂”活动从最开始的萌芽期，到后来的发展期，再到现在的迅速崛起期，凝聚着所有双语人的智慧与汗水，也见证了家长协作能力的提升与学校课堂建设的变革。

表3　东北育才双语学校小学部“家长进课堂”活动发展历程表

阶段	年份	全校家长进课堂次数/年	取得效果
萌芽期	2005—2008	2次	家长拘谨，学生不怎么感兴趣
发展期	2008—2013	60次左右	家长渐入佳境，学生主动配合
崛起期	2013—现在	120次左右	家长讲究艺术，学生兴趣高涨

在角色互换中达成共识

很多家长虽阅历丰富，知识底蕴丰厚，但走进课堂上课可是个巨大的挑战，即使是学富五车的大学教授也得思量如何将自己熟知的知识给这些小孩子讲明白。很多家长都积极收集素材，认真备课，制作课件，认真准备教具，与老师共同探讨授课方法……这样的课，除了拓宽了学生的知识面、丰富了课堂内容，也密切了家校关系，让家长体会到做教师的不易。

2018年4月12日，东北育才双语学校小学部“家长进课堂”活动如火如荼地开展，三年组请来了重量级神秘嘉宾——杜金铭，曾经的育才少儿部校友，现任职于东北大学工业与系统工程研究院。杜老师给学生们带来了最前沿的科学概念——量子力学。这可不是一个容易理解的题目，杜老师用比较前沿时尚的现象：星际旅行、时空穿越、瞬间移动……作为导入部分，这些词汇正是孩子们感兴趣的内容，他们一听就来了积极性。接下来，杜老师用形象的图片进一步讲解自己的内容：“蛇吞尾”图可以很形象地表示物质空间尺寸的层次……

一堂课下来，探索微观世界的科学的种子开始在学生内心萌芽，而家长通过参与学校的家长进课堂活动，实现了自我阶梯成长，成为孩子最睿智的领路人。让家长当一回教师，由此推及的角色互换是家校双方达成理解、形成默契的重要一环；互换一下位置，变换一下角色，人与人之间就会多一分尊重和理解，少一分不满和挑剔。

让世界成为孩子们的课堂

东北育才双语学校小学部自建校以来坚持以创建世界名校为办学目标，打造优才教育、国际教育，希望为这个时代培养一批有全球视野，具有跨文化理解、交流和合作能力的国际化创新人才，以迎接未来的挑战，这是符合时代发展、世界需要的探索，是我们大家共同的教育之梦。多元、立体、融合的世界要求学生接受学校教育的同时，广泛涉猎各领域的知识。家长把社会、生活、自然等多方面内容带进课堂，极大地丰富了学生的视野。我校自开展“家长进课堂”活动以来，所授课内容涉及了天文、地理、历史、法规、消防、健康、运动、农业种植、国防、科学实验、医学常识等多个领域，共计开课1000余次，已经有5000多名学生在“家长进课堂”活动中受益。通过“家长进课堂”活动，孩子们知道了如何辨别人民币的真伪，认识了导致人生病的各种细菌，对中华武术有了更深刻的了解，知道了蝴蝶兰养护及植物克隆技术……知道了很多书本以外的知识。每一次的家长课堂带给孩子们的不仅有知识的收获，还有情感的体验。孩子们课上表现得很兴奋、很好奇，与“家长老师”互动得非常积极，收效很好。

四年五班的“家长进课堂”活动请来了一位身着制服的帅气的警察叔叔，没等开始上课，超级天真无邪且毫无准备的学生就上当了，刘叔叔先是换了便衣到班级，不到两分钟就成功地把两名同学从教室“骗”到了老师的办公室。是的，跟着刘叔叔到了办公室，见到了早已等在那里的王老师，这两位同学才恍然大悟，原来刘叔叔刚刚模拟了一次坏人拐卖小孩的过程！天呀，这么逼真，如果不是模拟，这两个孩子现在已经不知身在何方了！接着，刘叔叔给孩子们看了一个自我保护的小视频，说得真对，可得按照视频去做，真不能马虎大意！

规则在我心，安全伴我行！生动的课堂留下的不仅有快乐的体验，更在孩子们心中种下了安全意识的种子，它将伴随孩子们一生。可以说，此项活动的开展，为孩子们打开了认识世界的一扇窗，让世界成为孩子们的课堂。

跬步至千里，小流成江海。在东北育才双语学校小学部，“家长进课堂”活动带来的丰富内容就像涓涓细流慢慢融入了孩子们的生活，课堂内容得到进一步的丰富，家长自身价值也得以体现和肯定。家校命运共同体渐渐变成我们期待的模样，家长、学生、教师之间的关系像金字塔一样更加坚实、稳固，一路走来，我们无限感慨，原来，家校之间的距离可以这样近！多维联动，是方法的变革，是理念的更新，是智慧的体现，更是时代的呼唤。“家长进课堂”活动为有效地实现家校合作，达到共赢的目标夯实了基础，真正达到了资源共享、多元育人的目的。

/第三章/

杏坛问道——守望教育初心的自我超越

享受师德之美的幸福

“老师，这是我特意给你留的！”刚刚走进办公室的璐璐老师看到两只小手小心翼翼地捧着半个橘子，“老师不吃，孩子你吃吧。”“王老师，你一定要吃，特别甜！”这是刚刚入学两个月的小豆包和班主任的对话，半个橘子饱含着一个六岁的孩子对老师最纯粹的情感。

“赵老师，我到底应该叫你老师，还是妈妈呢？”一年二班的小孙同学睁着一双大眼睛围在副班主任赵威老师身边。“我是赵老师啊，为什么要叫我妈妈呢？”赵老师笑着问。“因为我觉得你更像妈妈，你为我们做的和妈妈没两样。”说话间，小孙同学又捧起赵老师的手亲了一下。

手机“嘀”的一声响了，正在批作业的邹老师拿起手机打开微信，原来是即将远赴英国学习的元元发来的，她问老师什么时候有时间，想在出国前来学校“打扰”一下老师，邹老师随即回复“随时欢迎打扰，不过不能太长时间哦”。放下手机邹老师眼前浮现出一头短发的“假小子”，那个四年级还

写不完作业硬是被老师们“逼”上育才双语初中部的女孩儿一转眼都要出国了。前几天聊天，她满怀自豪地告诉老师雅思几乎是满分，她特别感谢老师小学时从来没有放弃她这个“差生”。邹老师很真诚地回她：“你不是差生，只是晚熟，老师也只是做了该做的。”每到毕业季，育才双语小学部已经毕业的孩子都会自发地三三两两，甚至十几或者二十几人相约回来看老师，他们中有的正在读大学，有的即将上高中。每到此时大家就会看到：走廊、办公室还有教室里，当年的小豆包（已经长成亭亭玉立的美少女和阳光帅气的小伙子）围拢在老师身边，一束束绽放的鲜花，一张张幸福的笑脸，还有深情的拥抱，抑或是喜悦的泪水……“看老师”成了育才双语小学部一道独特的风景线。

这些情景司空见惯却又非同一般。作为一所寄宿制小学，学生从六七岁开始住校，到十二三岁毕业离校，每周5天住校，6年算下来有1000多天是和老师在一起，孩子们和老师的感情已经远远超越了师生关系，他们之间更像是朋友或亲人。育才双语小学部从2005年建校到今年已经走过13个春秋，和东北育才学校70年的历程相比，东北育才双语小学部还很年轻，但靠着代代传承的育才精神，靠着全体教师的共同努力，育才双语小学部得到了社会的认可，赢得了家长的口碑。学部从建校之初的4个班100多名学生发展到今天已经有58个班级2000多名学生。走进东北育才双语校区，迎面就会看到一块巨石上书写着“大爱不言，润物无声”8个大字，新入职的教师都会谨记校长的“大爱成就大教育”的叮嘱。一直以来，育才双语小学部的全体教师都将这种大爱精神内化于心，外化于行。

“教者，上所施，下所效也；育者，养子使作善也”，从“教”来看，教育是知识传播、心灵感应、行为感召；从“育”来看，教育是道德、善行、责任、爱心。这是《说文解字》对“教育”的解释。西汉文学家扬雄指出：

“务学不如务求师，师者，人之模范”，这是对老师的极高评价。习总书记在第34个教师节《做党和人民满意的好老师》讲话中指出：“好老师没有统一的模式，可以各有千秋、各显身手，但有一些共同的、必不可少的特质。第一，做好老师，要有理想信念；第二，做好老师，要有道德情操；第三，做好老师，要有扎实学识；第四，做好老师，要有仁爱之心。”总书记的讲话维度跨越古今中外，“四有老师”就是党和人民满意的好老师。有理想信念是好老师的人格基石，有道德情操是好老师的核心品质，有扎实学识是好老师的专业素养，有仁爱之心是好老师的职业底色。这四方面的品质中核心是教师的思想品德，师德是教师的灵魂。

教育发展，教师为本；教师素养，师德为先。育才双语小学部多年来注重师德建设，致力于打造一支德能双馨的教师队伍。学部指出全面优质办学的实现，需要依靠一支对儿童的成长满怀责任与敬畏，对教育事业充满职业理想，对物欲世界保持一份清醒的教师队伍。多年来学部形成了一套健全的师德建设模式。

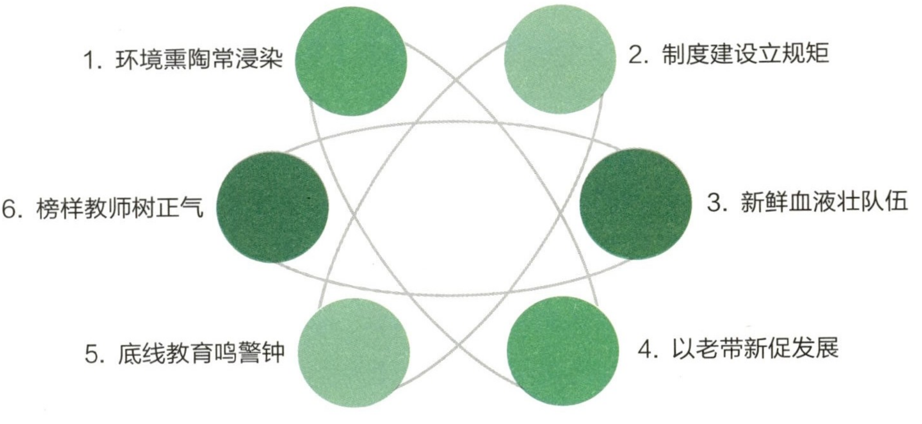

环境熏陶常浸染。步入育才双语小学部，扑面而来的是一种团结和谐、爱岗敬业、尊重宽容的校园文化氛围。

制度建设立规矩。俗话说“没有规矩不成方圆”，学部依据《教师职业道德规范》和《东北育才工作规则》制定了学部《教师工作一日常规》和《班主任一日工作常规》。

新鲜血液壮队伍。随着班级的不断增多，学部大胆起用德才兼备的青年教师充实班主任队伍，优化班主任队伍，做到能者上，贤者上。

以老带新促发展。学部通过青蓝工程拜师结对，让学识和人品过硬的老教师带新教师，为青年教师迅速成长发展助力。

底线教育鸣警钟。晋级评优，一票否决。关键时节，重敲响锤，签署承诺。

榜样教师树正气。多年来，学部涌现出许多师德标兵和感动双语人物。这些老师虽没有惊天动地的大事件，但都彰显了平凡中的伟大，他们感人至深的精神世界，给人以催人奋进的精神力量。

今天的育才双语小学部的全体教师已经把立师德作为终身之责，不断加强自身的师德修养，将外在的规范要求内化为道德观念和自觉的行动，他们以德立身，以德立学，以德施教。把教育作为自己的理想来追求，努力打造自己心中的理想教育，在平凡的工作中收获着快乐，感受着别样的幸福。

坚定理想信念，不忘初心前行

教育应该是用智慧启迪智慧，用思想品德熏陶感染思想品德，用情感激发情感，用意志调节意志，用个性影响个性，用心灵呼应心灵，用灵魂塑造灵魂，用人格塑造人格的事业，是一个人文的世界。我们期待学生离开校园的时候，带走的不只是知识，更重要的是对理想的追求。虽然梦和理想，理想和现实之间还有距离，但只要坚持信念，只要他们带走的不仅是知识的蜡烛，还有理想的圣火，那我们的理想之舟就一定能够在知识的海洋中执着前行，抵达理想的彼岸。

1. 继承革命传统，助学子树立远大理想

“与共和国一起诞生，一起沧桑，一起辉煌。东北育才优才的摇篮，育人的熔炉，科学的殿堂。勤奋进取，严谨求实，文明和谐，创新高效，育才精神哺育我们成长。学会关心，学会创造，全面发展，初露才华，育才学子要作中华脊梁。创造一流，走向世界，我们是祖国未来的希望……育才扬起理想的风帆……”这是东北育才学校的校歌，是每一个育才学子的必学曲目，甚至多年毕业以后他们再相聚还会一起唱起校歌。“以校友周恩来为榜样，为中华之崛起而读书。”这是每一个育才双语小学部学生宣誓时的誓词，他们把总理当作榜样，与总理成为校友更让孩子们感到无上的光荣。

东北育才学校1949年建校，第一任校长是李力群，第一批老师是徐特立先生亲自挑选的，这里是一所红色的革命摇篮。能在这样一所具有光荣革命传统的学校工作是全体教师的骄傲，能走进总理当年读书的教室缅怀伟人更是一种身心的洗礼。多年来育才双语小学部的教师已经形成一种传统，带领学生参观东关模范小学，讲总理的故事，传承总理的精神，并以此为契机发挥教育辐射作用。学校组织学生在雷锋纪念日、九一八纪念日、国庆节、国家公祭日等纪念日中开展相关活动，以此弘扬革命传统，激发学生的爱国热情，帮助学生从小树立正确的价值观、人生观，是全体教师一直努力的目标。

2. 经师易求，人师难得

做好老师要有理想信念。正确的理想信念是教书育人、播种未来的指路明灯。有什么样的老师，就有什么样的学生。一个有理想信念的老师，才能在学生心中播下理想的种子。古人云：“师者，所以传道授业解惑也。”“经师易求，人师难得。”做一个好老师，就是要按照习近平总书记的要求，为党育才，为国育才。不能只“授业”“解惑”而不“传道”，而是要把“传道”放在第一位，既要精于“授业”“解惑”，更要以“传道”为责任和使

命，既传生活之道，更传生命之道。

2016年在全国高校思想政治工作会议上，习总书记强调：教育是国之大计，教师是立教之本，兴教之源，教师不能只做传授书本知识的教书匠，而要成为塑造学生品格、品行、品位的“大先生”。“大先生”除了要有扎实的学识，出色的能力，关键还要有大情怀、大担当、大境界。

在育才双语小学部有这样一群人，他们有一个共同的名字——中国共产党党员。工作中，他们一直用饱满的热情，充足的干劲，执着的进取精神，默默耕耘在三尺讲台上，用真心书写着新时代共产党员的风采。

年轻的赵立丽老师在工作中常常以这样一句话勉励自己：“一个优秀的教师，要甘于平淡，但是不能甘于平庸，我们要在平凡的工作岗位上做出不平凡的业绩。一个党员就是一面旗帜，不仅要做好自己的工作，更要在普通教师中树立典范。”她坚持用“心”去营造一个“家”，一个能让学生感受到温暖，一个能激发学生追求自我实现，有安全感、自尊感、幸福感、充实感的集体。为了实现这一目标，她坚持学而信、学而思、学而用、学而行，真正用习近平新时代中国特色社会主义思想武装头脑，矢志不渝为教育事业而努力奋斗。

睿智的肖寒老师作为一名共产党员，积极参加学校各项活动，坚持自学习主席系列重要讲话、党的十九大会议精神，认真写读书笔记、心得体会。在学习中自觉改造世界观、人生观和价值观，自觉遵守党章，从而认真履行党员义务，积极作为，勇于担当，业绩显著。她紧跟时代脚步，聆听时代声音，不忘初心，牢记使命。利用业余时间静心阅读了《一个称作学校的地方》《给教师的建议》《现代心理学》《德育原理》《老师怎样和学生说话》以及当代名家名著等书籍，她不断更新教育理念，丰富育人手段，为做好各项工作打下了坚实的基础，同时也积淀了个人的文化底蕴。在工作中，她能随时摆正自己的位置，服从组织纪律，做事敢于负责，乐于担当，不计名利。

像这样的党员教师还有很多，他们看似平凡，但绽放出淡雅的芬芳；他们淡泊名利，但却对每天的工作甘之如饴；他们有着丰富的精神世界，给予孩子一生受用的财富；他们虽然普通，但都有一个“大先生”的梦，努力去承担新时代所赋予的教育使命。

立德修业并行，追求卓越品质

“德者，才之帅也；才者，德之资也”。高尚的师德为知识的运用指明方向，而扎实的学识又是践行师德的基础。两者相辅相成，相互促进。教师对学生的影响是潜移默化的，教师工作本身就是心灵塑造，价值观与人生观塑造的人性工作。孔子说：“其身正，不令而行；其身不正，虽令不从。”教师的人格力量和人格魅力是成功教育的重要条件。教师的学识也直接影响着学生的发展。正所谓“水之积也不厚，则其负大舟也无力”，扎实的知识功底，过硬的教学能力，勤勉的教学态度都是学生心目中好老师该有的模样，这样的老师才会培养出更加优秀的学生。

1. 言传身教，用人性之美点亮孩子的未来

“善为师者，既美其道，又慎言行”。善于做教师的人，既要完善自己的道德，又谨慎自己的言行。所以教师不仅要善于言传，而且要善于身教。小学的孩子入学时不过六七岁，毕业时也只有十二三岁。他们正处于天真烂漫的年纪，对一切事物充满了好奇，喜欢模仿别人。因此小学老师的一言一行看在孩子眼里，却可能长在孩子心中。一个公正、包容、善良、勇于承担、大公无私的老师会成为孩子心中的一面镜子，这样的老师学生会爱戴，家长会信任，同事会钦佩，领导会欣赏。

班主任孙媛媛老师是一位知性美女，她的学生在作文中这样写道：孙老师常说：“做人要善良，要有担当，要懂得感恩！”孙老师是这样说的，也是

这样做的。她用她美丽的心灵，高尚的德行感染着我们，让我们这些成长中的小树苗有了阳光的照耀，有了正确的方向！

李抒彧老师以“天行健，君子以自强不息”为班风，引导学生“立德束身，克己礼让”，为班级的良性发展提供了强有力的内部驱动力，从而使班级有极强的执行力，在活动和学习方面学生能力显著提升。

白净老师在教育中坚持让每一片绿叶都拥有春天。她总是细心呵护班级的每一个孩子，因材施教，给予学生充分的尊重，培养学生的自信心和自我管理意识。那些家庭条件一般的孩子总能得到白老师更多的照顾和帮助。班级一个低保户家长深受感动，特意给老师送来了锦旗表达最诚挚的谢意与敬意。

马志军老师，他既是学生的好老师，更是学生的大朋友，班级的每一个学生都喜欢他，他常常在玩中教导学生，启发学生思考，不仅深受学生喜爱，也赢得了家长们的充分信任。

关英杰老师在工作中有大局观，只要是年组的事情，从不考虑分内分外，同事们都非常敬佩她对工作的那份执着与热情！大家亲切地称小关老师为年组排难去险的“先锋官”。

2. 终身学习，用丰富的知识充盈孩子的头脑

苏霍姆林斯基曾经说过：“为了使学生获得一点知识的亮光，教师应吸进整个光的海洋。”教育家马卡连柯也说：“学生可以原谅老师的严厉、刻板，甚至吹毛求疵，但不能原谅老师的不学无术。”可见，拥有扎实的专业功底对教师站稳讲台是多么的重要。一位好的老师不但要掌握本学科的基础理论和专业知识，还须具备多方面的知识和技能。这样才能真正地掌握教材，才能在课堂上真正地吸引学生，成为一个有魅力的教师。只有树立起终身学习的观念，不断学习，取人之长补己之短，才能使自己更加有竞争力和教育教学的能力。随着教学实践的增加，新问题、新矛盾也接连不断地出现，要想自己成为一名真正合格的教师，要学的东西还有很多很多，要走的路还有很长很长。

师德标兵闫楠楠老师曾说自己只是一名小学数学教师，是数学花园中最小的那只蜜蜂，自己没有能力撼动根基，但会为每一枚果实的成熟注入自己的智慧。因此从踏上三尺讲台那一天开始，就把成为一名优秀的小学数学教师作为自己奋斗的目标，并为之努力着。刚参加工作时，因为对小学数学知识没有系统的认识，她利用无数个周末留在学校系统学习一到六年级的人教版数学教材及《华罗庚学校数学课本》，并查找与所学内容相关的资料。当人教版教材要换成北师版时，又提前将北师版教材的编排体系及理念通学一遍。在当时那个还不习惯于借助网络的年代，她自己买的数学资料装满了几大箱。由于大量的对比、筛选，小学数学及综合数学的完整知识体系进到了她的脑海中，这样的努力不但充实了自己，也为校部的数学学科建设贡献了自己的力量。

感动双语教师杨洋老师在事迹报告中曾经用四大名著来概括总结自己十几年的教学生涯。她说个人的能力初成长，就像《三国演义》中的各路豪杰，需要靠强劲的对手来历练自己。为此她积极主动向校内外的优秀教师学习，观摩反思；不断挑战过去的自己，重塑教学方向和理念。因为她明白“鸡蛋从外打破会成为别人的食物，从内打破将会诞生新的生命”。在“临危受命”承担六年级的班主任工作时，她觉得自己要有《红楼梦》中宝玉的温和善良，黛玉的细心聪慧，刘姥姥的责任担当。为此她利用休息时间自学“微软系统工程师”“企业的初级管理”课程，阅读《孙子兵法》《论语》《孟子》等许多书籍。

这就是育才双语小学部的老师，外出的交流学习，同行之间的切磋，专业书籍的品读，跨越时空的网上学习，跨专业的自觉学习……学习已经融入每一位老师的生活中，学习让大家的职业生命永葆青春。老师们锐意进取，不断完善和提升自我，这样做只有一个目的，那就是希望用自己扎实的学识为学生的明天奠基。

大爱不言，润物无声

陶行知老先生说“爱是一种伟大的力量，没有爱就没有教育”，林崇德教授认为：“疼爱自己的孩子是本能，而热爱别人的孩子是神圣！教师对学生的爱在性质上是一种只讲付出不计回报、无私的、广泛的且没有血缘关系的爱，在原则上是一种严慈相济的爱，是神圣的爱。这种爱是教师教育学生的感情基础，学生一旦体会到这种感情，就会‘亲其师’，从而‘信其道’。也正是在这个过程中，教育实现了其根本的功能。”

在感动双语教师颁奖典礼上，学校给孙洪秋老师的颁奖词是：教育家夸美纽斯说，教师职业是太阳底下最光辉的职业。在孙洪秋老师身上，教师这份职业的光辉，全部融化成了对学生点点滴滴的爱。在她的眼中，每一个孩子都是一棵幼苗，只要雨露充足，都会长成参天大树。她对学生的爱，看似微不足道，一个鼓励的眼神，一个赞许的微笑，甚至只是作业本上的一句评语……但是，所有这些汇聚在一起，日积月累，就产生了神奇的力量。这力量，支撑和推动一棵棵幼苗茁壮成长，光荣绽放。小学部的教师对学生这份绵密而细腻的爱是奉献精神也是责任担当，是家长的定心丸，更是职业的良心。

有过一年级教师工作经验的老师都有这样的体验：刚刚入学的一年级小豆包因为分离焦虑，白天上课哭，晚上睡觉哭；孩子在校哭，家长在家哭。为了让孩子们尽快适应住校生活，班主任、辅导老师、副班主任还有科任老师不分昼夜24小时跟班。孩子哭了要哄，尿裤子了要换，拉裤子了要洗……只为家长们能放心、安心。每当这个时候，老师们都是舍小家顾大家。刚刚带完一年级的罗凤老师，在新生入学前夕，爱人突然跟腱断裂需要住院一个月，家里老人还要带孩子，得知这一消息后她着急上火，但是一想到班级48个孩子背后的48个家庭，孩子们第一次离开父母开始寄宿制的学习生活，家长有太多的不舍与惦念，班主任必须把准备工作做得细致再细致，才能让家长放心。于是，她擦干泪水又开始认真准备着迎接新生的工作。白天在学校带学生，晚上再赶到医院照顾爱人。就这样，她硬是靠着一份坚强和责任心扛过了整整一个月。

见过程洋老师的人一定会被她脸上的笑容所感染，谁都不能想到这是一个刚刚经历了两次肿瘤摘除手术重回工作岗位的病人。生病之前的程洋在工作中是个“拼命三娘”。在从教13年的旅途中，她经常以校为家，更是爱生如子。聊起学生，她总是神采飞扬，作为一名寄宿制学校的老师，她坚持每天天不亮就到寝室看着孩子们一个个睁开眼睛，晚上帮孩子们掖好被子，伴着他们的鼾声回家，为孩子们量身定做教育计划，看着他们的进步和成长，她觉得这是最幸福的事情。

在得知自己生病时因为怕影响学生运动会的组织一再推迟手术时间，最后被领导、同事半强制地送到医院。她才仅仅36岁，就在最美的年华里遭遇噩梦一样的磨难；她的女儿才刚刚上幼儿园，正是最需要母爱的年纪；她的父亲，一位刚刚走出丧妻之痛的老人又将遭受女儿病重的打击……但是面对这突如其来的磨难，她却没有一丝的悲观幽怨，还是一如往日的爽朗乐观：“我的手术很成功，很快就能上班啦！”她总说，只有了解责任的重大，才能体会担起这份责任的快乐，才能对“大爱不言、润物无声”有切身的体会。

因为爱，“你”成为“我”心中的最美

世界上任何一种东西都会越分越少，只有爱会越分越多，因为爱会传递，教师爱学生的时候，不仅温暖了孩子幼小的心灵，孩子们在感受到爱的

同时慢慢学到了爱的能力，在他们心中自己的老师最美。

曹东梅老师的学生这样评价她：“随风潜入夜，润物细无声”用来形容曹老师对我们的爱最为贴切。她从不迟到，甚至从不请假，几乎把所有的时间和精力都奉献给我们，在我们感叹曹老师的大爱之时，她甚至让我们忘记她也是一位孩子的母亲。她很少直接表露对我们的喜爱，但我们真的能从她对我们的每一件小事上感受到她的爱。她的爱比母爱更细腻，比父爱更严峻，比友爱更纯洁，如甘甜清泉一般滋润着我们。在她眼里，没有差班、更无差生。她用她的爱捕捉每一个学生性格上的优点、学习中的优势，并加以鼓励和表扬。在老师的引导和激励下，我们重拾信心，自觉自发地投入到学习当中去，她让我们相信我们的潜力无限、前景辉煌。

关英杰老师的学生在得知老师的父亲去世的消息时写道：办公室里痛哭之后的关老师，擦干泪水回到教室里仍像往常一样管理着班级，像往常一样认真地给我们上课，很快关老师又恢复了往常的样子，总是笑容满面地面对我们。但是，自从那件事后，我对老师的笑有了更深的理解。老师，原来您并不是只会笑，您也有烦恼，也有悲伤，只不过，您更愿意把一个乐观、积极、向上的自己呈现给我们，这就是老师对学生最深沉的爱吧。在我的心中，笑容满面的关老师是最美的，坚强乐观的关老师是最美的，爱生如子的关老师是最美的！

张志军老师的学生如是说：也许，在当代的词典里，“最美”有很多种解释；也许，您没有惊天动地的感人壮举；也许，您也只是中国千千万万教育工作者中的一个，但是您带给我的要远比其他在我成长路上给予我的人多得多。在您身上，我看到的不只有责任、包容、理解等等的美德，还有一种匠人精神！您把教育事业当成您的生命来看，不论风吹雨打，不论前路如何，您都平等、用心地对待每一名学生，不抛弃、不放弃……您教会我的知识，我将永生难忘；您身上的精神，我将永远学习；与您度过的学习时光，我将永远铭记。您可能很平凡，但您，永远都是我心中的“最美教师”。

大思想家孟子有云：“君子有三乐，父母俱在，兄弟无故，一乐也。仰无愧于天地，俯不怍于人，二乐也。得天下英才而教育之，三乐也。”教师的幸福和快乐其实很简单，就在课堂上学生闪亮的眸子里，就在活动中学生成长的心灵里，就在探究中学生发展的智慧里，就在学生成功路上沉甸甸的收获里。

教师的幸福在学生的热爱、崇拜中，在家长的信任、感激中，在同事的敬重、佩服中，在领导的欣赏、肯定中，在社会的认可、赞赏中……在于可以自信地说，自己曾经对许多人的一生发挥了积极的作用；可以自豪地说，自己对得起教育的使命和责任，无愧于“教师”这两个字。作为育才人，他们每天都在努力用自己的幸福去成就孩子未来的幸福！

为教师搭建成长阶梯

第二届辽宁省小学数学核心素养导向的课堂教学展示活动在沈阳落下帷幕。来自全省14个城市的15名数学教师同场竞技，300多名数学骨干教师参与了观摩。

东北育才双语学校小学部张洋老师作为沈阳市代表参加了本次大赛。经过一天半的激烈角逐，他所执教的《平均数的再认识》一课亮点频现，近百平方米的授课空间，气氛异常浓烈，同学们踊跃举手发言，全程积极投入，认真听、仔细记、用心想换来的是对“核心素养”真正意义上的理解——用数学的眼光认识世界，用数学的方式思考世界，用数学的语言表达世界。课堂中，墨守成规的“传与受”变成了“是什么”“为什么”“怎么看”“怎么想”“怎么办”等问题，成为教师抛给学生的“橄榄枝”，拉近师生距离，让课堂上要解决的问题成为师生共同的问题。黑板上，粉笔与彩色卡片相结合，使重点更为突出鲜明。投影仪上，文图动画相结合的教学课件适时播放，“列举法”“假设法”等方式的形象化、生动化表达，令学生们更容易牢记知识点，达到寓教于乐的效果。张洋老师的这堂课在展示活动中获得大会评委以及参会教师的一致好评，以92.18分的绝对优势获得辽宁省所有参赛选手中的最高分。张老师前沿的教学思想、娴熟的教学技艺、对教材的创造性使用、丰富的生活素材，很好地诠释了核心素养导向的课堂教学的样态。而这，只是我校部小学教师的一个缩影。

“一个人遇到好老师是人生的幸运，一个学校拥有好老师是学校的光荣，一个民族源源不断涌现出一批又一批好老师则是民族的希望。”习总书记在与北京师范大学师生座谈时这样强调。《中共中央国务院关于全面深化新时代教师队伍建设改革的意见》中指出：“教师是立教之本、兴教之源，承担着让每个孩子健康成长、办好人民满意教育的重任。全面提高中小学教师质量，建设一支高素质专业化的教师队伍具有重要意义。”

任何一所学校从办学到办好学，从小到大、从大到强，最关键的问题是质量。质量是教育的生命线。而提高办学质量最关键的因素是教师，教师队伍建设是重中之重。一支政治思想强，业务素质过硬的师资队伍是办好学校的关键，对学生成长、教师发展、学校发展也起着至关重要的作用。培养优质的师资团队，构建教师的成长阶梯，一直以来都是东北育才双语学校小学部不断推进的发展方向。

育才双语小学部现有教职员工141人，研究生学历8人，取得教育硕士学位12人，其余均为本科学历。多年来，学部始终把教师的发展作为学部发展的第一动力，面对时代发展变化引发的教与学方式的变化，引导教师基于自己，发展自己、成就自己。通过“青蓝工程”帮助青年教师成为一名合格的育才教师，通过“名师工程”为不同发展阶段的教师搭建成长阶梯，通过

“名教工程”培养骨干教师，通过“特色教师”培养帮助教师找到自己专业发展的新生长点。通过向教师推荐教育名著，帮助教师在日常教育教学中精准识别不同学生的学习优势、学习风格、学习节奏和认知特点，从而用不同的途径和方法为学生发展提供最适切的支持。

我校的许多优秀教师在国家、省、市等各级各类比赛中获得殊荣，全面充分地展示了我校的育人理念，也从不同角度印证了教师成长的坚实脚步！

求真务实，打造师者匠心

为全面贯彻落实《教育部关于进一步加强和改进师德建设的意见》，着力推进师德建设，进一步增强广大教师的使命感、责任感和教书育人、为人师表的自觉性，造就高素质的教师队伍，扎实做好教学工作和思想教育工作，不断提高教育教学质量，我校部杨帆校长经常在全体教师大会上用生动的事例，辩证的分析，感染着大家。作为教师，更多的是奉献，要献身自己成就学生，必须讲究教师职业道德，树立全心全意为学生服务的思想，为人师表、敬业爱岗、甘守清贫，全身心投入到教书育人的伟大事业中。

青蓝工程，催生新生力量

随着育才双语小学部的快速发展，一批又一批重点师范大学优秀毕业生加入我校教师队伍，成为学校可持续发展不可或缺的重要人力资源，青年教师已经成为学校教育教学中的核心力量。实施青蓝工程，就是为新入职教师养成良好教育教学行为习惯奠定基础，加快青年教师队伍建设，充分发挥骨干教师“传、帮、带”的作用，全面提高我校教育教学质量。

每当有新教师入职，学校都会隆重举行“青蓝工程”师徒结对拜师会。拜师会上师徒签下协议互表决心。青蓝拜师是我校“传、帮、带”的优良传统，师徒在凝心聚力，相互帮助、相互促进中共同进步。每当此时，学校都对青年教师提出殷切希望和要求，希望他们基于自己，发展自己，成为自己，成就自己，处理好规范和个性的关系，认真研究教材与教学实践的关系，处理好新理念与旧模式的关系，处理好理想与现实的关系，处理好兼职工作与学科教学的关系。育才双语小学部的拜师会，是对东北育才教育集团文化的延续和传承，更是对中华文化的延续和传承。在追求卓越的路上，我们从未止步。

每年新教师加入到育才双语小学部这个大家庭，拜师会后，徒弟和师父进行捆绑式教学，师徒互听课，随听随评，师父评课着重于徒弟的优点，鼓励徒弟以满腔热情投入教育教学活动之中，创造性开展工作。同时，从徒弟课堂教学中的具体细节入手，向徒弟传送自己的教学经验，指出徒弟在课堂教学中的不足之处，帮助徒弟养成良好的教学习惯。为了促进新教师的快速成长，加快青年教师队伍建设，学部每学期还开展新教师汇报课展示活动。

新教师结合学情和学科特点，认真钻研教材，积极探索基于核心素养的“三动”学堂教学模式。在教学中，他们教学思路清晰，教学基本功日趋成熟，他们以学生为主体，紧扣教学内容，抓住重点，突破难点。引入侦探故事，激发学生主动探究，这是孙静老师的学科情怀；通过微课自主学习，利用思维导图理清内容，这是朱俊华老师的个人风采；以行为训练为基础，联系生活，注重体验，这是王尚童老师的课堂魅力；了解地球自然灾害，提高自救能力，这是孙东宇老师的人文关怀；挖掘生活之美，教师微课示范，学生动手实践，这是胡晏菲老师的独特创意；谜语导入，开拓思维，在“玩”中学、在学中玩，这是马铭阳老师的优雅姿态。在展示过程中，新教师在教学形态、教学方式和课堂驾驭能力上各具特色，一节节汇报课如繁花满园，精彩纷呈。

汇报课结束后，学校领导组织新教师和教研组成员展开评课讨论，为新教师提出许多行之有效的建议。杨校长对各位师父无私真诚的指导给予高度评价，也对各教研组共学共研的研修氛围给予肯定。她结合本学期教师共读书目《刻意练习》的理论，要求新教师要以此次展示课为契机，建立目标，形成“何谓好课”的心理表征，保持动机，不断通过走出舒适区的教学实践，提高自己的专业水平。新教师纷纷表示，教学之路漫漫，在未来，他们将继续潜心钻研教材，学习教书育人的方法，追逐教育路上的一切美好。

搭建平台，实现跨越式发展

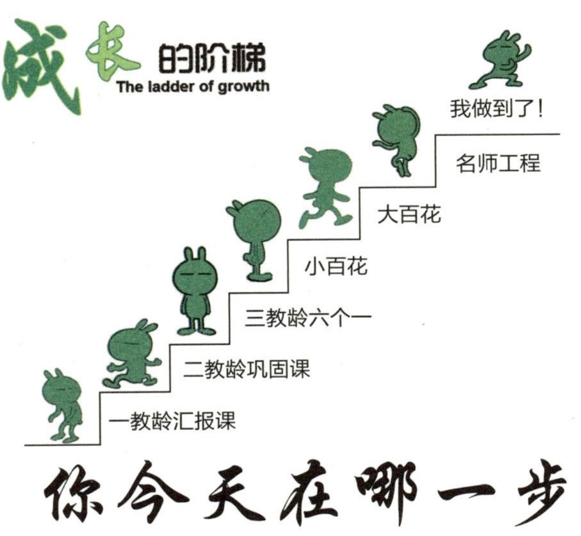

教师成长阶梯构建

“一个人不管他多么有能力，如果没有展示和别人肯定的机会，这种能力一定不存在”。反之，他会跨越式发展，乃至登峰造极。作为一名教师，学校在培训的基础上，给教师创造机会，让教师在实践中实现自我价值。一是在校内通过“一教龄转正课”“二教龄巩固课”“三教龄六个一”“小百花”“大百花”竞赛活动，激励教师比学赶超。二是推动教师在大江大浪中锻炼自己，学校领导争取各种机会让教师走出校门，与外地教师同台竞技，取长补短，与专家零距离接触。学校领导对教师的信任、重视和肯定，让教师在激励中实现跨越式发展。

（一）破茧成蝶展风采，以研促教共提升

为了努力提升教师专业化水平，推动育才双语小学部教育教学质量的不断提高，促进新教师稳步、快速成长，每学年，我校部都会组织新任教师的转正课和二教龄的巩固课活动，在一教龄转正课活动中，宋冬雪老师的品社课《神奇的因特网》，王誉诺老师的科学课《导体和绝缘体》，梁园老师的英语课《shopping day》给大家留下深刻的印象。虽然三位教师只任教一年，但他们对教材的处理、对课堂的把控以及教态教风都颇有老教师的娴熟自如，令人不禁惊喜我校部新教师“后生可畏”。在二教龄巩固课中，裴毓老师的体育课《篮球直线运球与游戏》结合游戏，使学生获得篮球活动的简单知识，初步学习和掌握小篮球的抛接、拍运传投等简单方法和技能。尚乐乐老师的科学课《物体的形状改变以后》能够通过探究发现生活中弹性物体的共同点，认识弹性的普遍存在及弹力的大小和方向。在科学探究的学习中体验到探究的乐趣，乐于与他人合作，学会创造。

授课结束后，每位教师对活动的创新点与局限进行反思，观摩教师根据问题提出合理化建议。热烈的交流、积极的互动，碰撞出智慧的火花，使任课教师在活动组织、语言表述、环节设置上有了进一步的提高。

学部领导充分肯定每位授课教师严谨求实的态度、自信沉稳的气质，同时从目标制定、核心经验、学习品质等方面给予了科学指导，帮助教师明晰活动组织的方法，提高教学各环节的有效性。

（二）三教龄“六个一”凝聚精气神，激励优选教师精英

“六个一”通过六种竞赛的形式，为青年教师搭建展示平台，帮助青年教师提升专业自信和专业自主，进一步体现出教育教学方法的创新，不断增强教师自主专业发展的意识和提升教师的育人品位，真正形成勤于钻研、大胆创新、奋发向上的学习型教师群体文化。

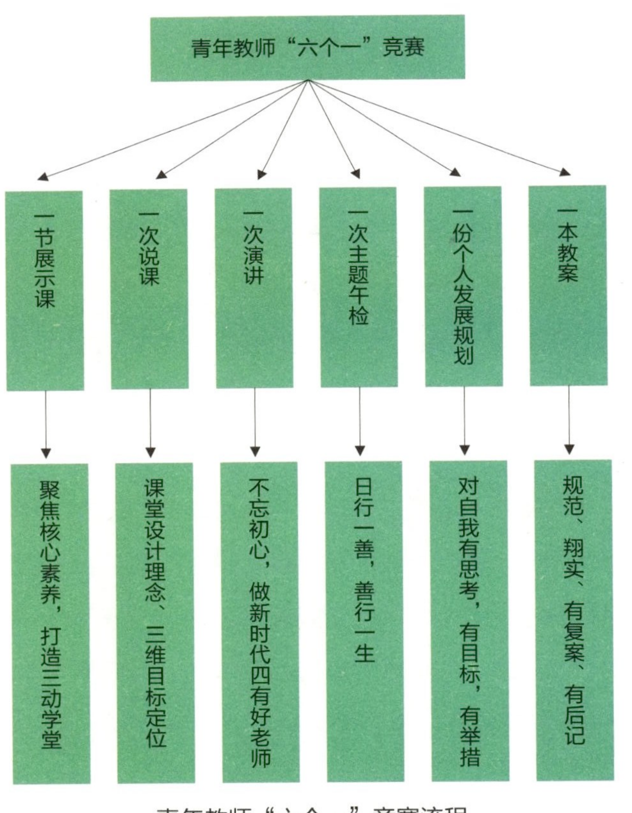

青年教师“六个一”竞赛流程

“聚焦核心素养，打造三动学堂”的“六个一”竞赛展示课上我校部刘洪金、冯玺源、修小双、张馨月四位教师无论是在教学理念、教学方法还是

对教材的把握、学生调动方面，都有了精彩的表现，相对于教师本人都有了很大的创新和突破。其中青蓝工程也发挥了重要的作用，师父们协同备战，为参赛教师把关，多次观摩参赛教师的试讲，对他们教学设计思路、教学方法等方面提出了许多宝贵的意见和建议。“六个一”活动激起了比学赶超浪潮，也展露了一批教师中的佼佼者。

（三）百家一课，百花齐放春满校园，园丁育苗茁壮成长

“百家一课”意为“多位教师同上一节课”，同样的课程，不同的教学风格和教学环节。教师通过互相听课、评课和研讨，找出各自教学的优缺点，不但调动了教师探索教学的积极性，而且提高了课堂教学的实效性。

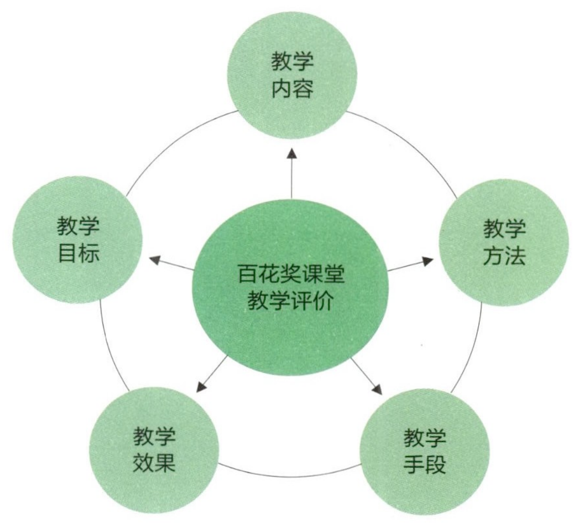

百花奖课堂教学评价

育才双语小学部“百花课”“小百花课”教学竞赛活动每一届都举办得非常成功。参赛教师八仙过海，各显神通。他们凭着对新课程标准理念的不同领会，大胆地处理教材，精心地进行课前预设，运用教学机智进行有效的调控，使得课堂教学精彩纷呈。新颖的课堂教学符合学生的实际情况和认知规律。教学方法灵活多样，注重学法指导。各种各样的教学方法争奇斗艳，很多教师在教学中还有意识地加强了对学生学习本学科的思维方法的训练和学习方法的指导。以学生为主体，关注学生发展。

总体来说，无论是“百花课”还是“小百花课”，都充分体现出育才双语小学部各教研组的集体教学智慧和参赛教师个人独特的教学思考，也为全校教师提供了学习、借鉴、反思、提高的机会。在我校各学科教研组的精心组织下，真正做到了集体备课、集体教研。有的教研组在参赛教师试讲后共同研究、补充、修改和完善，有的组为了一个字、一句话、一步变形、一种解法进行反复推敲和激烈争论，有经验的教师毫无保留地悉心指导，全组教师通力合作，这些都真正体现了一种团队精神，也是一种学校文化，使该活动起到了互帮互学、共同提高的作用。评课环节受到了老师的高度关注，从参赛选手到组内成员再到其他教师都积极参与到这项活动中，老师们从开始的茫然到最后的成熟思考，评课活动的过程不仅展现了我校部教师良好的综合素质，更凸显了我校部教师勇于思考、不断超越的工作精神。

“百花课”“小百花课”教学竞赛活动的开展，为学校培养名师和特色教师打下坚实基础。

(四)通过“名师工程”打造名师团队,引领教师专业发展

名师成长轨迹

在《中共中央国务院关于深化教育改革,全面推进素质教育的决定》中强调指出,建设高质量的教师队伍,是全面推进素质教育的基本保证。“名师工程”建设无疑是全面推进素质教育的关键。对学校而言,一位名师就是一笔财富、一个航向标、一座动力无限的“核电站”。因此,推进“名师工程”,以名师为龙头,带动与促进教师业务素质的提高,是引领教师专业发展的有效途径。

东北育才双语学校小学部从2007年开始至今一直在通过“名师工程”,打造名师团队,引领教师专业化发展。对各级各类名师人选进行了三年一个周期的培养。通过培训,使教师在教育思想、教学体系方法等方面形成自己的特色,具有独立主持和指导教学科研能力的优秀教师。

首先,我校部全面落实《东北育才教育集团名师培养系列工程实施方案》的要求,对教师阶段发展水平做出评价,确定教师申报的相应级格,帮助教师实现专业的持续发展。其次,确立了“宝塔式”的四级目标发展体系。从专业精神、专业学习、专业表现、专业研究、引领作用、辐射作用六

个方面，逐级细化指标进行评定，根据教师的专业成长，在教师全部达到胜任的基础上，骨干教师达到教师总数的15%—20%，学科带头人达到教师总数的5%—10%，名师达到教师总数的2%—3%，并培养出某一领域有自己的“技术专利”特色教师。目前，我校部有省特级教师1人，市首席教师2人，市名师2人，市骨干教师17人，16位教师获得沈阳市优秀教师、优秀班主任、沈阳市优秀中队辅导员等荣誉称号，特色教师16人。21人获得国家级优秀课，90人获得省市级优秀课。

为了进一步推进“名师工程”的全面实施，探索“聚焦核心素养，关注学生思维培养”的课堂教学模式，也为了充分展示骨干教师先进的教育思想、方法、手段和教学智慧，发挥骨干教师在教学、科研方面的骨干示范作用，育才双语小学部每学期都开展骨干教师课堂教学示范展示活动。授课教师精心准备，教学设计思路清晰、构思巧妙。课堂上，教师循循善诱、层层递进，引领学生发现与探索，使学生轻松地学会学习，每堂课都能体现以学生为主体的思想。授课教师都能根据本学科的特点，着力培养学生的思维能力和语言表达能力，在教会学生新授知识的同时也培养了学生举一反三的能力。以一种全新的理念进行教学，在课堂中充分发挥了学生的主观能动性，体现了学生合作探究的学习方式，真正营造了高效课堂，对全校教师课堂教学起到了很好的引领和示范作用。

下一步学校还将创建“特色教师工作室”，为特色教师提供一个展示自己才能、发挥自己效能、履行自己职责的平台。通过“特色教师工作室”的运作，使选拔出来的“特色教师”快速成长，还可以充分发挥特色教师的示范和辐射作用，促进其他教师的专业成长，同时还能在校园内营造出“只要努力学习就能成功成才”的良好学习氛围，形成良好的教风、学风。

总之，开展“名师工程”，不仅能为名师的成长创造良好的环境，更能让我校教师以名师为榜样，像名师一样去学习、去反思、去实践，从而为我校建设出一支理想信念坚定、专业知识扎实、教学业务精湛、富有奉献精神的教师队伍，提升全校教师教书育人的整体水平。

把常规做到极致，让优质成为常态

（一）抓好集体备课活动

一直以来，育才双语小学部始终坚持发挥集体力量的优势，开展集体备课，不断加强学科备课组的活动，始终坚持做到“四定”“四点”“四统一”。“四定”：定时、定地点、定内容、定主讲人；“四点”：重点、难点、突破点、考点；“四统一”：统一授课内容、统一练习、统一作业、统一考试内容。通过备课组活动，实现资源互补，优化组合。这样，教师避免单打独战、各自为政的局面，教师间取长补短，有效地营造了课内课外的教研气氛。

（二）做好校级公开课活动

为进一步提高课堂教学质量，打造高效课堂，我校部坚持开展每学期的教师公开课活动。公开课活动以教研组为单位，教师们认真准备，组内教师互相帮助。最后，每位教师都能向大家展示组内精心备课的成果。领导、同组的教师听课、评课又为授课教师提供了教学提高的平台。全校教师在公开课活动中取长补短，相互研究，相互促进，共同发展，推进了我校的新课堂教学改革向“优质课常态化，常态课优质化”的目标迈进。

（三）科研助发展，培训促提高

党的十九大报告指出：建设教育强国是中华民族伟大复兴的基础工程。而“科研兴校”正是做好这项关系未来的基础工程的必由之路，也是在新形势下全面实施素质教育，深入探索学校教育教学规律的必然选择。在十九大精神的指导下，育才双语小学部开展了“小课题的设计与申报”培训会。作为育才教师，我们需要不断提升教育教学水平，而提升的最佳途径就是对教育教学中的现象和问题进行研究，通过对“小课题”的探索不断扬长补短、度过自身发展的瓶颈期，努力提升工作质量，做更专业、更幸福，有品位、有情怀的育才人。教师们深刻地认识到，对于学生的学习，我们常说“学而不思则罔，思而不学则殆”，而对于我们教师而言，则是“教而不研则退，研而不教则废”。未来，我们会更加强化科研意识，做一个顺应时代潮流的研究型教师。

（四）加强校际教研交流，相互学习共促提升

为全面提高教师专业素质，更新教学观念，促进教师之间的交流与合作，提高课堂教学的有效性，全面促进学校教育教学教研活动的深入开展，育才双语小学部坚持“走出去、请进来、互相学习、促进发展”的原则，积极开展校际教学研讨交流活动，力求做到拓宽渠道，博采众长，增加与兄弟学校切磋交流机会，尽可能提升教师专业素质。在新疆塔城地区挂职教师来我校交流学习过程中，我校部为新疆挂职教师安排六位教师进行一对一、手把手的指导。三周的学习交流，随堂听课、参加集备和教研、参与学科活动，每一项活动都让他们深深地感受到了校园、教师和学生的独特魅力：双语学校厚重的文化底蕴、优雅的校园环境，教师扎实的基本功、过硬的专业素养和团队合作精神，学生优秀的课堂表现、较强的思辨能力和表达能力，都让他们印象深刻。挂职教师纷纷表示这次交流学习收获满满，他们定会将

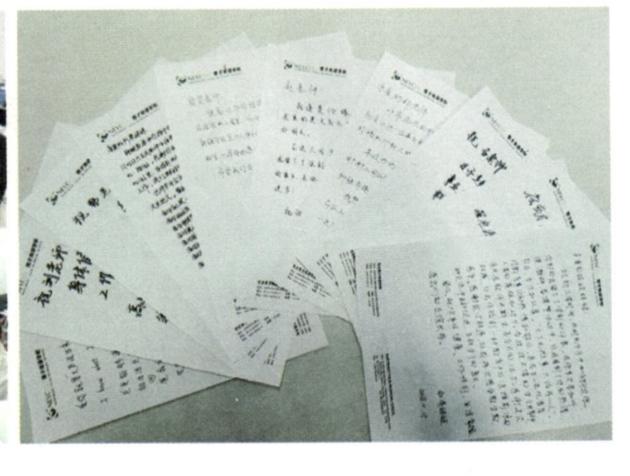

所学经验带回新疆并付诸行动，我校教师为能交到新疆的好朋友、近距离地了解新疆的风土人情而感到开心。这次交流学习不仅仅是教师间在专业技能和教育教学方法上的切磋，也为两地今后的教育合作搭建了桥梁，更进一步地增进了民族感情。未来，我们期待两地能够继续加强交流，共同绘制美好教育新蓝图。

开展读书沙龙，阅读成效斐然

读书是教师专业成长的有效途径。教师的精神成长，需要高品位阅读的滋养；教师的专业发展，需要经典教育专著的引领；教师的职业特征，需要博学和睿智。育才双语小学部通过开展读书沙龙活动，促进教师专业成长。

在读书交流会上，老师们从自己的阅读经历出发，畅谈了自己的读书感悟。一段段教育名录，一条条教育建议，从老师们的口中娓娓道来。老师们或深情、或慷慨、或质朴，结合自己的教育教学实践声情并茂地畅谈了自己的读书心得。有的抒发了自己在读书中感悟、成长、享受的喜悦；有的叙述了在教育大师的引领下，自己的教育观念的更新、精神的洗礼；有的反思过去的遗憾，表达了明天要比今天做得更好的决心。台上老师的精彩发言，引发了老师们深深的情感共鸣，不时博得台下阵阵热烈的掌声。

马娈娜老师代表六年语文组和大家交流《刻意练习》的第六章，即在生活中运用刻意练习原则。马老师指出刻意练习针对每一个有梦想的人。马老师以大家所熟悉的喜剧电影《羞羞的铁拳》中虽有男儿之躯但实则毫无缚鸡之力的女记者代替男拳手挑战卫冕拳王的成功，分析出她遵循了《刻意练习》第六章中提到的几个重要原则：找到了一位好老师——卷帘门副帮主张茱萸。并以新的方式挑战自己，攻克特定的弱点，卷帘门副帮主教学的成功也在于他帮助马晓和爱迪生跨越了练习的停滞阶段。身为教师也是为人父母的我们也可以反思一下，自己的教学辅导是否经常变换了练习的模式，使孩子不至于一开始就陷入停滞；自己的教学辅导是否针对孩子的弱点进行练习提升。当然，在影片中弱女子打赢壮汉，还因为女主人公遵循了其他的原则，就是拥有强大的动机。成功地保持动机由两个组成部分，一是弱化停下脚步的理由，二是明确继续前行的方向。最后就是专注和投入，在较短的时间内投入百分之百的努力，比起较长时间内投入百分之七十的努力来说，效果更好。所以，平时我们可以根据孩子的学习状况，适当减少单次的练习时间，但是要求全神贯注，也许就会取得事半功倍的效果。影片中，刻意练习帮助女记者逆袭；生活中，刻意练习也可以帮助我们改善我们的教育教学和对子女的教育。

读书活动的举行展示了老师们的读书成果，达到了交流共享、互促共进的目的，老师们开阔了视野，增长了见识，启迪了智慧，懂得了生活，学会了工作。未来，育才双语小学部将持续开展读书活动，让读书不仅仅是一种责任，更成为一种乐趣、一种有益的生活方式。让读书，丰盈教师的内心世界，提高教师的知识素养、人文素养和幸福指数；让读书，促进学校人文发展，营造书香校园，创建学习型学校。

杏坛问道，至臻至善。人们常说："教师是棵树，能净化一方空气，在一枝一叶间流动着精彩。"作为一名新时代的教师，在专业化成长的道路上，将不停地思索，彰显自己的个性魅力；不断地实践，重建专业生活，重塑专业自我，用理性思考的深度，引领教师专业化探索的高度。追求成长，止于至善！

教书育人是一份神圣的事业，担负着社会的责任。淡泊名利、锲而不舍、为人师表、率先垂范是对人类灵魂工程师的真实写照，也是教师必备的优秀品质。教师的理想在学生的成长中得到实现，只要我们在平凡的岗位上脚踏实地，就能尽快实现"合格教师——胜任教师——骨干教师——特色教师——学科带头人——名师"的成长之路。

特色教师的发展之路

走进六年四班，今天的课堂似乎有些不同，教室的气氛活跃主动，像接受春雨滋润的小草一样焕发着勃勃生机，学生的眼中闪烁着不一样的光彩，这里，似乎正在孕育着闪光的思想。

原来，这节课是赵晓庆老师的阅读特色交流课，在过去30天的时间里老师、家长和学生共读一本好书，而这本书的名字就叫作——《你在为谁读书》。在这本书中，不爱学习的杨略在父亲十封信的指引下，找到了自己学习的意义，赵晓庆老师也决心帮助学生找到属于他们自己的读书意义，她将这本书推荐给了家长们，并组织了为期一个月的读书活动，家长们看过这本书后也很受感动，也像杨略的父亲一样给孩子们写了一封信。在课上，赵晓庆老师将家长的信转交给学生，孩子们读着爸爸妈妈亲手写的信，或是微笑，或是沉默，或是感动，年轻的心第一次开始思考这样一个问题——我在为谁读书？

赵老师引用《大学》中的这样一段话教育学生们："古之欲明明德于天下者，先治其国；欲治其国者，先齐其家；欲齐其家者，先修其身；欲修其身者，先正其心；欲正其心者，先诚其意；欲诚其意者，先致其知，致知在格物。物格而后知至，知至而后意诚，意诚而后心正，心正而后身修，身修而后家齐，家齐而后国治，国治而后天下平。"格物致知是根本，可以理解为读书，而后达到意诚心正修身，最后实现齐家治国平天下的目标，这段话让同学们开始思考读书更深远的意义。东北育才学校的校友周恩来先生在少年时就立下了"为中华之崛起而读书"的伟大目标，育才学子也一直以此为座右铭，时刻激励自己不断进步。

最后，赵老师以习近平总书记在2018年博鳌亚洲论坛年会开幕式的演讲中的一段话：“我希望，各国人民同心协力、携手前行，努力构建人类命运共同体，共创和平、安宁、繁荣、开放、美丽的亚洲和世界。”将读书的意义推向国际视野，激励同学们为了更远大的目标而努力。

这就是东北育才双语学校小学部语文主题阅读特色教师——赵晓庆老师的一节别开生面的交流课，也许有人会问：“耗费一个月的时间带领六年级的学生共读一本书，值得吗？”答案是：“值得的。”富兰克林说过：“告诉我，我会忘记；教给我，我会记住；让我参与，我会学会。”参与度可以概括为某一行为的投入程度，它是高效学习的必要条件。阅读正是学生参与度非常高的学习活动，阅读不仅是提高学生的语文素养，也能提升完善学生的思维，带学生遇见更好的自己。

在课后，一位家长感谢赵晓庆老师，这样说道：

“收到孩子的信了，有惊喜、有感动，更有对您无限的感谢！两年来，

特色教师的课堂

我惊喜地发现，孩子在语文学习上的变化，从坐不住到喜爱读书，这和您潜移默化的影响，润物无声的教育是分不开的。您也给我们家长上了生动的一课，历时小半个学期的‘你在为谁读书’的活动，真的很圆满，谢谢您，亲爱的老师！”

为什么赵晓庆老师在已经具有丰富教学经验的基础上仍然在不断尝试新的教学方法？为什么在常年日复一日的辛苦工作中还能保持一份不灭的热忱？这是一份师者的情怀，是师者恪守的意义，更是师者崇高的教育理想。教师，一个播种爱，也收获爱的职业，点燃自己心中的职业理想，带领一批又一批的学生不断前进。

在东北育才双语学校小学部，这样的教师有很多，有的处于一线教学数十年，有的刚刚步入工作不久，有的是班主任教师，有的是科任教师，这些教师不满足于现状，努力寻找自己的突破点，发挥个人优势，形成个人教学特色，使自己的职业生命更加茂盛的同时，也为东北育才双语小学部带来了一番新气象。

重视教师特长发展，打造学部新气象

教师队伍的发展与建设是教育发展的永恒主题，2018年伊始，中共中央、国务院印发《关于全面深化新时代教师队伍建设改革的意见》，开启了新时代教师素养提升的新征程。

教师专业发展，虽是一个共性要求，但是每个教师的发展不会是一模一样的，每个教师的发展状态、形态和角度等，也都是不同的。正像对学生要讲究因人而异、因材施教一样，教师专业发展也必须走个性化的培养道路。

所谓特色，主要是指教师在教育教学中展现出来的独特风格。它包括教师的气质、仪表、语言、教学方式方法，乃至特色课程的建设与开发等方面的与众不同，是教师立足校情、学情，经过自己对日常教学的研究、探索、提炼，水到渠成的一种自然表现。

东北育才双语小学部关注教师的个人成长和发展，努力为教师搭建成长发展的平台，除了教师各个阶段的梯度发展，如一教龄转正课、二教龄巩固课、三教龄“六个一”、小百花课、大百花课、名师工程、学科带头人等，学校也倡导教师的特长发展。这是一种正向发展，即每个教师的专业发展既可以不同于其他学科的教师，也可以不同于同学科的教师。比如语文教师，可以在阅读上“拂袖起舞”，也可以在写作上“指点江山”，还可以在阅读与写作之间“左右逢源”“另起山头”等等。

教师的专业发展，讲究在共性基础上的普遍提升，也注重个性发展基础上的各有所长。从某种意义上来说，梯度发展是“共舞台”，特长发展是“开小灶”，两者相辅相成。梯度成长让教师以S形曲线不断提升自己的教育教学水平，而当发展到瓶颈期时，教师又该如何继续发展呢？这时特色发展就是教师职业生命中新的生长点，因此，梯度发展和特长发展在教师的专业成长中都同样重要。

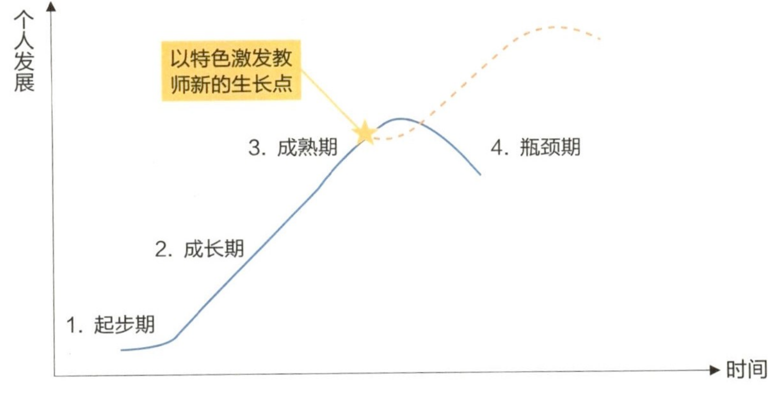

个人职业发展曲线图

在科学分析方法中，SWOT分析也强调要发挥个人的优势。SWOT分析法，也叫态势分析法，常常被用于制定集团发展战略，在战略分析中，它是最常用的方法之一，也可以进行个人分析，作为个人职业发展的评估工具，可以更全面地了解自己。运用这种方法，可以对研究对象所处的情景进行全面、系统、准确的研究，从而根据研究结果制定相应的发展战略、计划以及对策等。在SWOT分析法中，S代表（strength）优势、W代表（weakness）劣势、O代表（opportunity）机会、T代表（threat）威胁。这就告诉我们，在工作中要分析自己的优势与劣势，扬长避短，把握环境提供的机会，防范可能存在的风险与威胁，对取得成功有非常重要的意义。

SWOT分析法图示

教师从事的是教书育人的工作，但是每个教师对教育的理解、教学方法、教学风格等方面都是不同的，每个教师都有自己独特的魅力和特色。因此，在教师专业发展的过程中，既要重视层层递进、逐步提高的梯度发展，也要发掘独树一帜、特点鲜明的特色发展。对我校部师资队伍建设整体而言，梯度成长，特色发展，是科学和辩证的，对教师个人来说，是符合实际需要的。

开启特色教师工程，为教师发展助力

东北育才双语学校小学部不仅是学生成长的摇篮，也是教师发展的沃土。学校秉持科学细致和具体落实的工作理念，坚持“一把钥匙开一把锁”“一张方子治一个人”的工作方法，尊重教师个性，梳理教师想法，自上而下与自下而上相结合，为教师专业发展“量身定制”个性化措施，把教师引入了专业发展“快车道”。

一人一方是通过“会诊”“把脉”后的“处方”，是区别于其他教师的专业发展规划与措施。东北育才双语小学部独到的经验，是将每一位教师的专业发展与学校发展定位、发展目标、学科建设、课程改革、队伍建设、人文关怀有机结合起来，在符合学校建设发展要求的前提下，充分考虑教师个人的特长特点。在学校教师专业发展的“大树”上，形成许多不同个性专业发展的“分支”“分杈”，既满足教师个体发展的实际需求，也形成了学校期望看到的有不同层次竞相争艳的教师专业发展“良性生态”。

东北育才双语学校小学部开展特色教师发展项目，为有需求的教师搭建成长的阶梯，建立展示特色的舞台。第一阶段特色教师工程共有16位教师申请报名，包括数学、语文、英语、美术、音乐、体育、计算机、科学等学科。在这16位申报的特色教师中，有经验丰富的中年教师，有青年骨干教师，也有刚入职的新教师。这些教师年龄不同、经历不同、学科不同，但他们都怀揣对教育不灭的热情、崇高的理想和坚定的信念，在职业的道路上，他们不断尝试新的教学方法，研究教育理念，挖掘自身特色，积极投身到特色教师的队伍中。

在特色教师启动大会上，学校领导从学校与教师的关系解析了学部培养特色教师的意义与目的，从课程特色、文化特色等方面全方位地肯定了全体教师的工作态度、工作方法、工作智慧，也从学科教育、思维观念、师德师

风等角度对全体教师提出了殷切希望。

东北育才双语学校小学部特色教师发展方向列表

教师姓名	学科	特色方向	教师姓名	学科	特色方向
赵晓庆	语文	主题阅读	王丽坤	语文	国学研究
葛金韬	数学	生活中的数学	张　洋	数学	微课与翻转课堂
杨　喜	英语	English Fun	魏　强	体育	体育育人
惠艳君	美术	创意版画	张馨月	美术	扎染手工艺术
李明瑶	美术	陶艺研究	徐希晖	美术	浮雕研究
张冬悦	美术	国画研究	姜　妍	美术	软硬笔书法
孔剑寒	音乐	金号角管乐队	陈东升	信息技术	智能机器人
郜长源	信息技术	趣味编程	王誉诺	科学	奇妙科学实验

“教育的本质意味着，一棵树摇动另一棵树，一朵云推动另一朵云，一个灵魂唤醒另一个灵魂。只有教师有特色，才能摇动、推动、唤醒学生！学生的个性培养在于教师，而教师的个性培养则有赖于学校。申报特色教师，这应该是教师的一种自发意识、自觉行为，是教师自身专业发展、体现个人价值的内在需求，更是教师追求幸福、完整教育生活的一种情怀。学校愿意为每一位教师的个性发展、特色完善创造各种条件，鼓励教师开动智慧，进行创新，彰显自己的特色。”

特色教师工程的建立主要考虑以下两个方面：一是帮助具有一定教龄的、达到职业瓶颈期的教师找到自身职业新的生长点，促进教师持续发展，保持职业的动力和新鲜感；二是帮助青年骨干教师和新入职的教师更快地发

特色教师培养启动大会现场

展出个人特色，明确方向，找到职业定位。

截至目前，东北育才双语学校小学部的特色教师工程已进行了三个学期的时间，先后经过了申报与计划、践行与培养、汇报与考核三个阶段。在践行与培养阶段，学校以专家讲座、“百家论坛”、现代信息技术培训、课堂教学竞赛等为载体，有针对性地对申报的特色教师进行培训、指导。学校还为不同学科的特色教师划分小组，由学校领导、主任作为组长分别带领不同小组，有序、逐步地开展特色教师的相关工作。

在特色教师的汇报与考核阶段，学校专门成立了评审小组。评审小组突出“发展”“参评对象的评价主体地位”“过程”的评价思想，坚持全面评定与突出重点相结合，过程评定与终端评定相结合，评价与指导相结合的原则。在特色教师汇报大会上，申报的教师以多种多样的形式展示自己的特色成果，分享过程中的收获和经验，用他们的行为激励更多的教师加入到特色教师的行列中，推动着学校特色课程的建立，共同筑就教育理想。

特色教师工程发展历程

历程	步骤	主要工作内容
启动	申报与计划	特色教师工程启动大会、教师申报、规划特色、拟定具体实施方案。
第一阶段	探索与尝试	按学科特点划分培养小组，申报教师践行自己的特色之路，学校组织专家讲座、“百家论坛”、现代信息技术培训、课堂教学竞赛等活动对申报的特色教师进行培训、指导。
	阶段性汇报	特色教师阶段性汇报展示
第二阶段	改进与践行	总结上学期的经验与改进措施、拟定新学期具体实施方案、继续落实自己的特色之路、学校组织特色教师以课堂形式面向学校进行展示。
	阶段性汇报	特色教师阶段性汇报展示
第三阶段	反思与总结	以小组为单位，总结过往践行特色过程中的经验与改进措施、拟定新学期具体实施方案、继续落实自己的特色之路、整理过往留存的材料、录制特色微课。
	答辩与审核	申报教师以文字说明和微课展示的形式进行汇报、总结与答辩，学校对教师进行认定和审核，对审核通过的教师予以称号并颁发证书。

特色教师潜心发展，呈现职业新生命

回顾特色教师发展路程，对学校来说，特色教师的发展不仅可以提高教师队伍的质量，也有利于推进学校的特色，为学校注入了新的动力，增添了新的色彩。对教师来说，有付出、有收获、有欢乐，更有一份满满的职业幸福感。

（一）中年教师坚持教育理想，砥砺前行

有20多年教龄的经验型教师，如今步入职业生涯的后半段。是安于现状，等待退休，还是积极进取，继续发光发热？学校很高兴地看到，这些当年的中流砥柱，现在依旧活跃。他们有的成为年组负责人，在更广阔的领域施展自己的才华；有的成立工作室，将自己多年的经验倾囊相授；有的成为优秀教研组的领军人物，引领全组教师积极开拓，不断进步。

魏强老师已有20余年的体育教龄，担任体育组教研组长的他，在承担学校体育教学工作的同时，始终保持着对体育教育的热情，不断思考学校体育发展方向，潜心钻研体育教育理论，带领全组教师开展课题研究。他所带领的课题《校园足球健康发展模式与推广的研究》被纳入辽宁省科学规划课题，并已顺利结题。

在体育教学中，他不仅注重学生的身心健康发展、运动技能达标，同时向“育德”“育人”“提智”等多元化方向培养，以花样跳绳作为辅助教学手段运用到教学各环节，收到了良好的效果，形成了他独特的教学风格。魏老师还利用互联网，成立了自己的公众号，定期更新学校有关的体育活动信息，传播体育精神，受到了很多家长和老师的关注。

在谈到自己的特色时，魏老师这样说道：

“自己的特色是什么？我确实想了很长时间。1996年参加工作至今已经22年，我依然和孩子们在运动场上奔跑，像我这样的年纪还在操场上奔跑的不多了。我发现年龄在教育中不是问题，对工作保持热情，对运动保持激情，对学生保持友情，让体育课堂不仅是提高身体素质和运动能力，更是充满友谊、温暖和情怀的体育课堂。将常规做细，将教学活动做精，一如既往地坚持平凡，这就是特色吧。”

王丽坤老师的国学研究工作室，注重“博”“雅”“精”“活”“情”“趣”，多角度激发学生兴趣，注重开阔学生视野和多角度思维空间。并对古诗文课堂的目标进行了改革，在理解、背诵的基础上，着重培养孩子的朗读、记忆力、想象力、创造力和审美能力。通过讲授、自主学习探究，学生也可以做老师，讲故事，共同查阅交流资料，运用各种类型的教学方式，让课堂真正地“活起来”。教学内容也是汇集唐诗、宋词、元曲、散文等名著、名家、名篇，还容纳了《弟子规》《论语》等儒家经典，极大丰富了孩子的阅读范围。

品文课一直是我校自主研发的一门特色学科，是国学教育的一个阵地和窗口。王丽坤老师带领组员们率先开发了自己的教材，制定教学目标，研究教学方案，走在了省市传统文化教育教学的前沿。

王丽坤老师还组织学生参加多种多样、精彩纷呈的古诗活动，先后开展了“好诗行天下”，让学生带着诗歌放眼天下，歌颂祖国；“古诗新唱”活动，学生们热情高涨，国学的魅力熠熠生辉；我校一年级新生的“开笔礼”活动已经连续几年成为社会关注的焦点，成为孩子们入学的一项仪式，学文习礼，尊师重道的美德在学生心间打下深深的烙印；组织学生一起学唱京剧，带领学生排练的朗诵与戏剧结合的节目《军魂》，在2017年沈阳市中小学艺术展演活动中获得二等奖；连续三年参加省市的古诗文大赛，每一次都载誉而归。

在特色教师工程最后阶段的汇报与考核大会上，王丽坤老师铿锵有力地说：

“特色之路不是从今天开始，也不会在今天结束。路漫漫其修远兮，我辈将上下求索！”

王丽坤老师一直以弘扬我国传统文化为己任，夯实民族精神根基，在这样蔚然成风的历史洪流之下，摸索出了一条有着自身特色的国学教育之路。

申报特色教师，开设讲座，传授经验，这些教师虽然已经步入中年，但是参与教学实践，引领教学改革，他们绝不会屈于人后。他们活力依旧，不甘平凡，努力寻求新发展，并不会因为岁月的流逝而消退半分，他们依旧是学校的中流砥柱。

（二）青年教师梳理教育思想，找准定位

10年前，他们初出茅庐，还是初登讲台的新手，10年来，在学校规划、引领下，他们一步一个脚印，成长的步伐迈得坚实、喜人。现在的他们已经是学校乃至区域学科教学的核心力量，在各自的岗位上不断开拓进取，发掘自身特色，取得了优异的成绩。他们有的是市级、省级乃至国家级比赛奖项的获得者；有的年纪轻轻，已经成为学科组长、教研组长，工作干得有声有色；有的成为省、市、国家级课题项目负责人，用科研的思维开展工作，向着更高的目标迈进。

张洋老师是学校优秀的数学学科青年教师，还担任六年级的班主任工作。在日常工作中，他经常寻找创新点，使自己的教学工作形成个人特色。2015年，微课与翻转课堂的概念走进了他的视野，为尝试这一概念，他进行了大量的学习和研究。在学校的支持下，2016年5月首次将自己的探究成果以数学课的形式在全校进行了展示，引入了微课沙龙、在线测试等多种交互手段，取得了良好的效果。这些尝试，大大丰富了东北育才双语学校小学部在信息技术与课堂教学深入融合方面的实践与探究，并形成了在微课、码课和翻转课堂等方面的育才特点。

2017年特色教师工程开启，张洋老师作为首批申报的特色教师，成立了个人“张Sir微课工作室”，结合自己对多媒体互联网的熟悉与喜好，独具匠心地将学生们的生活点滴，制作成图文并茂的电子文摘方便家长阅读，了解孩子们的校园生活。此外，利用空余时间，张洋老师还为学生录制了许多微课，提供给学生周末在家复习使用，提高了学生学习的效率。不断创新的他，还引入了二维码制作“码课”，只要扫一扫二维码，就能进入到“学习园地”在线学习。

通过自己的努力，张老师逐步形成了个人特色的系统教学，先后获得了“沈阳市十佳创新教师”、沈阳市优质课特等奖、辽宁省教育厅优秀课例一等奖、教育部部级优质课等荣誉，并在2018年第二届小学数学核心素养导向的课堂教学展示活动中取得了一等奖第一名的好成绩。教学需要探索，学习永无止境，在特色教师工程的规划指引下，他不断尝试，大胆创新，在特色教师的路上继续前进。

陈东升老师是学校里出名的计算机能手，年纪轻轻的他已经成为信息技术组的教研组长。2017年学校特色教师工程启动后，他率先成立了自己的“智能机器人工作室”。

早在4年前，陈东升老师就开始在日常教学之外的时间挖掘自己的教学特色，培养、发挥自身特长，利用学校的兴趣课开设“智能机器”这门活动课程。课程以乐高机器人为载体，带领学生进行了跨学科的综合性STEM课程，开启了智能机器人的系统学习。课程实现了自动控制、计算机和通信技术、传感器和机械工程等多个学科领域的融合交互。

到目前为止，课程已历经了完整一轮的教学实践和探索，学生在这个过程中涉猎了计算机、数学、物理、工程等方面知识，这种多学科的综合性、合作性学习，无疑为学生呈现了更为立体的知识结构、更为多元的思维方式、更为活跃的创新能力和更为宽松的学习空间。

在受到学生的喜爱、家长的赞誉、学校的支持与肯定下，陈东升老师先后获得了市优秀论文一等奖、市优质课，并在2018年首届中小学信息技术STEM优秀教学教研展评活动中取得了一等奖第一名的好成绩。在学校特色教师工程的规划指引下，朝着既定的目标，他不断创新，不断成长。

在东北育才双语小学部，这样年轻有为、不断进取的教师还有很多。这些青年教师目标明确，冲劲十足。在特色教师工程的开展下，他们扎根教学，勇于挑战，梳理并形成自己的教育教学思想，找准自己的特色和定位，参加教学评比，进行特色教学展示，教学第一线最活跃的就是他们的身影。

（三）新入职教师加快发展脚步，快速成长

10年前，他们走进大学的校门，为成为合格的教师做准备。5年前，他们走进东北育才双语学校小学部的校门，开始规划自己的职业生涯。5年来，他们以自己制定的成长规划为导向，引领自己脚踏实地，不断进步，并逐渐在各个领域崭露头角。有的长于课堂，已经在区域层面公开展示教学；有的善于思考，撰写的论文或发表，或得奖；有的特长突出，带领的团队屡获佳绩。他们是学生最喜欢的教师，也是学校未来的希望。如今，学校的特色教师工程为他们的成长再次助力，帮助他们在梯度成长的基础上更快速地发展。

张馨月老师，工作3年，负责学校的美术教学工作，在特色教师工程中开设了“扎染手工艺术研究工作室”。张馨月老师以扎染艺术为媒介，实现了绘画技法与传统的染色工艺相结合，带领学生在意向的晕染效果中体验色彩与结扎方法、力度的奇妙变化，并将扎染布艺制作成生活衍生品，投入学生的日常学习生活中。张馨月老师立足于民间传统手工艺，让艺术与学生的生活紧密联系，培养了学生的文化自信，让学生体会了我国传统文化之美。在学校特色教师工程的规划指引下，她迅速成长，在形成个人特色的同时，也为传承我国非物质文化遗产贡献出自己的一份力量。

王誉诺老师，工作1年，负责科学教学工作，在学校特色教师工程中，成立了“小牛顿科学工作室”。王誉诺老师结合学科背景和学生特点，设计了不同层次的科学实验，如自制水火箭、太阳能小车、电路连接、牛奶彩虹、搭纸桥等实验。通过丰富有趣的科学实验，让学生在科学探索中学会独立思考，主动构建知识体系，培养学生的创造力，逐步培养学生的科学精神和科学思维，受到了学生的喜爱。在学校特色教师工程的规划指引下，她不断积累经验，明白如何更好地上好科学常规课，在梯度发展的基础上，她加快脚步，迅速成长起来。

这些特色教师是学校众多优秀教师的缩影，在他们的背后，是东北育才双语学校小学部不断追求卓越的坚定信念。拥有这些优秀教师的学生是幸运的，拥有这些优秀教师的学校是自豪的。随着时代和社会的发展，教育的理念也在不断改进，但无论教育的大环境发生怎样的改变，东北育才双语学校小学部始终认为教师是学校发展的核心，重视教师的专业发展，也正是这份一如既往的重视，使得学校的师资队伍水平不断提高，始终处于较高的水准。一代代的育才人用自己对教师这份职业的信念和执着抒写着专业成长之路，而作为教师职业新生长点的“特色教师工程”也将继续帮助和支持教师发扬自身特色，以教师特色推动学校特色，不断创新，继续前行。

多维研修促专业提升

在职教师专业研修，体现着一所学校的活力所在，自然也是育才双语小学部非常重视的工作之一。为此，我校部从课堂研修、课例研修、课题研修三个维度，为教师提供着提升的空间、创新的平台。

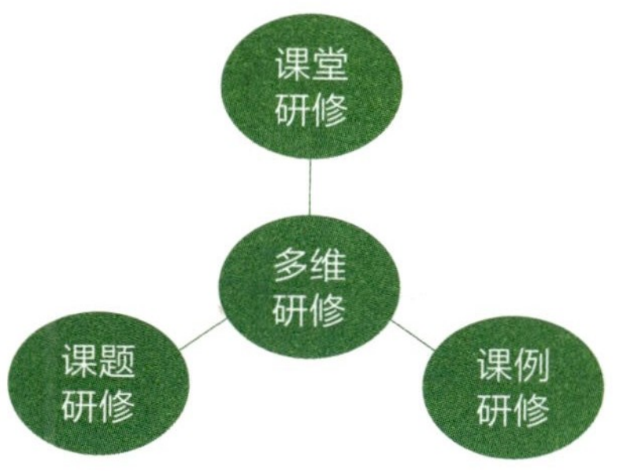

关注课堂，让研修处处扎根

课堂是学校育人的主渠道，是学生学习的场所。课堂“lesson”一词，来自拉丁语“lectio”，代表阅读和说出来。“运用智慧和创造力挖掘无限生机与活力，把课堂营造成生动活泼的学习乐园，让学生在愉快的学习环境中自然、有序地学习和操练，不断提高口语交际能力”，是每一位教师每天都要思考的动力，是每一位教师每天都要改进的专业技能。

各教研组更是结合我校部实情，制定了研修方向，明确了学科工作重心，并以学段教学模式、新课程形态研讨作为有力抓手让研修处处扎根。

（一）小舞台大世界，积跬步成千里

小学学段是学生语言发展的黄金时期。《语文课程标准》明确指出：小学学段要规范学生的口头语言，提高学生的语言表达能力，培养良好的听说态度和语言习惯。语文教研组从一年级新生刚刚入学开始，就确立了培养学生表达能力的工作目标，并围绕着工作目标开展系列教学活动。

教师不仅在课堂上结合文本内容训练孩子大胆表达、自信表达、规范表达的能力，还在语文课前设置“风采展示台”环节，让每一个孩子都能有机会走到教室前面与老师、同学进行面对面的交流：有的讲自己喜欢的童话故事，有的配着优美的音乐朗诵诗歌，还有的自编自演情景剧……

此外，教师还设计了“自信表达小明星”奖章奖励班里表达能力突出的学生，以此激励更多的学生敢于表达、乐于表达、善于表达。同时，“自信表达小明星”奖章也让所有任教教师更为直观地了解学生之间表达能力的差异，做到因材施教，形成学科合力，共同促进学生表达能力的整体提升。

在语言发展的关键时期，教师的点滴心血，必将点燃学生表达的热情，为学生的语言发展、思维发展、终身发展奠定坚实的基础！

（二）在生活中寻找点滴，竹露滴清响

东北育才双语小学部自孩子们踏入校门的那一刻起，就将“培养好习惯”落实到每一处生活细节。数学教研组从一年级开始，为帮助学生养成规范、认真书写的良好习惯，引导他们在生活中寻找数学、在游戏中寻找数学，感受数学的魅力、享受数学的乐趣，开展了“生活中的数学”系列活动。从一年级上学期的活动启动，到数月后全员上交活动成果；从耐心指导握笔、书写，到一幅幅有模有样的数字书写作品；从课堂上数学概念的讲解、数学思维的引导，到利用假期走出课堂的社会实践……孩子们真真切切地感受到数学就在我们的身边，我们的生活离不开数学。数学活动的有效开展，促进学生良好书写习惯的养成，唤起学生对数学学习的浓厚兴趣，培养了学生的数学意识和创新思维能力。学生深深地感受到学数学其乐无穷，生活中数学无处不在。相信数学已在孩子的心中焕发出美丽的光彩！

（三）以活动激趣促学，采菊行相寻

英语，作为一种交际工具和传播文化的载体，来源于生活又回归于生活。能够让学生自信、大方地表达，自如地运用英语，是英语学习的终极目标。一直以来，我校部都将英语课程定位在一个开放的体系上，努力贴近实际、贴近生活。

我们深知，“玩”是儿童的生活内容，“游戏”是儿童重要的学习方式，而“活动”应是小学英语教学的主要形式。因此，在一年级我校部就开设了英语活动课。活动课上，教师不再使用教材，而是以“激趣”为目标，根据一年级学生的具体情况选择主题，围绕所选主题安排听、说、读、唱、演等活动。

在Introduction活动课上，任课教师为学生搭建了展示自我的平台，创设情境，在活动中感受英语的魅力并渗透规则意识，努力让学生用最短的时间适应小学的生活，并做到自信、大方地表达。在Body活动课上，任课教师把小丑制作成巨型海报，将小丑这类学生既熟悉又感兴趣的形象引入活动中，由学生自己动手指出其身体各部位的英文名称。在Fruit活动课上，教师把仿真水果带入活动中，在一个个形象逼真的仿真水果面前，孩子们又激动又兴奋，一个个英语单词不由自主地脱口而出，活动结束后很多同学都说：“老师，我真想咬一口。”在Animals活动课上，教师通过情景再现的方式，带领学生认识动物，鼓励学生扮演自己喜欢的动物，并与其他动物交朋友。除了精彩纷呈的活动课之外，英语组也一直坚持将“每周一歌”活动作为英语活动课的常规内容，根据不同的活动主题学习不同的英文歌曲。

坚持学生参与、体验、亲身实践、独立思考、合作探究，以学生为主体，以活动为主线，引导学生“在做中学，在学中做”是英语组一直以来的教学方式；充分调动学生耳、口、眼、手、脑协同“作战”的能力，培养学生语言技能、语言知识、情感态度、学习策略及文化意识的综合语言运用能力是英语组一直以来的教育目的。未来，育才双语小学部英语教研组会继续“将常规做精”，继续坚持“全心全意做教育，潜心研究做导师，想方设法去点燃”。

（四）学科整合校本突显，如切如磋如琢如磨

为丰富学生的情感世界，弥补学生感性材料的不足，进一步完善教学内容，构建自主学习的教学模式，育才双语小学部结合《信息技术》课程和《看世界》课程的特点，将两门课程进行整合，两门课程的任课教师共同组织开展了“小生命、大世界——神奇的微观世界”的学科活动。

活动中，教师率先引导学生自主观看了视频《微观世界》，促使学生对

微生物及昆虫有了一定的了解。随后，教师播放了昆虫摄影师的作品，照片中的昆虫五颜六色，背景仿若仙境，一张张照片将学生带进一个神奇的世界。最后，在教师的指导下，学生用“搜索引擎”搜索了微距照片。照片中有蜜蜂采花、蚂蚁搬家、甲虫大战、蝴蝶钻出蛹壳、蜘蛛吐丝缠裹猎物、蜗牛互相拥抱等各种有趣的场景，在这些小动物的眼里，茂草变成了树林，小石头变成了高山，小水滴形如汪洋大海。学生们第一次如此清晰地看到这么多昆虫，一个个惊讶不已。

教师将“信息技术”当作学生“看世界”的工具，极大地调动了学生的视觉、听觉，多角度、全方位地把学生带入一个崭新的环境，更有利于学生自主获取信息、探索问题、协作讨论、解决问题。在此过程中，学生不仅熟练掌握了搜索引擎的使用方法，还了解到昆虫虽小，但其智慧和勇敢令人敬佩。它们的世界自然而美好；它们的工作令人起敬。我们人类要保护环境、爱护动物，在大千世界中与所有生命和谐相处。

课堂是学生在校学习的源头，只有各学科教师不断地研修，根据教学实际创设必要的情境，给学生提供课内实践的机会，让学生在特定的环境中进行实践体验，使学生在活动中感悟道理、体验情感、规范行为，才能让常规教学这渠水清起来、活起来。

聚焦课例，让研修时时发力

东北育才双语小学部，一方面，“请进来走出去”，积极邀请上级部门为教师做专业理论培训，支持、鼓励教师脱产到校外进行观摩学习；另一方面，“自我发掘”，借助校内的省市明星教师资源，以课例为载体，在教学行动中开展研修活动。这样，以优秀教师的教学智慧作为专业资源，引导教师团队专业学习、专业成长。

（一）积极推进常态课堂教学改进，打造以学生为主体的“三动学堂”

在减负增效、规范办学的背景下，结合以两项“关注”、三个“还给”、四点“原则”为主要标志的东北育才学校常态课堂教学标准，我校积极推进常态课堂教学改进，打造以学生为主体的生动、主动、互动的“三动学堂”，构建以班级授课制为基础的符合新课程理念的高效益课堂教学模式，促进教师的专业发展。

学生学习的过程应该是一个学生亲自参与、丰富、生动的思维活动，经历一个实践和创新的过程。让学生成为学习活动的主人，教师成为学生学习的组织者和合作者，并不是权威的讲授者。教师可以根据学生的提问或者活动中可能出现的某些情况，提供示范、建议和指导，引导学生大胆阐述并讨论他们的观点，让学生说明他们所获得结论的有效性，并对结论进行评价。在学生学习过程中，教师要关注：主动探索，完整表述，有效合作，思维活跃。对课堂效果的评价，要从互动、主动、能动三方面着手。

数学教研组的于晶老师完成了一节公开课《展开与折叠》，其中融入了她在“三动学堂”创建过程中的实践经验。课前，她按惯例送给学生一句名言“数学的本质在于它的自由”，着眼点在“自由”二字，希望学生能够在课上自由发挥、不拘束，主动参与。同时，她还带着学生做了小游戏“找相对面”，既让学生动起来，对相对面有了很好的体验，又为新课难点的突破做好准备。课上，于老师采用实践探究教学法创设情境，引导学生剪出正方体的展开图并贴在黑板上，感受展开图的特点。再引导学生思考，自主探究判断正方体展开图的方法，并交流讨论。在剪开正方体的时候，学生的剪法虽然很多，但是，所呈现的结果相对单一，未能把11种展开图都汇报出来。

课上，学生只汇报出5种情况。没办法，她只能按着预设随着学生的汇报，引导他们去发现展开图中相对面的规律，再用学生总结出来的“一字形”“Z字形”判断其他未出现的、课件中已经准备好的展开图来验证。至此，新授结束。

《展开与折叠》，作为一节常态课型的公开展示，于老师努力展现原生态的课堂，从学生操作、探究、回答问题体现主体地位，到教师设疑、引导、归纳、总结的主导地位，呈现的都是最自然的状态。多数学生在课上没有拘束、不自在的感觉，就是面对着自己的老师，想到什么、交流什么，彼此沟通，轻松地度过了40分钟。

于老师在课后反思时这样陈述。以“生动”“主动”“互动”为核心的“三动学堂”的创建在我校数学教研组已经开展了两个学期了。“三动”，力图让学生在动中学习数学，在学习中发展数学思维。我将自己对三动学堂的理解诠释为：生动，全员参与，在氛围中学；主动，开启童心，在情境中学；互动，放飞心灵，合作中探究。本节课的教学，我把着眼点放在如何引导学生自主探究知识、获得知识上，以学生自主探究、合作交流为主线，引导学生经历数学知识的生成过程和应用过程，加深对所学知识的理解。

说实在的，在备课环节我下了不少功夫。正如有的老师和我交流时说的，感觉这样的课内容太少、太简单了，不知道该讲些什么。看了你的课，我才知道，这里面还藏着这么多有趣的知识呢，而且判断正方体相对面的方法太好用啦！

初备课时我也有同感。我不断地修改教案，还借鉴了网上的优秀课资源，深挖了知识内涵。正式上课前，一次不太成功的试教，让我感到新授内容安排得过杂、过乱，不好把控时间。通过组内集备，同事帮我想办法，确定了新授主线，即通过相对面的特点进行判断（平面图是否为正方体展开图）。感谢组内同事通过教研，切实地帮我解惑。

（二）聚焦核心素养，关注学生思维培养

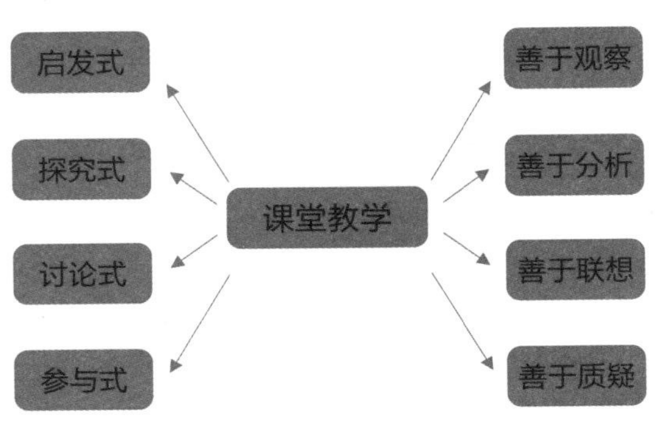

闫楠楠副校长是沈阳市首席教师，在教学方面不断创新。她曾以《借助八种思维图示法培养学生的思维能力》给全校教师做过培训，倡导教师在课堂上积极发展学生的分析、综合、判断、推理等思维能力，致力于培养学生的质疑意识、思维品质和创新精神，引导学生既要善于合作学习和讨论交流，又要养成独立思考的学习习惯。

学生的思维品质和思维能力是在各门学科的学习过程中逐步锻炼和培养起来的。因此，教师在课堂教学中应当更多地运用启发式、探究式、讨论式、参与式进行教学，促使学生善于观察、善于分析、善于联想、善于思考、敢于质疑。教师要传授学生思考的方法，培养学生独立思考的能力，不能代替学生思考，“让学生思考的不仅是‘是不是’‘是什么’，还要包括‘为什么’‘可能是什么’‘为什么不可以’……”教师要善于保护和发展学生的想象力，激发学生的探究精神，不能禁锢学生的头脑，扼杀学生与生俱来的好奇心、探究欲和想象力。教师要鼓励学生大胆质疑，要给学生创造思辨的机会和环境，让他们在解决问题的过程中大胆推测、激烈争辩，从而使思维的广阔性、深

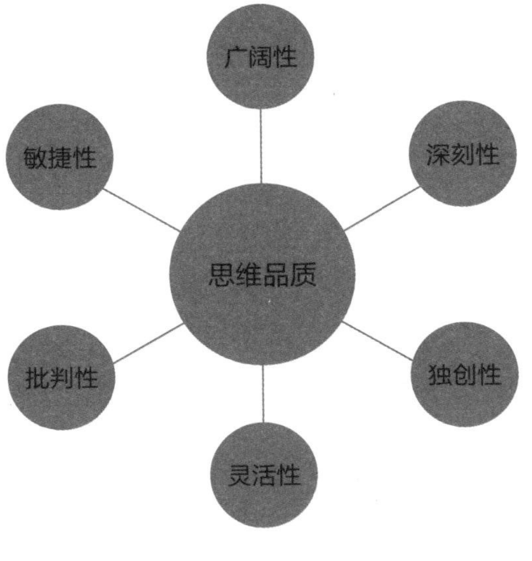

刻性、独创性、批判性、灵活性、敏捷性得到有效锻炼。

同时，副校长闫楠楠还给大家介绍了思维教学行之有效的方法：思维图示法，也叫思维结构图。这个方法比思维导图更简洁、更直观、更易操作。学生掌握后，根据实际需要再去画思维导图就会更实用，为培养学生的思维品质找到一个有力的抓手。

张洋老师是一个业务能力非常强的优秀青年教师，他以敏锐的职业嗅觉，带动学生在数学课堂上不断地汲取知识，不断地增长能力。他做过这样一节公开课——北师大版六年级上册《整理与复习》。学生们在课上发散思维、创新思维，将所学的知识依个人理解重新梳理，彼此分享高效复习。此课获得专家的一致好评，在“一课一优”活动中，被评为“部级优秀课”。这个好成绩的取得，既是学校的骄傲，更是全体教师学习的榜样。

附：

<table>
<tr><td colspan="6">基本信息</td></tr>
<tr><td>学　科</td><td>数学</td><td>年　级</td><td>六年级上</td><td>教学形式</td><td>传统+PAD</td></tr>
<tr><td>教　师</td><td>张洋</td><td>单　位</td><td colspan="3">东北育才双语学校</td></tr>
<tr><td>课题名称</td><td colspan="5">《整理与复习》（北师大版六年级上册）</td></tr>
<tr><td colspan="6">教学目标</td></tr>
<tr><td colspan="6">1. 通过小组合作利用PAD制作思维导图，经历整理所学知识和方法的过程，进一步理解和掌握所学内容，感受知识间的内在联系。
2. 能够尝试回顾解决问题的过程，并正确表达自己的想法，进一步养成自我反思的习惯。
3. 通过整理每个单元知识内容，设计每个单元的思维导图，汇报小组的设计，在线测试等活动，养成自觉整理所学知识的良好习惯，初步养成乐于思考、勇于质疑、言必有据的良好品质。</td></tr>
<tr><td colspan="6">教学重难点</td></tr>
<tr><td colspan="6">教学重点：复习和整理每个单元的知识点，设计和制作每个单元知识的思维导图。
教学难点：对知识点间的内在联系的把握。</td></tr>
</table>

续表

教学过程
一、微课引入 在过去的两个月，通过微课+翻转课堂的形式，学习了圆、分数混合运算、观察物体和百分数四个单元。这节课，我们一同对这四部分知识进行整理与复习。首先通过一个微课对近期所学做以简单的回顾。 二、活动新授 1. 小组合作制作思维导图 简单回顾了上半学期学习的四个单元内容，每个单元都具体学习了哪些知识呢？下面请同学们以小组为单位，结合教材，选择四个单元中的一个单元，利用手中的ipad整理和设计这个单元知识内容的思维导图，并将设计好的思维导图分享到班级公共白板。一会儿请各小组派代表上前面来向大家汇报，同学们一同改进设计，让设计更加完美。 2. 汇报并完善设计 三、在线测试 小组合作进行了整理与复习，那么下面就需要各自为战，通过练习检测同学们的掌握情况了。打开PAD扫二维码读取试题，完成线上测试。 四、布置作业 在过去两个月的学习过程中，同学们问过很多奇奇怪怪的问题。今天我选取了三个有趣的问题：圆面积公式的推导方法，能否推导出其他公式呢？书上说圆周率是无理数，什么是无理数呢？“降水概率”是什么意思？针对这三个问题，老师搜集了相关文章和视频制作了码书，请各位同学扫码，课下点击浏览阅读。今天的作业就是从三个问题中选取一个，结合自学微课，写一篇数学日记。

课上，学生分组制作出如下思维导图：

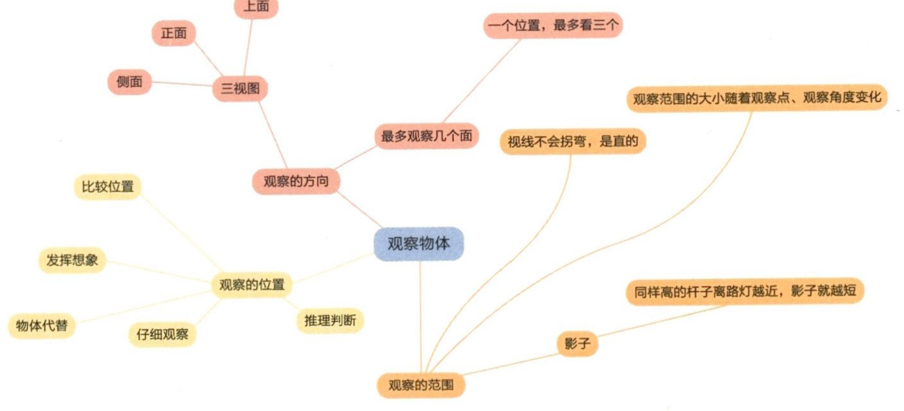

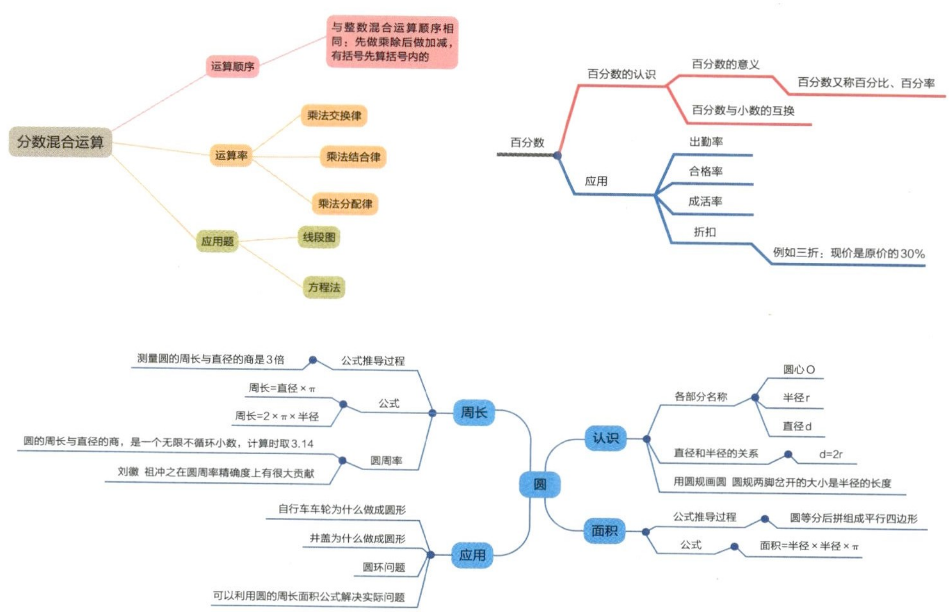

育才双语小学部就是这样，在专题研修引领下，在师师之间形成互动，改进教学、促进学科发展，提高教师专业能力。聚焦课例，让研修时时发力。

精选课题，让研修锦上添花

从教师专业成长的角度来看，教师的专业知识拓展、专业能力提高和专业情意发展，都离不开研究。美国学者波斯纳认为：教师成长＝经验反思。国内外许多教育家，如美国的桑代克、我国的陶行知等人，他们都是教师出身，他们在工作中研究、在研究中工作，探索出教育的真谛，成为大教育家，被后人敬仰。

（一）学校统领小课题促专业发展

每一年，我学部都会召开“小课题的设计与申报”培训会。邀请省、市、集团内相关专家为教师做培训。

沈阳市教育学会副秘书长、《基础教育论坛》杂志社记者宁炜主任曾对“小课题”的发展进程、撰写格式、注意事项以及教师在撰写研究方案时的易错点等关键内容进行了培训。他再三强调，作为一线教师，绝对不能忽视自己宝贵的经验，要有经营自己的意识。集团人力资源部安冬冰主任也为全体教师做过《如何成为研究型教师》的专题报告。安主任将长期从事科研工作的经验，多次参与省市及集团课题评审工作的感受与一线教师进行分享。安主任从成为研究型教师的路径谈起，结合2017年我校部小课题结题情况，关注教师在课题研究中的困惑，清晰明了、深入浅出、娓娓道来。小课题应该研究什么？研究报告应该如何撰写？安主任将理论性知识与大量案例相结合，既有理论深度，又有具体操作方法，鼓励教师做有想法、有实践、有探索的小课题，做有实效、有实证、有影响的优秀课题。

一次次请进来的讲座，促进教师将问题困惑转化为课题研究，通过课题研究提升教科研能力，从而带动教师整体专业素质的提升。

学部领导也多次在教研会议上呼吁：作为育才教师，我们需要不断提升教育教学水平，提升的最佳途径就是对教育教学中的现象和问题进行研究，通过对“小课题”的探索不断扬长补短、度过自身发展的瓶颈期，全体教师应努力提升工作质量，做更专业、更幸福，有品位、有情怀的育才人。

通过培训，教师们深刻地认识到，对于学生的学习，我们常说“学而不思则罔，思而不学则殆”，对于我们教师而言，则是“教而不研则退，研而不教则废”。未来，我们会更加强化科研意识，做一个顺应时代潮流的研究型教师！

我校部的李其浓老师，就是众多积极参与小课题研究的优秀青年教师中的一员。她为每个学生准备了一个档案袋，鼓励学生根据自己的兴趣爱好设计档案袋封面页，借用明信片的形式注明学生姓名、年龄、班级、档案袋编号等信息，提倡设计能体现自己个性的标志和图案，提高研究对象参与的热情。

李老师向学生明确制作英语档案袋的目的，要求学生正确有效地运用档案袋，明白档案袋的主要参与者是自己，是对自己英语口语能力的真实展现。档案袋评价的不仅是口语考试成绩，还包括学习过程的评价以及课后作业完成情况的评价，使学生做到心中有数，有意识地提升自己各方面的表现，能从档案袋中看到自己纵向的成长。向每一名学生介绍英语档案袋的特征，确定要收集的内容和收集的次数、频率以及英语口语档案袋评价、评分方法，要求学生正确有效地运用形成性评价，每月根据评价的内容，定时进行交流与总结。按计划开展档案袋评价，根据制定好的评价计划，按时、定期开展各项内容的评价，例如：口语考评、课堂行为观察、自我评价和学生互评、利用反馈单督促家长参与档案袋评价等等。并创新性地利用互联网多媒体手段进行口语能力测评，开展英文卡通短片配音、课后口语展示和评价活动，调动学生参与的积极性，拓展学生学习行为的观察渠道。

经过一年的研究，档案袋评价功能突显。档案袋评价能够提高学生的口语能力并且激发他们的英语学习兴趣；档案袋评价应用到英语口语教学中取得良好效果；档案袋评价帮助教师了解每个学生英语口语学习情况并针对学生特点辅助学生掌握学习技巧，根据学生的综合评价结果制定教学方案，最终使英语口语的教与学均有所改善。

（二）自主申请课题以研解困

一名师范毕业生由新教师成长为合格教师，需要师从有经验的老教师；而从胜任教师再次成长，则需要通过不断地探索与研究，用敏锐的触觉、理性的思考、大胆的尝试，创造性地改进工作，形成独特的教学风格，成为行家里手。

数学教研组长赵民强老师多年从事高年级数学教学工作，如何加强学堂建设引发了他的思考。他曾经申请了课题《开展讲题活动——以数学语言表达促进数学思维能力》。结合学校开展的打造“三动学堂”活动，在对“三动学堂”的内涵及其实际操作进行深入研究的过程中，他也更加明晰了“三动学堂”的主旨和要义。在课堂上培养学生“主动、能动、互动”的能力一直就是他数学教学工作的重中之重。学生为主体，“课堂”变“学堂”，学生已经突破“羞于说、不敢说”，能够勇敢、自信地表达自己的观点。

他所带领的研究团队，始终坚持培养学生用数学语言讲题的能力。数学老师在课堂上注重指导学生用简洁的数学语言概括题意、讲解解题过程，确保每周都能抽出时间让学生讲题。负责讲题的学生可以根据自己的兴趣爱好选择喜欢的题目，也可以根据自己的能力选择易错题和思考题，提前准备PPT，做一名“小老师”为大家讲题，其他同学会针对“小老师”在讲解过程中暴露的问题进行补充或纠正，也会根据“小老师”的启发想出其他解题的方法，最后再由教师做总结。就是这样的讲题活动，不仅使课堂氛围更加活跃，解题思路得以拓展，也使学生由最开始做“小老师”的“胆怯、紧张”逐渐变得“自然、大方”。更重要的是，学生多了一分学习和钻研数学问题的热情。

讲题活动的开展，使学生的数学语言表达能力与数学逻辑思维能力都取得了长足的提高。在讲题活动中，研究团队也发现，教师从“教”转为“导”，从“主角”转为“配角”，做一位学生学习的促进者，学生在课堂上就会更加的主动，讲题活动也会收获更多的惊喜。

党的十八大以来，我国足球改革发展迎来了前所未有的大好机遇，同时如何促进足球事业健康、快速地发展也面临着巨大的挑战。资料显示，2015年教育部认定全国8627所中小学校为全国青少年校园足球特色学校，2020年将达到2万所。这对足球特色校的建设与发展提出更高的要求。如何在校园中建立系统科学的足球教学年段标准，结合不同年段开展丰富多彩的足球文化活动，让更多孩子参与到校园足球发展中来，引发体育教研组长魏强老师的思考。鉴于此，魏老师带领体育组自主开展了《校园足球健康发展模式与推广的研究》的自主课题研究，申请了省级课题并且顺利结题。

教师参与研究，提升自我反思能力。通过研究了解教学行为的意义和作

用，提出切实可行的教育改革方案，从自身不足入手，采取行动改进工作。

目前，学部教师中有21人获得国家级优秀课，90人获得省市级优秀课。学部现有省特级教师1人，市首席教师2人，市名师2人，市骨干教师17人，16位教师获评沈阳市优秀教师、优秀班主任、优秀中队辅导员等荣誉称号。

教研为教师打造出一个蓄积能量的平台，一个寻求质变的阶梯。多维研修，思想在碰撞中迸发火花，观念在互换中开拓升级，方法在交流中更新迭代，教师在专业成长的路上腾飞。研修历程虽艰辛，但看到百花齐放的盛况，我们的内心仍是幸福满满。

提升教师专业能力是学校的根本使命，这是一段永远在路上的旅程……

爱与责任涵养治班之道

走进教室，孩子们争先恐后围在班主任老师身边，你一言我一语，叽叽喳喳，一天的学习生活开始了。可以说一个班级就是一个家，师生在这里享受家的温馨与快乐。每一天，老师饱含信任的目光，发自内心的赞美，不经意间在学生的心灵深处感光显影，让学生们孕育在爱的旋涡里。班主任对学生的爱，是师生心灵之间的一条通道，是开启学生心智的钥匙，是用以点燃学生心灵的火焰。在这里，爱在左、责任在右，班主任老师随时播种，随时开花。

相信一步一步前行的力量

（一）做一个像“师父”一样的班主任

每个怀揣梦想的年轻人来到育才双语校园，是稚嫩、朝气，充满激情和干劲的，他们渴望成熟、老练，成为家长、学生心目中的好老师。在学校举行的“拜师会”上，师父说：“做一名合格的班主任老师，需要用一辈子的时光去锤炼。”当一名好老师的愿望在青年老师的心中深深地扎下根，他们笃定的眼神闪烁着光芒！

一位青年班主任曾在工作日记中这样写道：班上有一个叫涵涵的女孩，因为脸上有一块很大的伤疤，常常低着头，非常自卑胆小。我不知道该怎么帮助她，其他同学的踊跃积极让我无法拒绝，而她的表现让我非常担心。师傅告诉我：“面对这样的学生，爱是唯一的选择。”我该如何把我的爱表达出来呢？课堂上我找一切机会表扬她，课后时不时和她沟通几句，没想到一年后我和涵涵成了无话不讲的好朋友。她也渐渐自信起来，抬起头，快乐地生活。在对一个又一个学生的关爱中，我也在不断地修炼自己。不管是遇见顽皮的学生、习惯极差的学生，还是遇见患有多动症的学生，都能耐心疏导、注重赏识、心灵交往、情感凝聚，用童心母爱让学生都抬起头来，人人获得成长。我的师傅话不多，但她的话总能给我启发和思考。学生长大，我也获得成长。

有班主任在，学生能做好，这个班主任基本合格；班主任不在，学生能做好，这个班主任很优秀。班主任这一角色，时时刻刻影响着学生的一言一行。每个班主任都有自己的独特之处，有人“严”字当头，有人“爱”在心中，有人信奉“天道酬勤”，而有的人则软硬兼施……但不管何种方法，只要运用操作得当，班级就会呈现出“严谨、有序”的氛围、“活泼、拼搏”的氛围、“民主、平等”的氛围……这一切都与班主任有着密切的关系。青年教师从师傅身上学方法，学态度，慢慢又有了自己的带班风格、治班之道。不论是怎么样的一种风格，大家都有这样一个共识：爱孩子是班主任老师最大的责任。

青年辅导教师成长方案

（二）做一个专业、智慧的班主任

目前，我校共有58个教学班，班主任中大部分是经验丰富、工作能力强的中年教师，也有部分精力充沛、充满激情的年轻班主任。总体上讲，我校班主任队伍层次较高，配置合理。

中年教师是我们育才双语小学部的主力军，是开展教育教学工作的主要承担者。公开课展示上，他们激情澎湃、风趣幽默，掀起课堂上一个又一个高潮；班会课上，没有生硬的道理，仅他们那一箩筐励志故事就够让学生听上几年；运动场上，他们俨然是运动健将，鼓励学生不服输，敢于尝试；头脑风暴交流中，他们总能抛出独特的见解，令青年教师豁然开朗。

青年教师是个宝，中年教师也是个宝。国学大师季羡林曾说："我们中年人或老年人，不应当过了青年阶段就忘记了自己当年穿开裆裤的样子，好像自己一生下来就老成持重，对青年总是横挑鼻子竖挑眼。我们应当努力理解青年，同情青年，帮助青年，爱护青年。"我们的中年老师正是以季老的情怀帮助青年教师，并感到自己也受到青年人的影响，更富有活力和激情。青年教师和中老年教师互相学习、取长补短，为了爱、为了教育的责任，走一步再走一步，一直走下去。

（三）头脑风暴助力育人能力更上一层楼

当一群人围绕一个特定的领域展开研讨时容易产生新的观点，这种情境就叫作头脑风暴。头脑风暴来源于美国英语词汇"brainstorming"，《牛津高阶英汉双解词典》对此的解释是："A way of making a group of people all think about sth at the same time, often in order to solve a problem or to create good idea."有点类似汉语的"集思广益"的意思。头脑风暴法又称智力激励法，是现代创造学奠基人美国奥斯本提出的一种创造能力的集体训练法。我们就是利用这样的"头脑风暴"，有效地激发了教师成长的内驱力。在具体的实践中，我们是这样做的：

育才双语学校小学部针对不同学年段、不同个性的孩子所反映出的典型问题，在辅导教师团队里举行了一次"头脑风暴"。活动共有三个环节：小组头脑风暴、代表总结陈述、智囊团做点评。在总结陈述环节，老师们跳出事件本身，通过不同角度、全方位地对案例进行了分析：如何引导孩子学会控制情绪表达情感，怎样帮助孩子改掉拖拉的坏习惯，应对小学高年级学生青春期叛逆心理等问题。六个年组，六个经典案例，看似平常，却又非常具有代表性。活动中，老师们借助"头脑风暴"来调整思维，激发潜能，碰撞出来的教育思路能帮助老师们日后更好教育学生。由学生发展指导处范伟、王岗、孙洪秋三位主任组成的智囊团凭借多年教育经验，给出了保护和培养学生创造性，关注学生身心健康，感统失调儿童需要时间转变等方面的中肯建议。现场时而安静，时而热烈，流动的思维、智慧的方法彰显了育才人对教育事业的卓越追求。

活动结束，校长这样说："我们要走的路很长，一个人走可能很快；几个人一起走，会走得更远！在教师培训实践中也是这样，一个人独立地参与，所得必然有限；与同伴一起就教育的关键要素积极进行多方研讨，那么，个体的思维会在团体的智慧中完善，个体的感悟也会在团体的前进中升华。学生之间的大事、小事需要教师第一时间做出判断和指导，我们也相信这样的活动后，老师的收获也一定会促进学生的成长。"

为了每一朵唯一的花

"现在的孩子，真是越来越难管了！"全社会都发出这样的抱怨。现在的孩子成长的环境与过去相比有了很大的区别，他们出生后就享受改革开放的成果，物质世界极大丰富与满足，世界观也随之发生转变。同时，父母钟爱子女却由于现实条件、教育观念等问题，或多或少存在"只养不育"的问题：有的父母将养育子女的责任推给长辈，有的父母以工作忙为借口，很少陪伴子女。他们生活在蜜罐子中却认为自己没有得到爱。因此，情感德育是这个时代发展和学生道德发展的内在需求。

（一）"面向全体、注重差异"的德育方式

在李老师班有这样一个情感德育的内容及实施案例：

小吴（男），是班级里一个比较"闷"的学生。家里富有，奶奶过度溺爱，怕和其他小朋友玩耍会伤到他，所以平时限制他外出，很少和其他小朋友玩，习惯了独来独往，导致他不知道该如何与同学交往与交流。

小吴因为急性阑尾炎住院开刀了。我想这次也许能成为改变小吴的好时机和好机会，我对班级的同学们说："小吴是我们班级的一员，虽然他平时话不多，但我相信他心里是非常渴望和大家接近的。大家要让他在病痛中感到同学的情谊和集体的力量。"

在班干部的带领下，同学们为小吴制作了卡片、画了画、准备了礼物，我还用手机录下了同学们给他的祝福留言。

放学后，我也买了礼物，带着几个学生代表到儿童医院去看他。他正躺在病床上看手机，见老师和同学来了，小吴眼神里满是惊讶。几个同学围在他床边叽叽喳喳地和他聊天，同学们把礼物放到他的病床上，摊了满满一床。他一个个地翻看着，看得很认真，脸也红了。当他看到我手机里录下的全班同学一起冲着镜头，呼唤着："小吴，我们想你了，快快好起来吧！"此时，他的眼泪掉了出来。临走时，小吴终于对同学和我说："谢谢李老师和大家来看我。"

小吴出院后上学，行动不便。班级里的男生自发组织了"护桐组"(因为小吴名字中有个"桐"字)，帮他拿饭，陪他上厕所，放学了搀扶着他下楼。一次小吴在周记本上，写了一篇长长的文章，写了自己的心情感受，还在一颗爱心里画了一群小人，旁边写着"I LOVE YOU"。稚嫩的书画表达却投射出孩子真诚的情感。

同伴间的友谊，给予了小吴温暖、帮助，和谐融洽的同学关系消除了小吴的孤独感与"闷"的性格。小吴明显地改变了，经常和同学有说有笑，像换了一个人。

同伴之间的交往，对于学生社会性情感的生发与延展有着重要的"醒悟"意义。小吴由"闷"转"欢"自我意识觉醒的过程，显示了情感德育的智慧与力量。小吴在情感德育下突破性转变的实例，也成为他这类学生参照的榜样，也可以成为全班同学学习的范例，收到了“拨亮一盏灯，照亮一大片”的情感德育效果。

受李老师的启发，有的老师在班集体中也会运用合作学习的形式。老师每隔段时间会抛出一个话题，让同学们自由组合共同探究，查找资料制作小报。这种情感式的探究活动不仅内容很丰富，比如关于歇后语成语、关于民俗、关于名人、关于动植物等，还有活动结束后自评互评，评选出最佳合作团队、最佳小主人、最佳小客人、灵活小脑瓜、最佳小巧手、最宽容的孩子等。更可贵的是，让同学们在活动中学会了热情交往、展现自我，在情感的德育中慢慢学会团结协作、互助共进，学会了感恩，学会了开放自我，学会了情感交流，学会了情感道德成长，学会了班集体团结协作、互助共进。

“面向全体、注重差异”的情感德育特色，追求的是“情感共鸣”德育的放大效应，目的使每一个学生的道德品质都有所成长。钟情于情感德育，同时又要学会建树“归零”的现代教师素养。“归零”，即展示出自身欲积极面对未来学生的情感德育，既不因以往的不足影响未来，也不被暂时的业绩迷惑现在，永远行进在“教书育人”和“为人师表”的情感德育之路上。

（二）在活动中凝聚班级风貌

育才双语小学部举行“班班有歌声梦想齐飞扬”校园红歌、班歌合唱比赛。孩子们用动听的歌声唱出了报效祖国的理想、进取拼搏的热忱、校园生活的幸福以及育才学子的情怀……

58个班级全员参与，从选歌到排练每个班级都积极准备，全情投入。低年级主要的演唱曲目是《义勇军进行曲》和《中国少年先锋队队歌》。孩子们小小的身体蕴藏着大大的能量。他们身着校服，队形整齐，精神饱满、笑容灿烂，飞扬的歌声讴歌着伟大祖国的盛世华章，也彰显着少先队员的健康、活泼、团结、向上。中高年级孩子们的歌声或激情或宛转、或欢快或舒缓。《校园的早晨》《歌声与微笑》《唱响童年》等歌曲完美地诠释了校园生活的场景。《少年中国说》《红领巾相约中国梦》《少年少年祖国的春天》等歌曲道出了育才学子的理想和追求，他们是时代的骄子，他们追求卓越，自信自豪。

“不忘初心继续前行，万水千山最美中国路”，“看阳光与我赛跑，风雨与我狂飙，我的骄傲自己打造”，“最美的童声，就像太阳，我就要绽放那耀眼的光”……唱响校园，畅想校园，阵阵歌声久久回荡在育才园。歌声唱响幸福，歌声歌颂美好，歌声诠释未来。育才双语小学部这个温暖的大家庭——在这里，班班有歌声；在这里，梦想齐飞扬。

当下儿童走向世界俨然成为城市大多数家长的一种选择，走出国门到国外去看看已成为一种潮流。文明世界、多元文化也是个“花花世界”，有鲜花也有毒刺，有新图景也有陷阱，多元价值也会造成儿童价值困惑以至迷乱。这些现象聚焦到一点，就是我们的祖国在哪里，我们的根在何处，我们的魂归何方。众所周知，儿童是有自己祖国的，儿童首先属于祖国。儿童站在祖国瞭望世界，从祖国出发走向世界，又站在世界看祖国，让祖国更加繁荣昌盛；心里有祖国，才会真正有世界。

童声里的中国，是用童声歌唱祖国、赞美祖国，童心里永远住着美丽而强大的祖国，要把童心献给祖国。

育才双语小学部每个学期都会举办不同类型的班级活动，班级活动把知识世界与生活世界联系了起来，班主任从“知识世界”出发，引导每一个人面对“生活世界”，体验生活，发展个性，舒展自我，成为真正意义上的人。

百般红紫斗芳菲

——双语学校小学部1-6年生活技能课程特色活动

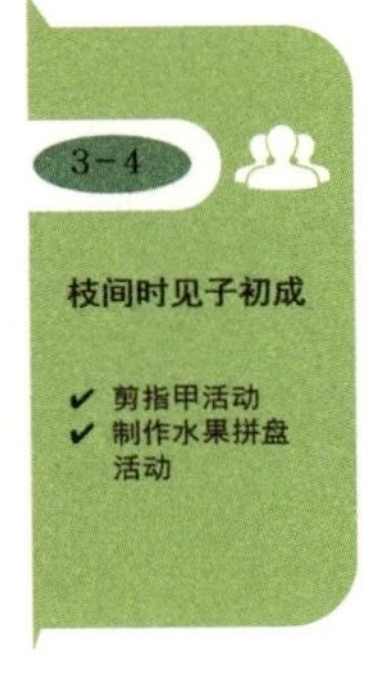

夏天里，小花们努力地吸取着阳光和雨露，不断成长、各自绽放。我们的学生，在育才双语小学部这片充满营养的沃土上，孜孜以求、天天向上，学好知识和本领，变得自信、自立、自强，从而绽放出属于各自的精彩生活。

成长是一个陪伴和等待的过程

（一）总有一条路能抵达心灵

打动一个孩子不容易。但是，只要教师真心实意、真诚地站在孩子的角度，去体谅他，帮助他，爱护他，最终还是能打动他的；而孩子一旦被打动了，他就会把老师请到他的心里去居住。

梓越：

听英语老师说你因同学在你的书上乱画一笔，竟把桐恺的课外书给撕碎了。

作为班主任，我比其他老师更了解你。今天是星期五，你已经在学校住了五天，想爸爸妈妈了，是吧？回家的心情很迫切，但归心似箭绝不可以成为释放自己情绪的理由。现在，你想想被撕碎书的桐恺会是什么心情呢？

我们每个人都要有一颗特别的心，叫“同理心”。你已经学过《论语》

了，里面有句话叫作“己所不欲，勿施于人”！你想过自己的书被撕后会是什么心情吗？你的心情正是桐恺的心情，如果可以的话，你能把心里话与桐恺说出来吗？

爱你的曹老师

这位叫梓越的同学没有习惯寄宿制生活，偶尔因为想家会有情绪。看到信时，他已经周末在家了。周一，老师看到办公桌上有一个小信封，里面应该是信。会是谁的呢？可能是以前教过的学生送来的，老师的心里美滋滋的。

打开一看，居然是梓越，他才二年级，居然会回信啦！

曹老师：

看到你的信，我很感动。没想到你居然给我写了这么多话。我把这件事告诉了妈妈，妈妈告诉我其实我可以控制自己的情绪，面对小状况处理得更好。以后再遇到事情，我争取做到：一、迅速冷静，深呼吸。二、暂时忍耐，找到老师倾诉心事。三、换位思考。其实我也不希望自己的书被撕，我想桐恺一定很伤心，我决定给自己和他一人买一本新书，上学的时候换着看。四、保住底线。我可以把不喜欢他的行为说出来，而不是做出更过激的行为。老师，我错了。相信我，我一定可以改正的。

梓越

在一年的最后一天，收到这样一封满满真诚的信，作为老师，一定很欣慰，宽容是最好的教育，宽容让每个人有了同理心，同理心使人保持同情心和善良的品质。相信沐浴着爱长大的孩子，心灵是纯净的，一定会懂得如何去爱别人。

（二）用生命滋养生命

班主任工作千头万绪，星期一到星期五在校进行一系列的琐碎工作，到了周末免不了接听家长电话、回复群里的提问……班主任没有休息日，“5+2”的工作模式早已司空见惯。有很多家长直言：“你们这活儿，我可干不了。”但在我们育才双语小学部，不论是女班主任，还是男班主任都做得游刃有余。值得一提的是那群“可爱的大男孩”，诠释了“只有想不到，没有做不到”！同学们口中的张Sir，是一位刚刚做了父亲的班主任，他每周用“美篇”的形式给家长发孩子们一周的表现反馈，平时擅长搞不同形式的班级活动，班级凝聚力非常强；还有一位班主任，同学们亲切地称呼他“葛大神”，睿智幽默的他擅长解决各种疑难矛盾，气呼呼走进他办公室的学生，都能乐呵呵地走出来……小学部共有8位男班主任老师，他们个个风趣幽默，尽职尽责，工作中充满热情和活力。

秋日午后，校园里银杏树下，一位男班主任教师正带着一群孩子在树下拍照。那一刻，所有人都能感受到金黄色的秋日暖阳与李老师细腻情怀交相辉映的美感。

如父亲般慈爱的男班主任所带的班级往往思维比较灵活，孩子激情足，喜欢参与体育运动。教师就像一面镜子，你用什么表情和孩子说话，孩子就还你什么表情；你用什么方式向孩子表达，孩子就还你什么表达。老师像一首歌，滋养着学生，孩子们的心灵也能流淌出美妙的音符……

（三）做更好的自己

孔子说：“少成则若性也，习惯成自然也。”意思是从小养成的良好习惯、优良素质便犹如天性一样不易改变。习惯是每个人在日常生活中不自觉“遵守”的一种行为模式，潜移默化中影响着每个人的生活。《中国教育改革和发展纲要》强调，学校要抓好日常生活与行为规范养成教育。这是德育教育最基础的内容，也是落实素质教育精神的时代要求。

良好的习惯不是一朝一夕就能养成的，需要长期训练，不断巩固，需要教师、学生共同的毅力和耐力才能逐渐养成。良好的习惯一旦养成就会达到“润物细无声”的效果。育才双语小学部把学生习惯的培养作为养成教育的重要一项内容，由班主任老师利用午检、班会时间带着学生进行系统的学习。现在你看，在操场上、课堂上、大型活动时，学生变得更加有礼貌，与他人的沟通更亲切……少年的朝气与文雅，是校园里最动人的美景。

生活是一堂精致的、并让人受益终身的课程。像剥鸡蛋壳、系鞋带这样再普通不过的日常小事，在育才双语小学部都需要“专题研讨”。老师和同学们先一起看网上的视频，一起学习和模仿，再思考自己还存在哪些问题，经过每天的实践操练和老师的指导，一年级和四年级全体同学在10月举行了剥蛋壳和系鞋带大赛。不到一个月的时间，一年级的新生可以在两分钟内熟练、快速、完整地剥下蛋壳；四年级的学生可以自己熟练地系鞋带，不会再出现鞋带乱甩等不文雅、不安全的现象。有些学生兴趣浓厚，还一起学习了花样系鞋带的方法。在育才双语小学部教育无小事，关注细节，要让每个孩子衣冠整洁，要让“细节体现品质”这一理念深植每个孩子的内心。

古语有云：不忘初心，方得始终。时时不忘教育初心，方得育人始终。育才双语小学部的每位班主任都拥有自己的教育初心，渴望点亮孩子的人生。新的时代赋予老师新的责任与使命。一个梦想要以一个梦想去点燃，一个理想要用一个理想去唤醒。正如习总书记指出的：“要把自己的本职工作和国家发展、民族振兴结合起来，静下心来教书，潜下心来育人，努力成为学生爱戴、让人民满意的教师。”

春去秋来，班主任们送走了一批又一批优秀学子，用默默无闻的敬业精神诠释着“不忘初心”；教到老，学到老，老师们领会时代精神，用新的思想、新的方法去诠释“不负美好时代”。班主任是成人世界派往儿童世界的“全权大使”，儿童是发展中的个体，他们的世界是绚丽多彩而复杂多变的，班主任的工作思想不断升级，才能时时刻刻对学生起到积极的影响。

如果把学校比作一片森林，其中有的学生是乔木，有的学生是灌木，有的学生是参天的白杨，有的学生是婆娑的杨柳……他也许不是最美丽的，但他可以最可爱；他也许不是最聪明的，但他可以最勤奋；他也许不会最富有，但他可以最充实；他也许不会最顺利，但他可以最乐观……而陪伴这些树成长的班主任要根据他们不同的特点来进行培育，将爱与责任渗透在培育的过程里。敬畏每一个生命，等待，等待属于他们每个人的挺拔、茁壮！

育才教师的责任与担当

“我们新疆好地方啊，天山南北好牧场，戈壁沙滩变良田，积雪融化灌农庄，我们美丽的田园，我们可爱的家乡……”伴着优美的歌声，育才双语小学部副校长闫楠楠走进了美丽的西北边陲小城——塔城，她作为送培进疆专家讲师团中的一员，将自己多年积累的教育经验拿出来与塔城二小的教师们进行亲切的座谈交流，并为那里的孩子们送上了一节精彩的公开展示课。看着孩子们对知识的强烈渴求，感受着塔城人民的热情，她再一次读懂了什么叫“赠人玫瑰，手留余香”。塔城之行不只是送培进疆，也送培进她的心灵……这温馨的一幕仅仅是作为育才人责任与担当的一小部分缩影。

众所周知，东北育才学校是百姓心目中的优质学校、专业引领学校。它拥有教育担当精神，它传播先进教育理念，它尊重教育规律办学，它不断创新教育实践，它为国担当，它为国育才。习近平总书记在八一学校考察时指出，时代越是向前，知识和人才的重要性就愈发突出，教育的地位和作用就愈发凸显。教育要在中华民族伟大复兴进程中做出更大的贡献，就要把党的教育方针落实落细。要超越中等收入陷阱，实现“两个一百年”的奋斗目标和中华民族伟大复兴的中国梦，必须重视教育，实现教育优先发展，从多方面采取措施，努力把我国基础教育越办越好，实现从“人口红利”向“人才红利”的历史跨越。为贯彻落实《国家中长期教育改革和发展规划纲要》，促进教育公平和教育均衡发展，实现名校教育资源的优化配置，在市委市政府的领导下，按照市教委的相关要求，育才双语小学部积极开展了对白清寨汇才小学、辉山小学、通辽市辽河一小等学校的系列帮扶活动，承担沈阳市、和平区、东北育才教育集团等各级课堂教学研讨活动，最大限度地发挥学校的辐射带动作用，取得了明显的成效。

以科学的理念发挥引领示范作用

“一花独放不是春，百花齐放春满园。”只有带动一大批学校成为优质学校，才能将基础教育做大做强，这是名校的责任所在。同时，“合作双赢，共同进步”既是帮扶的愿景，也是帮扶的理念。育才双语小学部坚持把帮扶工作作为实现城乡教育统筹发展的突破口，并以此为契机，整合教育资源，建立城乡教育均衡发展的良性互动机制，为实现教育的均衡和谐发展发挥强有力的推动作用。

以真诚的态度开展引领示范工作

真诚的态度是保证帮扶工作高水准和持久性的关键。多年来，育才双语小学部一直以默默的奉献坚守着帮扶的诺言，担当着名校的责任。在工作中，学校坚持“以扶促立”的原则、“用心面对”的态度，本着“求真务实”的作风、“情同手足”的情谊，精心组织，周密实施帮扶工作。在工作中，学校提出做到“四心”的要求，“四心”就是诚心接受任务、热心给予帮助、全心做好服务、精心组织实施。

我校邀请新疆塔城地区挂职教师交流学习，每次都为新疆挂职的每一位教师安排一位指导教师对其进行指导。在为期一个月的时间里，挂职教师与指导教师一起备课，一起参加教研活动，共同参与学科活动，听指导教师的随堂课……每一项活动都让他们深深地感受到了校园、教师和学生的独特魅力。学校浓厚的文化底蕴、优雅的校园环境，教师扎实的基本功、过硬的专业素养和团队合作精神，学生优秀的课堂表现、较强的思辨能力和表达能力，都让他们印象深刻。挂职教师纷纷表示，这段时间的学习收获满满，他们定会将所学经验带回新疆并付诸行动。指导教师也分享了自己的感受，他们为能交到新疆的好朋友，近距离地了解新疆的风土人情而感到开心，对挂职教师勤奋好学、虚心求教的敬业精神给予了高度肯定。这样的交流，不仅仅是教师间在专业技能和教育教学方法上的切磋，也为两地今后的教育合作搭建了桥梁，更进一步地增进了民族感情。

以前沿的实践开展引领示范工作

学校先后组织全国及省市获奖的教师上精品示范课，探讨高效课堂教学的方法和艺术，取得了良好的社会反响。对于手拉手学校，育才双语小学部以年级组、教研组为单位，积极组织开展双边教师交流活动。

我校部辽宁省特级教师杨帆校长率先垂范，她多年来一直活跃在教学改革一线，课改期间，先后23次在安徽、海南、贵州等省以及辽宁省内、沈阳市各区县做新课程学科教材辅导。她主持了沈阳市教育规划课题《基于青年教师校本研修的实践研究》，带领学校教师以课题为牵动，以学科为依托提升专业发展水平，目前已经顺利结题。她还参加了沈阳市首席教师送教下乡活动，为农村学校学科教学发展做出努力，作为沈阳市后备首席教师、后备名师、实践导师进一步发挥引领作用，指导他们教学实践，完成学科教学研究，提升他们的理论和实践水平。

我校部数学教师马志军、张洋，语文教师肖寒、曹东梅在校长的带领下，前往通辽市开发区辽河一小，进行延续3年之久的手拉手送课活动。辽河一小的领导对我校教师的课堂教学及从中所折射出的先进的教学理念和深邃的教学思想给予了高度的评价。两所学校的领导、老师一致表示，希望有更多、更丰富的交流学习活动。

我校部还与白清寨汇才小学开展了“手拉手”结对子活动。在汇才小学的课堂上，孙霞老师给那里的孩子上了一堂生动、有趣的语文课——《共同的家》，受到了热烈的欢迎。汇才小学的师生表示受益匪浅，他们拓展了知识，受到了鼓舞，并下决心在今后的学习和生活中，共同学习、共同进步。

初冬朝阳送暖意，携手研修共成长，在法库县人民政府与沈阳市教育研究院三年合作项目——小学数学学科“送教下乡”活动中，我校部派出了三位教师组成送教团队，带去了公开课，并与法库县冯贝堡小学的教师进行了互动交流，此次培训课自然中流露真情，幽默中激情生动，生成中启迪智慧，得到了与会领导和老师们的高度赞扬。

我校部张晓磊老师于2017年7月被辽宁省教育厅外派赴美国犹他州教授中文课程。整整一年时间，她与当地美国教师一起工作，与美国家庭一起生活，对弘扬民族文化做出了很大贡献。她的教学方式也深受美国学生们的喜爱，在学年结束时得到了学区教育专家的赞赏。

为提高澳门特区教育水平和质量，应澳门特区政府教育暨青年局的要求，教育部每年从内地选派20名中小学、幼儿园教师赴澳门担任教学指导工作。主要工作任务为进行驻校交流、教学示范、校本教研等。这是一项政治任务，是与澳门教育交流工作的重要组成部分。我校部接到选派任务后，高度重视，认真遴选，推荐郑琳琳老师前往赴任。在澳门工作的一年间，她对

澳门广大中学和蔡高中学两所学校的小学部的数学学科教研活动以及教师教学进行指导，还进行多堂示范课教学，并受澳门教育暨青年局委托召开全澳讲座，各方面工作均取得良好效果，受到好评，为推动澳门教育事业的发展贡献了力量。

今后，育才双语小学部将一如既往，以更大的热情投入到引领示范工作中，为切实推动基础教育的均衡发展发挥应有的作用，因为育才人深深懂得责任与担当的意义！

/第四章/

初露才华
——助力试翼雏鹰的自我实现

“为中华之崛起而读书”

太阳毫不吝啬地将金色的碎片洒向它脚下的这片土地，那是希望的光芒……一群少年，整齐地站在国旗下宣誓——“为中华之崛起而读书”，那声音坚定而有力，那目光庄重而笃定。每一次升旗仪式，同学们都会在国旗下许下诺言，就像校友周恩来当年那样，掷地有声！这一句“为中华之崛起而读书”振聋发聩，响彻东北育才双语学校的上空，更激荡在每一个育才学子的心中！

世纪伟人周恩来——“人民的好总理”，少年立志“为中华之崛起而读书”，用生命践行誓言“为人民服务”，是国人心中的骄傲。在1910至1913年期间，他曾就读于“奉天省官立东关模范两等小学校”（现东北育才周恩来少年读书旧址纪念馆）。“周恩来”这三个字，更是每一个育才人心中骄傲而又亲切的名字。周恩来之于东北育才学校，是历史光辉的呈现，是精神追溯的根源，是教育方向的引领，是办学智慧取之不尽的宝藏。

任时空流转，铮铮誓言永不变

“为中华之崛起而读书”，表现了周总理为国家和民族而奋斗终生的责任感和使命感。“为中华之崛起而读书”就是要博览群书，全面发展，求真务实，勇于创新，做有理想、有道德、有文化、有纪律的高素质人才，努力增强自身的文化修养，为富国强民而不懈努力。“为中华之崛起而读书”不仅是对以爱国主义为核心的民族精神的传承和升华，也是对以共产主义为核心的时代精神的体现和拓展，是激励人们奋发努力、不断进取的强大动力。

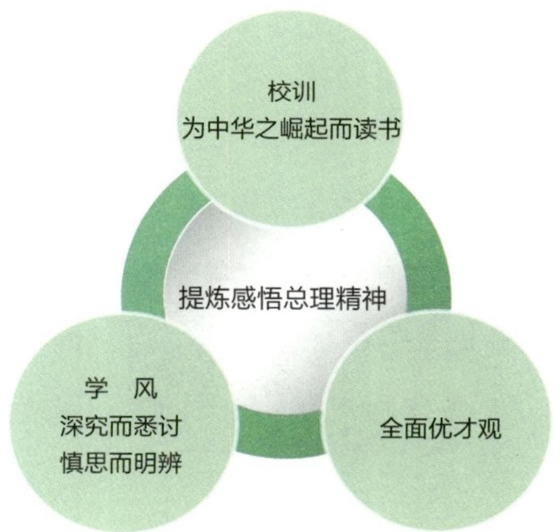

在学校发展中，校友周恩来少年读书时期展露出的领袖素质与学校办学目标之间的密切联系，使提炼与感悟总理精神成为确定学校全面优才观的重要环节。

少年周恩来在沈求学期间，他的“为中华之崛起而读书”的故事，“一物不知，学者之耻”的学习精神，“深究而悉讨”严肃认真的学习态度，“慎思而明辨”的学习方法，忧国忧民的爱国大志，敢为天下先的创新意识，团结同学一起对抗欺侮的斗争精神等熠熠生辉的领袖资质，成为学校办学的宝贵财富。

学校经过整理，以“为中华之崛起而读书”作为东北育才学校的校训；以“深究而悉讨，慎思而明辨”作为学校的学风；并在此基础上提炼形成了东北育才学校全面优才观教育理论，即：在“为领袖素质人才培养打基础”的目标指引下，在重视学科成绩和科技拔尖人才培养的同时，更加关注价值取向、健全人格和各界领军人物的培养。育才有责任为每一个学生成为优才提供机会和条件，人尽其才，各展才华。

伴学生成长，家国情怀记心中

东北育才双语小学部围绕“为中华之崛起而读书”这一伟大目标，开展对学生的德育教育活动，从小培养育才学子勇于担当、追求卓越的良好精神风貌和坚强品质，培养品学兼优、全面发展的拔尖创新人才。我们在活动中助力学生自然发展，主要围绕以下四方面进行：

一是创建“周恩来中队”，弘扬总理精神。创建“周恩来中队”，是东北育才双语学校小学部开展的特色争先活动之一，以“为中华之崛起而读书”作为教育行动的指南，既着眼学生个体的成长励志，又关注中队整体的励志建设，更是对每个

中队励志教育成果的最高评价。2011年5月4日，东北育才双语学校小学部的师生欢聚一堂，在学校国际报告厅，隆重举行东北育才双语学校“周恩来中队”授旗仪式。“周恩来中队”学生代表号召全校同学们，要牢记“为中华之崛起而读书”的坚定誓言，积极进取，追求卓越。

作为周恩来中队的师生，他们共建具有“恩来精神”的特色教室。教室是学校无声教育影响时间最长的场所。教室布置是美化育人环境、营造班级文化的重要方法，是实施素质教育的重要途径之一。根据心理学的暗示效应，在教室的布置上，合理地点缀装饰，会让整个教室格外温馨。以周恩来中队的创建为核心，令教室散发班级独有的气息，以积极有效的暗示达到预期的效果，传递给学生魔法般的鼓励，以视觉文化为抓手，实现励志教育的场效应，这便是打造“周恩来中队”特色教室的真正效果。学生学知识、学做人、学生活，乃至成为具有周恩来总理高尚情怀和品质的人，班级环境在很大程度上能够极大提升教育的功效。在班级环境建设中体现励志教育元素，凸显周恩来中队特色，体现精神的力量，使教室文化发挥励志教育功能，成为有效宣传手段，潜移默化地促进了学生在对伟人思想的敬仰和追求过程中健康地成长，潜移默化地促进了学生从小树立“为中华之崛起而读书”的远大理想。打造一间具有周恩来中队特色的幸福的教室，既幸福学生的学习生活，又丰富学生的精神世界，使特色教室成为学生成长的涓涓动力。

结合周恩来中队的建设，班级会开展多项活动，或在校内提升，或在校外拓展，因此，引导和鼓励周恩来中队的小队员们写“红色日记”，记录生活、反思行为、分享收获，有助于成长自我，养成好习惯，实现将“活动育人”浸润到字里行间，浸润到学生的心田。

二是开展“知总理、爱总理、学总理”系列教育活动。活动旨在引导学生了解周恩来从小立志“为中华之崛起而读书”的事迹，了解周恩来的生平，向周恩来学习。

在低年级学生中进行“小故事比赛”。小小年纪的他们虽然稚气未脱，讲故事却十分吸引观众。他们搜集了许多关于总理的故事，比如总理小时候来沈阳读书的故事，比如总理尊敬老师的故事，无不体现出学生们对活动的喜爱。

在中年级学生中进行“演讲比赛”。相比低年级的小学生而言，中年级的学生更加有思想，在演讲过程中表现出的水平更是令人佩服，他们的演讲紧扣总理精神，声调稳定、清晰，音量适中，配合有效的肢体语言和传神的表情，给在场观众留下深刻的印象。

高年级学生进行了“知识竞赛”活动。这些稍大一些的学生在老师和家长的帮助下，积极准备竞赛题目，利用网络和图书资源，大量掌握有关总理的信息。无论是心态、知识，还是能力，都在活动中得以锻炼和提高。

三是开展“祖国在我心中”系列教育活动。活动结合国庆节、建队日，以爱国为主旋律，挖掘少先队员才艺，展示个人才华。用少年儿童擅长的、喜闻乐见的形式抒发对祖国的热爱之情。

学校组织开展了“我和我的祖国”征文比赛，以“我和我的祖国”为主题，真切表达对祖国的热爱和赞美之情。参赛的队员通过自己的笔，赞美国家，表达对伟大祖国的热爱；赞美家乡，使我们更好地了解辽宁发展取得的成就；赞美学校，表达作为育才学子的自豪；赞美“家”，诠释“国家”的概念，表达爱国先爱家的意愿。

类似活动培养了学生爱家乡、爱祖国、热爱中国共产党的思想感情。学生举止文明、礼貌待人、习惯良好、遵章守纪，他们积极参加各项活动，在活动中提高了能力、发展了特长、开阔了视野。

四是努力为学生创造社会实践的机会。“纸上得来终觉浅，绝知此事要躬行。”

“走进大自然”春游活动中，学生以班级为单位，制定线路、进行安全教育、制定活动方案和应急预案，在家长志愿者的协助下，进行踏青、野餐等团队活动，促进了学生的团队合作意识，培养了学生热爱家乡、热爱大自然的思想感情。一年级的小学生在踏青的路上主动捡拾垃圾，这细微的动作令在场的家长感动，家长们感受到学校对孩子教育的细致和深入。二年级的小学生拿起画笔，绘出了眼前的自然美景，无论是稚嫩的小花，还是参天的大树，在他们笔下，都是“美好”的表达。三、四年级的学生更加喜欢团队训练的过程。他们喜欢运动，他们活泼可爱，他们很好地处理活动中遇到的难题，处处体现出育才孩子的智慧和合作精神。总理说：“健身是读书和厉行的基础。”我想，在这些孩子身上，我们看到了所有孩子的美好未来！五、六年级的大学生在整个活动的过程中，独立自主参加活动的能力令老师和家长感到欣慰。他们在活动中善于有效地沟通，使得活动的开展更加合理和顺利。

分年级组织学生参观周恩来少年读书旧址、银冈书院等纪念馆，科技馆、古生物博物馆等场馆，华晨宝马等现代化工厂，让学生感受现代科技的力量，激发他们强烈的探索欲望。三、四年级的学生对工厂中庞大的机械设备更加感兴趣。他们专注地听解说阿姨的讲解，时而点点头，时而用质疑的目光询问，时而提出不解的问题，俨然一群小专家。还记得五年级的学生与

总理塑像合影的场面。微风习习，阳光下总理的形象更加温暖、神态更加和蔼，孩子们站在总理塑像前，没有了往日的调皮，呈现在脸上的是幸福和对总理的敬佩和爱戴。

在“慰问敬老院活动”中，倡导学生为老人献上自己的一份爱心，做一些力所能及的事，送上对老人的关怀，让他们感受到社会的温暖，给老人平淡的生活增添一抹色彩。指导学生在与老人打招呼时一定要微笑，表达对老人的认可与尊重，与老人交谈时，尽量去倾听他们讲述往事。帮助老人清扫房间时，要将物品放回原处，不要改变它们原来的布局。在整个活动的过程中，要注意自身安全，更要注重老人的安全和状态。让学生真正体会照顾老人的不易，感受老人生活的不便，从而培养社会责任心，弘扬我国传统孝道。通过与老人的接触，让学生懂得在生活中要学会关心他人、做到心中有爱，知道献爱心是一种美德。还要学会关心弱势群体，珍惜现在的美好生活，努力学习，将来为社会做更多的贡献。

活动结束后，老师们纷纷收到来自家长的反馈。家长们看到了孩子们的变化，无论是对爸爸妈妈，还是对爷爷奶奶，孩子们似乎都更加懂得感激了，更加明确了自己在家庭中的责任担当。有的孩子主动做家务，有的孩子帮助爷爷奶奶洗脚，还有的孩子比以前更加努力地自主学习，家长和老师们共同见证了孩子们的成长。

此外，育才双语小学部还在日常的教学中通过学科教学和班队会课程深化、践行爱国主义教育。

爱国主义精神是国民爱国素质教育的核心和灵魂，是国家赖以生存和发展的精神支柱。学校是培育和弘扬爱国主义精神的主课堂、主渠道、主阵地。周恩来同志的“为中华之崛起而读书”是东北育才学校红色教育的源头，他激励鼓舞了一代又一代育才学子，已经深入了每个育才人的灵魂。

在日常的教育教学中，语文教学能够起到价值和行为引领的作用，在无声无息中，唤醒学生的爱国意识，强化学生的爱国情怀，激发学生的爱国热情。《富饶的西沙群岛》是一篇优美的散文，描绘了西沙群岛的美丽风光，让学生体会到祖国语言的美丽，激发了热爱祖国的情感。王维的《使至塞上》，以传神的笔墨刻画了奇特壮美的塞外风光。“大漠孤烟直，长河落日圆”，笔力苍劲，意境雄浑，视野开阔，使学生在体会优美语句的同时深深地爱上祖国的语言文字，内化爱国主义情感。

数学教学中，学生们了解了我国伟大的数学家，比如华罗庚多次出国学习，吸取国际数学的精华，怀着赤子之心回归祖国，体现了他满腔的爱国热忱。祖冲之计算出圆周率，陈景润完成了他一生最为著名的“1+2”定理的证明……这些伟大的人，无不成为学生们为之自傲的“中国数学家”！“960万平方千米”，这一数字是身为“中国人”的我们都能体会到的骄傲和自豪。英语教学中，学生学到的是西方语言和文化，那是我们了解世界的工具，是融合国际文化的途径，更是将中国文化推向世界的有效方法。

教学中践行爱国主义教育，是一个“随风潜入夜，润物细无声”的过程，我们展望丰收的明天，更应该立足于今天的耕耘与播种。只有让学生对国家充满爱，他们才会更加努力地把我们的祖国建设得更加美好！

东北育才双语学校小学部通过“班队会”“主题午检”“升旗仪式”“大队会”等活动，对学生的思想品德和道德素养实施积极影响。

东北育才双语学校小学部2008级一中队参加了沈阳市“红领巾心向

党——壮丽旗帜下，做党的好孩子”主题中队会比赛，并荣获第一名的好成绩。队员们在中队辅导员的帮助下，紧紧围绕主题，以丰富多彩的形式，发挥特长，开展中队活动，有效地提高了活动的组织和开展能力及思想品德素养，赢得了市领导及到场嘉宾的广泛赞誉。

队员的原创诗作《我爱你，我的祖国》深沉而大气，心怀国家。诗中写道：“我爱你，我的祖国！五千年的辉煌历史，闪耀在岁月长河里的华夏文明，那是您智慧的写照。我爱你，我的祖国！奥运成功，神七凯旋，新时代所有目光的聚焦，那是您的风骚。我爱你，我的祖国！五十六个民族相濡以沫，十三亿人民心手相牵，多少动人的故事千古流传。我爱你，我的祖国！您给我多少自豪，让我为您骄傲！您给我多少欢乐，让我为您祝福！”

《我要做最美丽的小女孩儿》，静美，又饱含对社会的责任，对党的忠诚，“我一直努力做最美丽的小女孩，因为我为自己能在党的关怀中成长感到骄傲……”

为表达对党的敬爱之情，队员们用手中的画笔画出了他们心中神圣而又庄严的旗帜。他们观赏了红色影片《旗帜》和《闪闪的红星》，交流和学习了英雄偶像的事迹和精神，更加深刻地理解了“英雄”的含义和“奉献”的内涵。

这样的中队会在各个中队中多次开展，不但有内容上的创新，更加遵循中队会仪式带给队员们的庄重感。少先队员们在自己的队会中展示、审视、提高自我，爱国主义情感得到升华。无疑，班队会课程深化了对学生的爱国主义教育，效果显著。

东北育才双语学校小学部将继续以校友周恩来为榜样，传承总理精神，坚持“以学生全面和谐发展为本、追求学生特色培养”的教育理念，突出国际化、信息化的办学特色，注重培养学生的全球意识、生态意识、创新意识、终生学习观念与合作精神。东北育才双语学校小学部将继续传承育才精神，担当教育使命，“大爱无言，润物无声”，凝心聚力，追求卓越，让每一位育才学子都能享受到学习的快乐和成长的喜悦。有朝一日，我校学生必将踏遍海角天涯，大展学子风姿。

搭建温暖的班级“家”

家是什么？有人说家是倦鸟归来的巢、是小船避风的港……对于育才园的孩子来说，家就是一间间温馨、整洁的教室，是一个个可以分享喜怒哀乐的伙伴，是老师一句句真诚的叮咛……这里充满无尽的欢乐，带有刺激的竞争，输送给必需的营养，熏陶智慧情操。

这个“家”又如冬日的阳光，当你失望时却带来了温暖，当你气馁时却给予勇气。在这里老师们引领孩子们步入人生的殿堂，用睿智的阳光，照亮孩子们学习的旅途；用母爱温暖，呵护着每一个稚嫩的童心；用灵巧的双手，携扶着他们健康长大。

搭建温暖的班级“家”

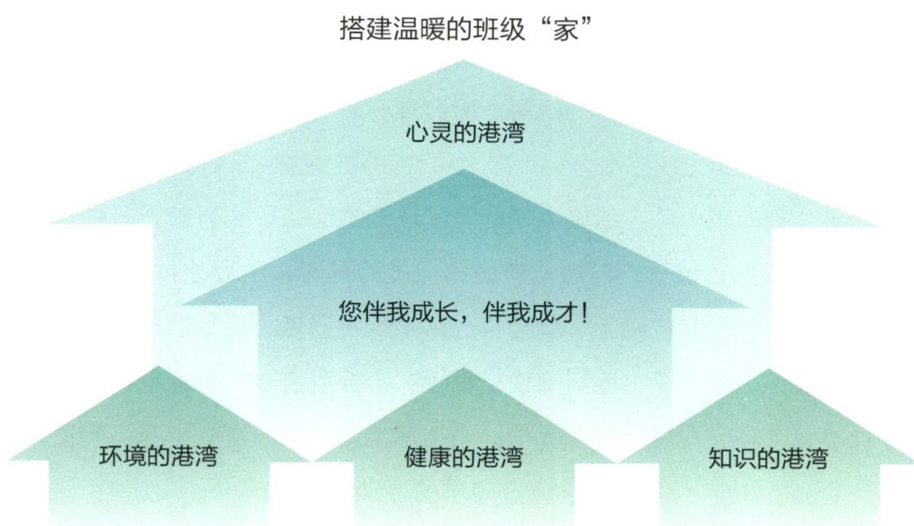

心灵的港湾——我们有温暖有爱的老师

人们常说老师是辛勤的园丁，浇灌着祖国的花朵；老师是舍己为人的红烛，燃烧自己，照亮他人；老师是灵魂的工程师，为打造出祖国的栋梁，奉献出自己宝贵的青春。其实，在班级这个温暖的家中老师就是孩子们的亲人、朋友和伙伴；以自己的满腔热血浇灌、滋养家中的每一个孩子，不负孩子的依靠、家长的嘱托。一批又一批的孩子离不开班级这个大家庭，而老师更离不开这个倾注毕生心血的家。

需要老师们倾注最多心血的当数低年级的孩子们，为了让他们顺利适应新环境，老师们像神奇的魔法师一样通过播放视频、做讲解、情景表演、动手实践等方式，在短短的两天里让这些小不点儿做到了不哭不闹说再见，不跑不跳会走路，不慌不忙去吃饭，不推不搡会站排，有条不紊去洗漱，安安静静能就寝。每位老师都以十足的爱心和耐心关注着孩子的动态。一句关切的问候，一个肯定的眼神，甚至是主动弯腰帮助孩子们系鞋带这些小事，都会亲力亲为；在衣食住行方面进行规范的训练，并时刻把健康和培养孩子的生活能力放在首位。经过一段时间的努力，大家惊喜地看到孩子们在老师的悉心教育下，变得有礼貌、懂规矩、能自理、会协作。孩子们见到客人会主动问好，会正确操作接温水，会干净卫生地如厕……

一年二班向阳中队在温暖有爱的班主任的悉心指导和呵护下，经过一个月的学习、锻炼，孩子们已经能够脱离父母的臂弯，学会独自“飞翔”。同学们在老师的教导和鼓励下，学会自己的事情自己做。比如会独立吃饭，吃水果、点心；饭前洗手，吃后擦嘴、擦手；会穿脱衣服，会系鞋带；知道内裤、袜子每天换，换好后放在哪里，不要和干净的衣服混在一起；知道如何洗漱，会独立上卫生间。还掌握点简单的劳动技能，会开、关门窗，扫地，抹桌椅，会整理床铺，整理背包等。

老师不仅注重培养学生良好的习惯，还注重孩子的情感教育，希望每个孩子都能成为有温度的人，班级初步建设成为一个温暖的集体。四周后孩子们已逐渐适应学校生活，大部分孩子把班级当作自己的家，用行动爱护着这个大集体。班级涌现出许多劳动小能手、行为习惯标兵。在学习上孩子们个个劲头十足，门门功课学得有声有色、像模像样。

伴随着琅琅的晨读，教室晚熄的灯光，老师相信在未来的日子里，通过“反复抓、抓反复、持之以恒”的好习惯，这群小娃娃一定会在育才园里雏鹰起飞，梦想远航！

环境的港湾——我们是家中的小主人

孩子是天真烂漫的，在他们心灵深处可说是一片净土。老师的一言一行都会给学生留下深刻的印象，对他们产生影响。为了培养孩子们的主人翁意识，老师们会和学生一起做值日，随手捡起地上的一片纸屑，把教室里的桌椅板凳摆放整齐，把劳动工具一一整理放好，把讲台上的粉笔摆好，这些细小的行为都在潜移默化地感染着学生、激励着学生。

对于低年级孩子们，让他们知道，一个家不仅是干净整洁的教室，还是同学们共同营造的积极向上的精神家园。在家中每一个规范的行为都会被老师和同学们认可，每一项班级拟定的制度都应该努力遵守。为了更好地激励孩子们，低年级的各个班级都建立各有特色的奖励制度。比如有的班级会给各方面表现好的同学发小粘贴，周五根据粘贴数量会获得小笑脸，一个月集齐三至四枚笑脸的同学会获得表扬信。获得表扬信的同学周末回家可以向父母提一个小愿望，家长们在老师的建议下满足孩子愿望时以精神性奖励为主，比如陪孩子锻炼身体，去科技馆、书店等等。

在班级的新家里，孩子们也有了自己新的任务、新的分工。有的孩子当上了班长，成为老师的得力助手；有的当上了文艺委员，将才华传递给兄弟姐妹；有的当上了体育课代表，无处安放的活力尽情挥洒在训练场上。对于孩子在班级中担任的小干部，无论大小，老师都予以肯定。记得以前有一个负责关灯的小女孩，她妈妈还特意查了一下资料，给她讲关于电的知识，告诉她节约电有多么重要，她担任着一项多么光荣而有意义的工作。因此每一个孩子都十分认真地完成老师交给的工作，在提升能力的同时，获得完成任务的喜悦与满足。

中高年段的班级更注重搭建班级精神家园，在文化建设中，每个班的图书角各有特色，教室后面的板报也能感受到班魂之所在。老师与孩子们齐动手，设计出了一个个凝聚师生智慧的漂亮图书角，这不仅诠释了孩子们无穷的智慧，更体现了孩子们无私奉献、互敬互爱的精神。孩子们用心地选书，

用心营造班级浓浓的书香气息。四年级图书角有很多书，有《今天我是升旗手》《我要做个好孩子》《朝花夕拾》，还有许多外国名著，如《假如给我三天光明》《爱的教育》等等。很多班级还设立了图书管理员，孩

子们喜欢这个职位，也喜欢为同学们服务，经常会和同学们讨论读书之后的心得体会。班级希望同学们从小就热爱读书，多读书，读好书，从中学会思考，学会表达，学会做人的道理。

还有些班级设计了精美照片墙，照片墙上有很多照片，有同学们在各项比赛中获奖时的灿烂笑容，有旅游时的美丽风景，最靓丽的还是班级里漂亮的女生们。她们有的俏皮可爱，有的英姿飒爽，是班级里最美丽的花朵。照片墙分享了同学们生活的点点滴滴，记录了成长的各个瞬间，增进了同学们的情感生活，同学们交流时互相分享自己的旅游心得、增长课外知识。

苏霍姆林斯基曾经说："无论是种植花草树木，还是悬挂图片标语，或是利用墙报，我们都将从审美的高度深入规划，以便挖掘其潜移默化的育人功能，并最终连学校的墙壁也在说话。"孩子们在育才园中，共同遵守班级的制度，分担班级事务，布置、装扮班级，争做班级的小主人，共同营造温馨、舒适的学习环境。在这五彩缤纷、酸甜苦辣的人生道路上，作为学生们的老师，犹如大路边一株清雅的百合，不愿取悦偶然经过的行人，只为那一张张充满天真稚气的笑脸，看着孩子们成长变化，看着他们的进步，那是一种特有的人生享受！

健康的港湾——润物细无声的滋润呵护

一个幸福美满的家庭离不开健康和安全四个字，作为寄宿制学校学生的健康和安全就显得更为重要。健康是孩子们开展各项学习、活动、娱乐的基本保障，安全则是一切的基石。

寒冷的11月，丝丝寒意袭人。踏着轻快有力的乐曲，迈着整齐划一的脚步，喊着铿锵有力的口号……这是每天上午大课间时间，东北育才双语学校小学部的孩子们都要进行的冬季校园跑操活动。孩子们跑出了活力，跑出了快乐，跑出了健康。跑操前，老师仔细地给孩子们讲解跑操的注意事项。例如：要注意保暖、穿轻便舒适的鞋子、跑操前做好热身准备、起跑时不要骤然加速、呼吸要有节奏、避免受伤等。随着广播响起，全校58个班级，2000余名学生分别在5个场地迅速集结。孩子们以班级为方阵依次开跑，他们置身阳光，不惧严寒，神清气爽，意气风发；红扑扑的小脸上写满了运动之美。一个个气势非凡的跑操方阵成为校园里亮丽的风景。一直以来，东北育才双语学校小学部坚持扎实开展丰富多彩的特色体育活动。为了确保冬季跑操活动的实效性，学校制定了实用性、操作性强的实施方案、应急预案及跑操考核制度。内容包括：实到人数、队形、口号、纪律、精神状态等，全力保障冬季校园学生跑操安全，确保活动的有效开展。让运动成为习惯，让生命更加阳光。一个健康的体魄才是孩子们学习和生活的基石。相信通过校园冬季跑操活动，能够有效提升学生身体素质，提升意志品质，为孩子健康生活、快乐学习保驾护航。

为构建平安、和谐的人文校园，加强学生的灵活应变能力和安全逃生意识，小学部每学期都会组织两次演练，指导学生如何从寝室楼和教学楼快速撤离。两次演练学生发展指导处明确了“严肃认真、有序疏散、保持安静、听从指挥”的演练要求。各班班主任、辅导教师、学生对本次演练高度重视，认真按照学校的相关要求进行疏散。全体科任教师在各楼的撤离线路上有力疏导、监护孩子们快速有序地奔向走廊，按照预定路线，弯着腰，捂住口鼻，迅速、有序地撤离到指定位置。从指令下达到集合完毕，仅仅5分钟的时间，完成了全校2500余人的疏散、集合和清点。全体师生再一次在实践

中明确了紧急疏散的程序和路线。整个安全演练过程紧张有序，步调一致，所有人员安全撤离，极大地提高了师生的安全意识以及应对突发情况的自救能力，取得了非常好的效果。学校十分重视安全工作，积极打造“平安校园”，今后双语小学部将继续加强师生应对紧急情况的意识及训练，在全体师生的努力下，愿每位同学都能在育才校园里安全、快乐、健康地成长！

互爱互敬的港湾——您伴我成长，伴我成才

“在育才园这个大家庭中，老师既是我的‘妈妈’，也是我的良师益友。她会教我许多知识，也会督促我按道理做事，她对我严格，却也会逗我开心，我和她在一起的时间不超过6年，但我却从她身上学到许多做人的道理，她是爱我的，即使未来她不在我身边。同学都是我的家人，都是我生命中的一部分。在这个小家庭里，我终于读懂了爱，当我摔倒了，他们都围过来贴心地安慰我；我不会系鞋带，几个小男生立刻俯下身来帮我系好了；我的手指破皮了，同学马上带我回教室擦拭消毒，然后再粘个爱心创可贴；我有点想家，两个同学像小姐姐一样跑过来搂着我……”

这是一位毕业生发自肺腑、朴实真挚的表达。这就是我们班级大家庭爱的教育。爱就像空气，每天在我们班级大家庭的身边。其实它的意义已经融入孩子们的生命。就如父母的爱，不说操劳奔波，单是往书架上新置一本孩子爱看的书，一有咳嗽，药片就摆放在眼前，临睡前不忘再看一眼孩子，就是我们需要张开双臂才能拥抱的深深的爱。当他们陷入困境，没人支持，是老师依然陪在身边，晚上不忘叮嘱一句：早点睡。在育才双语小学部这个大家庭中，爱的教育、情感教育一直是各项教学的重中之重。

我们通过积极开展悄悄话信箱、感恩节的一封信、包饺子等活动，潜移默化地增进师生交流、生生互动，将爱的教育、互相关爱的行为融入日常。

一、二年级老师们精心为孩子们策划了“悄悄话小字条”活动，活动伊始，爱心信箱被孩子们的小字条塞得满满的。有展示自己折纸技能的，有表达对老师爱的，有给老师画数字迷宫的，特别有意思的是一位小可爱向老师提问：人为什么没有尾巴？还有一位小文青觉得老师们像他的母亲一样，还列举了各位老师的姓氏。活动进一步拉近了师生间距离，增进了师生之间的感情。

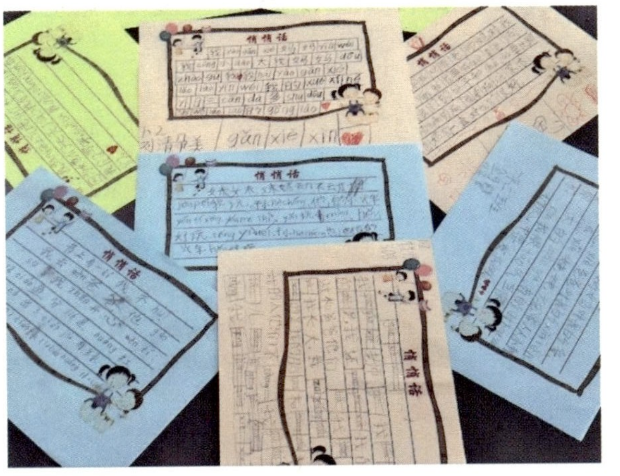

中年段各班级举行“感恩节一封信”活动，教育孩子学会感恩，学会珍惜，要让孩子们明白感恩是积极向上的思考和谦卑的态度，是自发性的行为，当一个人懂得感恩时，便会将感恩化作一种充满爱意的行动，实践于生活中。要让孩子体会到一颗感恩的心，就是一个和平的种子，因为感恩不是简单地报恩，它是一种责任、自立、自尊和追求一种阳光人生的精神境界！在物质生活日益丰满的情况下，我们教育孩子需要及时不断地提炼和升华，才不会被掩埋在人情冷暖的浪涛中，孩子的生命中需要感恩的种子，才能培植出有“人情味”的生活。看孩子用心抒写对父母亲、师长、同学的感激之情，笔触虽然稚嫩，但情感细腻而真挚。

六年级各班级组织的“快乐包饺子，温暖过冬至”的活动，为紧张的期末复习带来了一丝轻松，为这个冬天的校园增添了其乐融融的色彩。同学们首先利用午检时间了解了冬至的相关习俗，然后一起来到了学校的餐厅进行包饺子的活动。同学们以小组为单位，每组都先由食堂工作人员示范指导，学生细心观看，认真学习，再自己亲自动手包饺子。比赛中孩子们动作娴熟，眼神专注，不一会儿就将太阳形、元宝形、麦穗形、三角形等形态各异的饺子呈现在大家眼前。

这些活动不仅让孩子们生活在充满爱的大家庭，同时也让孩子们懂得爱、珍惜爱。这对孩子们未来的人生道路来说胜过千篇万本。

知识的港湾——寓教于乐，激发孩子的天性与潜能

学校在“自信、自强、自豪”的育才精神引领下，致力于让每一位学生都能享受到学习的快乐和成长的喜悦。丰富的课程内容满足了学生多样化的需求。

“你被授予高级厨师称号！”没听错，这是美术老师在一堂软陶课上给孩子们颁奖。这节课老师先设定了一个情景，老师开了一家蛋糕店，需要孩子们自己来做蛋糕。孩子们在老师的带领下做出了很多有创意的蛋糕，整堂课洋溢着轻松和愉快的氛围。穿上红色的长衫，两个小伙伴你一言我一语，教室不时地传出阵阵掌声，这是三年级各个班级在举行相声大赛，有的在夸夸自己的班级、有的模仿名家片段，小选手们有模有样，好不热闹。

为增强合作意识，提高学习兴趣，各个班级会组织丰富多彩的课余活动，有“凝聚你我，共赢未来”畅游科技宫体验活动、参观伊利乳业等实践性创新活动。通过这些活动真正做到让学生走出课堂，走向社会，亲近自然。活动也让孩子们认识到一个人在社会中生活，与人合作的能力是必不可少的。老师也会结合学校的一些活动和竞赛充分调动孩子的积极性，鼓励孩子们爱表现、敢表现、会表现，培养孩子们的参与意识、竞争意识以及相互合作意识。

家是坚固的小船，在困难时驶向彼岸；家是拂面的春风，在懦弱时带来希望。

也许孩子们远离了亲情的呵护，然而在这里却能感受着家的温馨。育才园的58个班级是师生的第二个家，一个由许许多多爱与心组成的家。爱是奉献，爱是关注，爱是涓涓细流，爱是暖暖的阳光，爱是学生迷惑时的指点，爱是学生错误时的提示，爱是学生思想波动时的安抚，爱是学生伤感时的慰藉。有人说，爱是无形的力量，爱让世界变得更美好。老师们用自己的感情去点燃学生们的情感，用爱的艺术去熏陶每个孩子的心灵，让师爱、父爱、母爱、友爱汇成一条小溪，涓涓流入学生们的心田，让我们的学生在一个充满爱的、充满温暖的家里茁壮成长。

蓝天和白云的心一样，希望白鸽自由翱翔。老师和父母的心一样，希望育才学子健康成长。花开的日子一批批活泼可爱的孩子走进校园这个快乐的地方，在平安校园愉快歌唱，用心情的音符，去谱写和谐校园的欢乐乐章。在这里一个学生都不会掉队，一点小事都不会遗漏，一个岗位都不会空缺，一个班级都不会落下。这就是我们共同搭建的温暖的班级“家”。

健康身心，为幸福人生奠基

清晨，伴着朝阳，校园里飘满了朗朗的读书声。悦耳的下课铃声一响，孩子们欢快地冲出教室，冲向晨曦中的校园，校园里顿时热闹起来：在松软的人工草坪上踢一场酣畅淋漓的足球比赛，在体育馆一展球技，在标准的400米跑道上追逐梦想，在行政楼广场“绳彩飞扬”……在这里，育才双语小学部的孩子们拥有广阔的运动舞台。标准的运动场、体育馆，在运动场北侧还有8块室外篮球场和3块排球场，校园东侧小路旁还有1块小足球场和适合低年级高度的4个小篮球架，小学教学楼之间还有2块可以游戏的小操场。在温暖的阳光下，足球、篮球、跳绳、游戏、奔跑……孩子们在美丽的双语校园里尽情挥洒着童年，感受着运动带给学生的快乐，体育带给学生的成长。

让体育回归校园，让体育回归教育，让教育回归文化。将校园体育作为教育工作的重要内容之一，营造特色体育文化，把文化根植于学生的心田，让文化塑造学生的体育情缘，在体育情缘中促进身心健康，为幸福人生奠基！

孩子，不要跑串了你的跑道

每逢10月，金色的阳光透过无数扇形的银杏树叶的缝隙洒满校园，洒向激情的运动场。

在这金色10月的运动场，孩子们又迎来了盼望已久的赛场——运动会。看台上加油声、喝彩声此起彼伏；跑道上，奋勇拼搏，超越梦想。在运动会众多比赛项目中，接力项目永远是最吸引人眼球的那一项。特别是最近几年，随着育才双语小学部体育教师队伍的不断壮大，体育专业能力的提高，运动会越来越精彩。每年四年组入场式的创新方队精彩纷呈：平衡车方队，自行车方队……每年都期待着更精彩。运动会已经成为学生们展示自我风采，展示班级风貌，展现学校体育发展的盛会。入场式的精彩，比赛项目的激烈都离不开全校师生的共同努力。赛前，体育老师对所教的班级的各项运动会项目都进行认真的选拔、训练，特别是接力项目的培训，安排道次、传接棒要领、接力区等，运动会接力项目越来越精彩，班与班之间竞争也越发紧张而激烈。然而，更吸引我的并非比赛时激烈的场面，而是教师对运动员赛前一句嘱咐的话，“孩子，不要跑串了跑道!”

那是一位一年级的小同学，虽然体育老师赛前教过了，也练过了，预赛也参加了，但我们的老师还是不放心啊。毕竟他还是一个才刚入学一个多月的“小豆包”。是啊，跑串了跑道，会被取消比赛资格，就没有成绩了——这是规则。

在体育情缘中，体育教育最应该培养的就是规则意识，特别是刚刚入学的低年级小同学，更应该培养规则意识。

2015年《教育部关于全面深化课程改革落实立德树人根本任务的意见》中提出了要加快核心素养体系建设，定义了核心素养是指学生应具备的适应终身发展和社会发展需要的必备品格和关键能力。核心素养是可培养、可塑造、可维持的，可以通过学校教育而获得。体育品德是体育学科核心素养的三大内容之一，它同运动能力、健康行为一起构成体育学科核心素养的最重要内容，而规则意识是体育品德的基本属性之一。

在体育课中渗透规则意识，有利于维持良好的课堂教学秩序，约束和控制有碍学习的不良行为，引导学生从事积极高效的学习活动。小学生正处于思想意识与身体素质不断发展的阶段，此时，培养学生的规则意识，是体育课有效开展的重要保障，同时，为学生的后续发展打下良好的基础。

然而，对于小学生来说，说服教育在学生面前显得那样的软弱无力，远没有让学生亲身感受更能起到良好的教育效果。在尝试中感悟规则的重要性，培养学生的规则意识，就必须让学生亲身体验规则，了解规则，才能主动自觉遵守规则。

体育课堂教学中，我们不妨创设一次无规则的体育活动。比如三年级《障碍跑》单元，教师将学生分成四组进行障碍接力比赛，游戏开始前，故意保留游戏规则，只让学生明白游戏的方法。每位学生先跨过跨栏架，再钻过呼啦圈，爬过体操垫，最后绕过标志杆返回到起点，与下一位同学击掌接力。比赛的哨声一响，四组队员就你追我赶，一副不服输的劲头。经过几轮后，一部分“机灵”的学生为了争第一，动起了歪脑筋。有的蹭倒了跨栏架，有的直接从地垫上走过去，甚至有的跑去影响其他组的队员。大家为了第一可谓“各显神通”，同时也引来众多愤愤不平，场面开始混乱。比赛被迫停止，学生意犹未尽，自然不乐意了。

机会渐渐成熟，教师引导学生找出游戏无法继续进行的原因。学生们义愤填膺，有的说：“好多人都不按要求做，该跨的钻，该爬的走，这样的结果不公平。”有的说：“个别同学看我们组速度快，一直挡在我们队员的前面，影响队员的正常发挥。”教师顺势引导：“同学们及时发现了问题，那怎么做才能行之有效地改变这一状况呢？”随着学生的激烈讨论，结果也迎刃而解。学生们都表示：“只说明游戏的方法还不够，必须重新定好规则，谁也不能违反。”

教师通过和学生一起分享游戏，感受脱离规则游戏的种种不协调现状，在彼此冲突中，学生深刻体会到规则无处不在，规则不仅是一种约束，也是维系活动正常有序进行的纽带。只有遵守规则快乐才能继续远行。

那么，什么是规则？是白纸黑字的法律条文，还是七大章八大节的校规？应该不只是这些。在体育课上，当一个孩子在你身边摔倒时，没有哪条规则要求你必须把他扶起来，但你还是这样做了，因为你心里有这样一个规则：我是体育老师，我应该帮助弱小的学生；在你的体育课上，孩子的跳绳缠绕在一起，打不开了，需要你帮助时，你能耐心地帮他解开跳绳。同样，没有哪条规则要求你必须这样做，但你还是这样做了，因为你心里有这样一条规则：我是体育老师，我应该帮助需要帮助的同学。心中这种规则多了，教师的品行也会影响学生的品格，学生的道德也就随之形成了。

没有道德，规则无法支撑一项体育活动的正常进行，规则是人定的，如何严密也不能到“天衣无缝”。若没有道德的支撑，规则是很容易被人钻空子的。

你说不许跳大绳时不会跳的钻过去，那我不跳，跑到排尾去；低年级爬垫子游戏，你规定跑到垫子前爬过去，他跑到垫子前，先来个向前跳，再爬。如此下去，事情若真到了那一步，恐怕就不是钻绳那么简单了，也不是跃垫子那回事，可能他“跃”的是一种法律的权限。

作为体育教师，体育课堂就是文明的一角，社会的一个缩影。球场上、游戏中、比赛时，需要我们对不文明现象加以制止，加以教育，让学生形成规则意识，是体育教育的基点，没有基本的规则意识，学生日后离开学校走向社会就会导致社会管理秩序的失陷，明规则衰败、潜规则盛行。因此，在体育课程的教学中注意并加强规则意识的渗透具有重要的课程价值和时代意义。学生在我们的体育课堂上被外在的规则和内在的道德约束着，才能有一个良好的学习环境，从小养成文明的好习惯，长大才能成为一个真正的人，未来社会才能更美好。

理想的社会应是规则与道德并存的。规则约束着人们，使其不至滑出道德的底线；同时，道德也填补了规则的漏洞，使其更加完美。一个社会的规则与道德相辅相成，这个社会才能充满希望；一个社会儿童少年有道德，守规则，这个社会才能充满希望。道德是通向美好未来的路，而规则就是路旁的灯，照亮我们纯洁的灵魂，也照亮那条充满理想的大道。我们将规则挽在手上，将道德埋在心底，在体育教育的路上创造更加美好的未来。

习近平总书记在党的十九大报告中指出“加快推进体育强国建设”。儿童少年的身体健康和体魄强健是强国梦和中国梦的基石。体育教育担负着培养学生身体健康和体魄强健的光荣使命。因此说，在体育情缘中，其次应该对学生进行体育精神的培养。

加油！坚持到终点

枪声响起，800 米运动员冲出了起跑线。这是每年运动会上学生跑的最远距离。800 米对于小学五六年级的学生来说是不算远也不算近的一次挑战。曾经的赛道上，800 米这样的距离是不敢让孩子们跑的。在体育教育发展中，正是因为这不敢让孩子做，那担心孩子出危险，学生的体质日渐下降。然而，增强学生体质最重要的一项训练就是耐力性训练。我们不是一定要培养长跑运动员，但我们一定要动员、鼓励所有学生都参与运动。听！在 800 米运动员即将结束赛程的时候，看台上，老师和同学们鼓励的话语，“加油，坚持到终点”。是啊，只有坚持，才能到达终点，这就是一种体育精

神，是体育带给学生们的良好意志品质。

小学时期是意志品质形成和发展的重要时期，重视对小学生良好意志品质的培养将对其一生的发展产生重大影响，而体育活动正是发展学生良好意志品质的重要途径之一。

在体质测试中，学会自觉

秋天是美丽的季节，操场边的银杏树叶黄了，枫树叶也泛红了，在这美丽的秋天里，校园里开始了那为期一个月的耐力训练——四年级迎检训练。

2018年学校接到教育局通知，我校四年级学生准备迎接2018年国家义务教育质量监测体育测试任务。为更好地迎接国家体质测试，10月，全体四年级学生开始为期一个月的体能集训。每天间操时间，全体四年级学生400多人，按照事先布置好的场地，集体在音乐的伴奏下进行15米的折返跑训练。一个班由开始的两三名学生能达到44个折返的最高标准，一个月后，每个班能有一半以上达到44个折返最高标准。学生们在10月份闷热的天气下依然能坚持超越自己，除了遵守学校统一规定和集体训练气氛的影响，更多的是老师、同学们克服各种困难的自觉。

自觉性是指个人对行为的目的和动机有清楚深刻的认识。参与迎检的老师们都很清楚，大家在共同完成着同一目标。体育老师安排场地，按时搬出音响，班主任老师们认真组织学生按照学校要求时间到达练习场地，一切的努力也在感染学生，这种环境的创设就是一种推动力，推动着每一个参与练习的同学自觉地坚持在火热的夏末训练，学生不避艰险，有的同学从开始的十几个，到后来的几十个，学生没有灰心，而是积极主动地去挑战自我。最终我校以优异的成绩圆满完成国家体质健康检测任务。

我校以这次国家检测为契机，将四年级折返跑练习作为常规的学校体育工作常抓不懈，只有这样才能保证学生在高年级学习任务重的前提下，依然能保证体质不下滑。集训锻炼意志品质，使学生在学习、生活上遇到困难时，能学会支配自己的行动，不受外界影响，自觉地排除干扰和诱惑，独立完成任务。

在足球中，学会勇敢

为了积极响应习主席大力推进校园足球工作的号召，促进校园足球常态化开展，育才双语小学部每年夏天都要在五年组开展以“阳光体育、快乐足球”为主题的“双语杯”校园足球联赛，经过几年积累，足球联赛已经成为孩子盛夏的期待。

育才双语小学部高度重视校园足球联赛，每次都做以详细的部署，比赛得到了全体班主任老师大力支持。在联赛初期，为更快提高学生的整体水平，体育组大胆创新，联赛方案中规定上场队员由3位家长、3名女同学和5名男同学组成，由于男女生共同参与，扩大了足球的参与面，提升了足球课堂教学中学生参与足球学习的积极性，更加激发了女同学参与的热情，同时由于家长的参与，促进了家长与学校的沟通，体现足球与健康的家校共同关注，突显体育在教育中的基础性作用。

通过校园足球联赛进一步提高了我校学生的身体素质和足球竞技水平，也为班级提供了一次凝聚力量的平台。在比赛中各班班主任老师作为班级的领队和同学们积极商讨，排兵布阵。比赛中各班都涌现出多名具有发展潜力的足球小明星，学生精彩的传接球、盘带、过人、射门，在场上足球技术发挥得淋漓尽致，博得了现场观众的热烈掌声和喝彩声。每当班级进球的那一刻，在场边的“教练员”都激动得跳了起来，就像世界杯进球一样，老师和进球的同学击掌、拥抱在一起。

历经近一个月激烈比赛，各班为联赛奉献了一场场精彩的对决，精彩的背后是孩子们一点一滴的进步积累起来的，刚开始，女同学都怕球，男孩子踢过来的球学生不会停，力量大一点的不敢停，到后来和男孩子一起拼抢；为了准备训练，学生早早地从宿舍爬起来，训练中擦破点皮，学生从没有因

此而放弃训练，在比赛场上勇敢顽强、奋力拼搏、永不放弃，充分展现了良好的体育精神。这都是足球联赛带给孩子们的成长，同时，通过联赛，学校发掘了一批足球人才，为推动双语学校足球的发展，让双语足球走出去奠定了坚实基础。为中国足球事业的发展做出育才的贡献。

在跳大绳中，学会果断

跳绳作为育才双语小学部传统优势体育项目一直以来深受孩子们的喜爱。跳绳既可以提高心肺功能增加抵抗力，也可以培养孩子们良好的意志品质和团结协作精神。每年入冬时节，跳绳在这寒冷的冬季校园变得异常的火热。“阳光体育，绳采飞扬”校园跳绳比赛激情上演。

每次比赛小学部学生全员参与，以年组为单位进行：一、二年级一分钟并脚单摇跳；三到六年级3分钟“8”字长绳跳。备战期间，孩子们每天都利用课余时间紧张而有序地进行着跳绳训练。赛场上，每位队员都为了班级的荣誉使出浑身解数，选手们都表现出了不凡的毅力。瞧，彩绳在一、二年级小选手的手中翩翩起舞，学生人虽小，绳技却不俗，偶有掉落却也不甘示弱，接着再来。

三到六年级的长绳比赛也精彩纷呈。摇绳的同学聚精会神地喊着响亮的口号，参赛的队员身轻如燕，动作敏捷，宛如悦动的精灵穿梭绳间。啦啦队员更是不甘示弱，加油、喝彩、欢呼声此起彼伏。

在这精彩的一幕一幕背后，都留下了孩子们成长的脚印：学生由开始学习助跑方向，上绳角度，起跳点位置，再到落地姿势，跑出的方向，掌握以上的基本技巧后，有一少部分同学明显需要练克服自我恐惧的心理，学生不敢上，越怕绳越判断不好上绳的时机，每当这个时候，班级胆子大的同学就会七嘴八舌地指责……这个时候，首先，对全班同学教育，正向鼓励，激发潜能；然后，让学生分小组，几个会的同学帮助他建立自信，经过所有人的努力，孩子们在比赛中学会了坚持，学会了成长，也学会了突破。

东北育才双语学校小学部跳绳纪录

一年级		二年级		三年	四年	五年	六年
男	女	男	女	团体	团体	团体	团体
163	166	214	190	135	268	270	273

果断性是及时、坚定地采取有根据的决定。所以说，很多同学存在果断性差，是因为他在这方面经历得少，在时机判断上，因为没有根据，而迟疑，越是迟疑，越增添心理负担，从而产生恐惧的心理。为提高学生毫不迟疑地执行判断的决定，提高学生果断性的意志品质，跳大绳是最有效的体育项目。未来，双语小学将在实践中继续探索，创建良好的运动氛围，培养学生对体育运动浓厚的兴趣；让更多的孩子在运动中激发兴趣，激发参与运动的热情，有了兴趣和热情，就更加增添克服困难的勇气。

意志是推动一个人积极主动地进行活动的强大动力，是一个人能否坚持到底、顺利完成任务的保证。一个人离开了坚强的意志品质，就不可能有坚定的信念，也就难以克服工作、学习和生活中的困难。

小学生是培养意志品质的关键时期，集体荣誉感是培养小学生意志品质的精神动力，因此，我校的体育发展将依据《中国学生发展核心素养》中与体育教育相关内容，结合我校优才教育理念，以“体育育人”教育观念为指引，开展丰富多彩的体育活动，通过集体性活动及体育教学，实现每人掌握两到三项终身体育技能，在体育学习过程中形成品格优良、能力突出、生活健康的育才学子。强健的体魄无法短时速成，体育的价值也不在一朝一夕。育才双语小学部的体育教育一直在努力，让学生们自由奔跑，在运动中感受体育之精神。

曾经，我们是只有比赛，只有获胜。竞技场上，胜者欢呼雀跃、笑容灿烂；负者垂头丧气、神情落寞，体育带给人们的情感冲击直接而强烈，这一点在少年儿童身上表现得更加淋漓尽致。实际上，无论输赢，都是一个人成长的过程，都会有人生的收获。

体育，帮你战胜的是自己

每年运动会结束之后，双语校区体育馆热闹非凡，“双语杯”校园篮球联赛在这寒意浓浓的初冬时节激情上演，场外啦啦队的欢呼声、加油声让校园篮球联赛再次沸腾起来。经过一个月时间紧张激烈的角逐，联赛冠军荣耀登场，当胜者捧起奖杯的那一刻，有欢笑，有泪水……

每一年联赛都在六年级上学期进行，以A、B组的分组形式，分别进行两轮的小组赛，依据小组赛排名再进行最后一场决赛的排名。在比赛中，参赛班级的队员在双方体育老师及班主任老师的指导下，防守与进攻都贯彻得有模有样，积极抢断，大胆突破，经常会出现精彩的过人动作，精准中投、远投时常惊起场外一片的欢呼声、喝彩声。

“双语杯”校园篮球联赛不仅丰富了同学们的课余生活，增强了班级凝聚力，更点燃了双语校园的篮球运动热情，为了更好地在比赛中展示班级的风采，各班同学在老师的指导下，积极参与篮球运动，室外篮球场、体育馆，到处活跃着篮球小将的身影。通过比赛，同学们更近距离地接触了篮球运动，懂得了篮球比赛的规则，对篮球产生了浓厚的兴趣。

随着“双语杯”校园篮球联赛举办水平逐渐成熟，学生对篮球运动也产生浓厚的兴趣，更多的学生在篮球中强健体魄、发展特长，然而，当胜利的班级同学相互拥抱、欢歌笑语时，失败的队伍却低头不语，眼含泪水地离开，我们要思考，体育还应该再做点什么？心理！健康的心理教育，这才是体育完整的教育。

生命因健康而美丽，而真正意义上的健康是一个人的身体健康、心理健康和较强的社会适应能力的综合。教育应以每个人的后天的健康为最终目标，因此，体育教育学生强身的同时，同样应重视“强心”。

心理健康对每位学生的成长和发展都有重要的影响。健康的心理是正常

生活、学习、工作和交往的保证。积极参加体育活动，不仅有助于身体健康，也是促进心理健康最有效的途径之一。

仪式感，培养学生自尊自信

中国著名教育家徐特立说：“任何人都应该有自尊心、自信心、独立性，不然就是奴才。但自尊不是轻人，自信不是自满，独立不是孤立。”

自尊是一个人发展和前进的潜在动力，是一种高尚纯洁的心理品质。自信是一个人心理健康的基础，是良好心理素质的核心，也是走向成功的必由之路。少年儿童是自尊和自信形成中认识自我、了解自我的初期，小学生不仅可以在体育活动中认识自我、比对他人，还能够通过体育活动有效地培养和展示自己，学会尊重他人，从而建立自尊自信。

按照生命教育的观点来看，仪式教育有助于学生养成集体意识，可以给他们带来安全感、秩序感、归属感、神圣感，更有助于帮助学生不断“成为优质自我”。我校在足球、篮球联赛中，尽力打造联赛中的“仪式感”教育。

会序	预赛流程	决赛流程
1	运动员通过本班学生搭建的球员通道入场	运动员集体合影
2	运动员集体合影	介绍领导、裁判员
3	入场后双方致意	教练员宣布运动员名单
4	比赛结束后向裁判员、运动员、观众队伍致谢	运动员通过本班学生搭建的球员通道入场
5	预赛结束	入场后双方致意
6		比赛结束后向裁判员、运动员、观众队伍致谢
7		领导颁发奖杯
8		联赛结束

“仪式感”是一种尊重。尊重每一名参赛的运动员，尊重足球、篮球运动带给我们快乐与健康，尊重领导对体育发展的支持，尊重裁判员及双方教练的辛苦付出，尊重体育运动带给我们的精神享受。“仪式感”是一种鼓励。鼓励为比赛所付出的每一个人，鼓励裁判员文明裁判，认真执法，鼓励运动员遵守规则，尊重他人，鼓励将有助于建立更好的比赛氛围，也有助于发展自尊、自信。“仪式感”是一种凝聚。凝聚着组织者集体的智慧和力量，凝聚着参赛班级的凝聚力，凝聚着观众对篮球运动的吸引力。凝聚，才能发挥体育运动最大的魅力。“仪式感”是一种幸福。幸福源于教师为每一位参与的学生提供的不仅是运动舞台，更是精神食粮；幸福源于参赛者不仅以篮球技能的精彩表现感染学生，更在于体育有一种精神的力量。“仪式感”是一种教育。“仪式感”不需要追求华而不实的形式，而是注重每一个细节带给孩子内心的真实感受，它唤醒我们对教育的尊重。把常规活动做到极致，突出仪式教育的育人功能。

体育成为学生情绪调控的手段

情绪无时无刻不在伴随和影响着我们，良好的情绪会激励我们积极向上，生活愉快、学习进步；不良的情绪会减少快乐，干扰正常的学习和生活，甚至会损害身体健康。如果学生能够主动地运用体育手段及时调控不良情绪，就可以把不良情绪的危害减少到最低限度，把积极情绪调节到最佳状态，进而体验到更多的幸福和欢乐，更好地服务于社会，享受生活，促进身心健康发展。

情绪的好与坏，直接影响着人的身体健康、认识发展、个性发展以及人际关系。积极的情绪有利于机体的正常活动，使人思维敏捷，有利于营造良好的人际关系和形成健康的人格；不良的情绪会引起机体功能障碍、思维僵化，易形成不良的行为，导致人际关系不和谐等。

日常学习和生活中，由于各类事情的发生，难免会产生不良情绪，通过体育活动，比如健美操、足球、慢跑、游泳、轮滑、自行车等体育项目能有效地调节学生的情绪。特别是对于我校寄宿制学生来说，学生离开父母在校期间会有一些困难需要独立面对，这样会对孩子心理造成更大的压力，为此，学校聘请专业的心理老师，设置专用的心理咨询室，为有困难的学生提供帮助。此外，学校通过开展丰富多彩的体育活动营造和谐的校园氛围。

当然，在体育活动中也会存在这样那样的心理问题，这就需要我们全体教师在教育中及时发现学习的不良情绪，提早进行教育干预。有这样一个案例，让我们看到双语教师工作的责任心和在组织同学训练比赛过程中对产生恐惧心理学生的教育艺术，老师通过指导学生跳大绳，布置了一篇作文，看过这篇作文很感慨，感谢它让体育活动更加充满教育的意义。

“跑”大绳

——作者 六年三班 蔡婵羽

“万事开头难”这句话说得没错，无论做什么，都是由难到易、熟能生巧。比如在一年级，我们都只做些极其简单的试卷，可是升到六年级，我们即使进行一些烧脑的复杂运算也游刃有余。跳大绳也是一样，想要学会它就需要付出努力。

跳大绳看似简单，实际上却是非常需要技巧的一项活动。它不仅需要有节奏感，还必须有队员之间的默契。其实此“跳大绳”非彼“跳大绳”——老师说，“跳大绳”应该叫“跑大绳”，因为这项活动不仅仅是“跳”，更多的还需要“跑”。

在班主任老师的组织下，全班第一次全体参加“跑大绳”。之前我们虽也玩过普通的跳大绳，不过大家跳得慢而且只需要在一侧进入，但是现在老师要带我们攻克的可是“8字跳大绳”啊！因为我生性喜静，所以大家跳绳我都不怎么参加，如今，唉！真是“欠的债总是要还的”，偷过的懒一不小心就会变成打脸的巴掌——我这个地地道道的“门外汉”心里别提多忐忑了。果然，“班网恢恢，疏而不漏”，不一会儿，我就让老师给“抓”出来在旁边看着别人跳，心里就像打翻了醋瓶一样，很不是滋味。

第二天再次练习，老师让同学们把两条小绳结成大绳，自由分组，由两人摇绳，其余人轮次跳。练习中老师又给大家讲了技巧：一只脚在绳中间起跳，另一只脚就立刻跑出绳。老师还在网上搜了“8字跳绳”的视频，只见跳绳的人来回穿梭，又快又自然，就仿佛那个随时会勾住人的“魔爪”是空气一般。我心里想：学生一定也是经历了“千磨万击还坚劲”，才能“任尔东西南北‘绳’”吧！要是能有学生一半好，我也算是求菩萨、拜神仙了。可是哪有这般“得来全不费工夫”呢，不过是刻苦训练罢了，要知道“冰冻三尺非一日之寒”可不是白说的，毕竟“梅花香自苦寒来”！

新一轮的练习，老师把我们分成了三组——A组、B组、C组。简单说，A组就相当于学霸，C组则是学渣，而B组恰位于两者之间。老师在A组抓速度，偶尔也会去B、C两组支援支援。像我这样“节奏失调”的患者自然是不太可能去A组了，不过我“临时抱佛脚”也没到C组，就在B组“安营扎寨”了。“熟读唐诗三百首，不会做诗也会吟”。经过长时间练习，我终于找到了感觉。即使连不起来，也不至于当个“断绳王”，这还得多亏了老师的对症下药给了我“独家秘方”！老师先让我在绳外练步伐，再到绳里试。还有一剂药是针对我“小虾”的独门秘招儿——老师让我闭上眼睛跳。反正我也是个“睁眼瞎”，闭就闭吧！我紧紧闭上眼睛，按老师开的方子来应对这条“千古恨”的长绳，一跃，竟一点没碰上绳，轻松跳过了。真是“柳暗花明又一村”啊，顿时我感动得眼泪要“飞流直下三千尺”了，老师真是妙手回春啊，为老师点赞！可这毕竟不是长久之计，我也不能一直闭眼跳，终究要学会的呀！所以老师又让我睁眼跳一次，结果我却没有跳过，顿时如雷般掌声不绝于耳——自然是全班给老师的“小虾秘招儿”鼓的掌。

现在虽然我还跳得不太熟练，但也不用总依赖“闭眼大法”了。而且我从“跑大绳”中悟出的道理可比单单学会这项运动本身要多多了，这个买一赠一的收获可真不错。大绳，我们下次再会！

从孩子细腻的叙述中，我们可以感受到，她由开始对体育活动的“文静”到被“班网恢恢，疏而不漏”的老师“抓”出来在旁边看着别人跳，心里就像打翻了醋瓶一样，很不是滋味，再到教师一步一步地教，最后由“闭眼大法”到“柳暗花明又一村”赢得全班同学的掌声。掌声是对她的鼓励，也是送给老师教育的经典赞许。

卢梭在其名著《爱弥儿》中说道：“什么是最好的教育？最好的教育就是无所作为的教育：学生看不到教育的发生，却实实在在地影响着学生的心灵，帮助学生发挥了潜能，这才是天底下最好的教育。”

体育，在一次次的动作磨炼中，在一滴滴的汗水流淌间，一天天地成长，一天天地蜕变，在人生之旅中实现完美。体育，不仅是竞争中超越对手，更重要的是，人生中战胜自己！

世界是一本打开的书

“草长莺飞二月天，拂堤杨柳醉春烟。儿童散学归来早，忙趁东风放纸鸢。”“小娃撑小艇，偷采白莲回。不解藏踪迹，浮萍一道开。”小儿嬉笑于山水畔，成长于天地间。从古至今，孩子们总会以不同的方式和这个世界不期而遇。

一张纸鸢、一叶扁舟、一本简书，都可能成为孩子们打开世界大门的钥匙。

在当今的校园生活中，教科书也是孩子们手中的一把钥匙，教科书不再是孩子们的世界，世界才是孩子的教科书。

这个世界恰如一本打开的书，孩子们眼观世界，行于世间，直到与世界并肩前行。

同一片蓝天下最美丽的心灵

在人类的认知中，有很多双手抓不住的东西，却可以跨越时空，传递爱意与真诚，例如音符、微笑、爱……

在遥远的那边有一份爱的守候；在需要帮助的时候有一双温情的手；在孤独无助的时候，用心灵撑起爱的天空……这一切都源于在同一片蓝天下——最美丽的心灵。为塑造孩子们美丽的心灵，学校开展了以感恩为主题的系列活动，从“学会感恩”的演讲开始，读一篇“感恩的故事”，唱一首“感恩的歌曲”，写一段感恩的话，从点滴做起给孩子们播下一颗感恩的种子。

远方的你

“亲爱的小朋友：

你好！

也许我们并不认识，但我相信，在你看了我的信的时候，你一定会非常了解我，并和我成为最要好的朋友。

我叫杨芷铭，今年10岁。我是一个活泼开朗的男生。

我的家乡在沈阳，有故宫、北陵、东陵，这些都是世界遗产。如果你们想来参观的话，我可以当你的导游。”

我是沈阳市东北育才双语小学的学生，我们班有亲切和蔼的老师，有团结互助的同学。

亲爱的小朋友，你听了我的介绍后，一定想和我做朋友吧！那么请你回信，写信告诉我你的家乡，你的性格和你的班级。

期待你的回信！祝你开开心心，身体健康！

你的朋友：杨芷铭”

这是学校四年六班杨芷铭同学在一封信交友活动中给远方朋友写的信。说起一封信交友活动，要从一次家庭作业开始说起：“本周利用周末回家的时候写一封信，同学们的交友信将通过班级集体邮寄的方式寄送至海拔1500米山区中的湖北省恩施州鹤峰县邬阳乡高峰小学，那里的孩子们生活条件差，气温低，但是山区也一定有很多有意思的生活。如果我们能够收到那边孩子们的回信，孩子们之间就有了交流渠道，可以将活动深入地开展下去。提示：请将信放在信封里，不需要贴邮票，周日返校时上交即可，信封里可

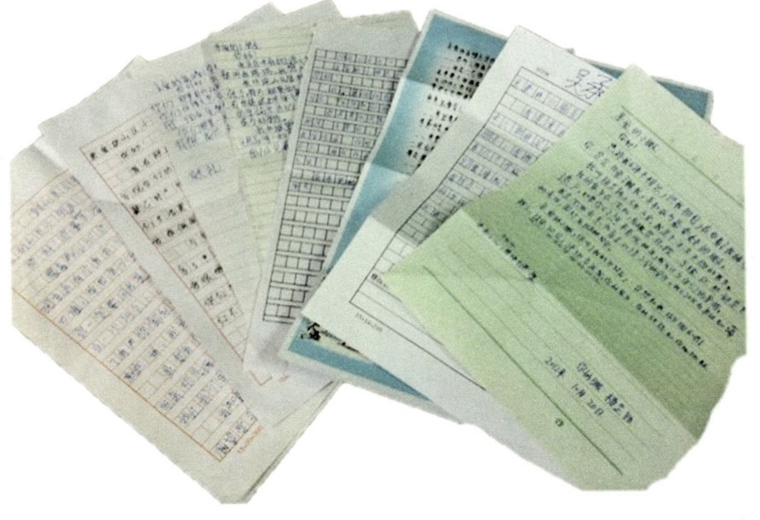

以放一张照片。”

一封信活动得到了同学们的大力响应，很多同学将自己的心里话写成一封封热情又富于爱心的信件。在“同一片蓝天”的班会上，孩子们踊跃发言：有的同学说要用积攒的零花钱购买一些文具用品；有的同学把刚刚在校得到的奖励拿出来；有的同学说把家里自己穿小的衣服洗干净一同寄给高峰小学远方的朋友们。都说最纯真的就是孩子的童心，虽说礼物不贵重，但是这是孩子们力所能及的最用心的礼物。

高峰小学校长在回信中写道：“感谢东北育才双语学校小学部孩子们捐赠的衣物、文具，这些都是学生们迫切需要的。学生们一起用心感受好心人的帮助，我们一辈子都不会忘记，谢谢你们！学生们在学习和生活的路上会更加努力，也真诚地希望你们来大山做客。育才学子给我们带来了不可抗拒的感动，信件传真情，所赠物品是雪中送炭！一封信交友让孩子们燃起了学习的斗志，誓不辜负好心人的帮助，要走出大山看看帮助我们的小伙伴。”

战国时期的思想家、教育家荀子说：“不闻不若闻之，闻之不若见之，见之不若知之，知之不若行之。学至于行而止矣。行之，明也。”一封信交友活动，让素未谋面的孩子们建立了友谊，懂得了爱，有了牵挂。在对别人付出爱的同时，学会了爱，收获了自己帮助别人带来的一种幸福感。感恩的种子在孩子们的心中悄悄发芽了。

播撒爱心阳光

高尔基曾说：“如果你在任何时候，任何地方，你一生中留给人们的都是些美好的东西——鲜花，思想，以及对你的非常美好的回忆——那你的生活将会轻松而愉快。那时你就会感到所有的人都需要你，这种感觉使你成为一个心灵丰富的人。你要知道，给永远比拿愉快。”

在长期细致的观察中，教育家发现：也许孩子们的世界里，并没有储存这么多大道理，但是出于纯真的本能，他们总是愿意和他人分享自己心中的那束光。于是，学校决定带领孩子们走出校园，走到留守儿童的身边，亲身感受“给予”的快乐。

一个冬日的清晨，一场纷纷扬扬的雪后，世界一片洁净宁静。辽中区的肖寨门中心学校迎来了东北育才双语学校小学部的师生们。我们的到来给这里的留守儿童带来了一些慰问品，有书包、本、笔、字典、词典、地球仪、羽毛球、球拍、篮球、足球等。在孩子们与留守儿童零距离接触中，切身地感受到了农村小学生的生活状态。当孩子们听见留守儿童的谈话：“你们知道吗？我们喜欢过年，因为过年了，爸爸妈妈就会回来；但我们又不喜欢过年，因为过年后，爸爸妈妈又要走了。我们太羡慕你们了，总有父母的陪伴。”听后，很多孩子流下了难过而激动的泪水，有的孩子当场留下了自己的联系方式，有的孩子说道：“别难过，有时间去我家做客，你们就是我的弟弟妹妹，我的爸妈就是你们的爸妈。”在手拉手活动中一首合唱《感恩的心》把活动推向了高潮，很多孩子流下了激动的泪水。窗外的阳光透过玻璃照在孩子们的身上，愿这一缕缕带着孩子们的体温，印着孩子们的牵挂，托

着孩子们的祝福的阳光，编织成七彩的花环悬挂在你我的心门。

在“播撒爱心阳光，关爱留守儿童”的手拉手活动中，孩子们把学校里所学、所知、所想，把学校所倡导的“常怀感恩之心”落实到了实际的行动中，更加深刻地体会到了“给永远比拿愉快”的真正含义。

在对留守儿童手拉手，献出爱心，承担责任的时候，学会了爱与担当，在活动中理解了父母的不易，懂得了父母的陪伴本身就是一种爱。感恩的幼苗在孩子们心里渐渐长大。

同享书香，结伴成长

“书中自有黄金屋”“读书破万卷，下笔如有神”……古今中外，描写书籍对于孩子们重要性的句子不胜枚举。

如果校园内仅仅是教科书，当然不足以为孩子们的世界平添色彩。以梦为马，可纵横万里，而以书为路，却可以让孩子们稳步前行。东北育才双语学校小学部通过一届又一届的读书季活动，沐浴在书香中，徜徉在书海里，校园焕发出勃勃生机。

在“沈阳市中小学第十届读书季活动”中，学校组织学生自制书签，办手抄报，举行经典诗文诵读比赛，开展教师读书交流活动。通过读书季活动，在校园里掀起了读书热潮，形成了一种浓厚的读书氛围。

孩子们以书为媒，以书会友，将读书带出校园，要把这份读书的热情分享给更多的人。孩子们自发组织将600本课外读物捐赠给康平郝官屯九年一贯制学校。孩子们以书为纽带结成手拉手伙伴、建立友好关系。同享书香、结伴成长，在活动中孩子们畅谈了读书的意义、阅读的快乐和对友谊的珍惜。在手拉手图书捐赠活动中，东北育才双语学校小学部的孩子们不仅在育才园里积极参与阅读，享受着浓厚的读书氛围，还把书香传递给手拉手的伙伴。

“感恩的心，感谢有你，伴我一生，让我有勇气做我自己；感恩的心，感谢命运，花开花落，我一样会珍惜”。当这熟悉的旋律回响在耳旁，总会感受到心灵深处的触动。在活动中，孩子们用眼睛去看，用耳朵去听，用心灵去感受，在心中培植一种感恩的情感，无论对待父母或者老师，朋友或者对手，快乐或者悲伤，都能以一颗感恩的心去面对。孩子们明白了生活就像一面镜子，你哭它也哭，你笑它也笑。当你心存感恩，生活也将赐予你灿烂的阳光。

点燃心中的梦想

“儿时”“梦想”在新华字典上，这两个风马牛不相及的词汇，却在人生的长河中紧紧相连。每一个孩子心中的梦想，初时，如萤火之光，指引着孩子们通往世界的路。有幸教书育人，引导孩子与这个世界相遇，也在努力着让素质教育融入生活，让孩子们通过教育的引导去感受这个世界。

从党的十八大到全国两会，“中国梦”正在成为一个新起点，召唤14亿中国人民共同去畅想、去攻坚、去创造、去实现。对每个中国人来说，中国梦是中华民族的拼搏梦、奋斗梦、兴国梦、强大梦、繁荣梦、昌盛梦、幸福梦！而要实现中国梦，最重要的是发展教育，振兴教育，帮助孩子敢于筑梦，为孩子放飞梦想架起天梯，带领孩子一起奋斗，实现育才梦。

为培养孩子们敢于筑梦的勇气，为引导孩子们筑出充满正能量的梦，为鼓励孩子们不忘初心，时刻为实现梦想而奋斗的决心，学校先组织教师树立紧跟时代步伐，为实现中国梦而教书育人的正确理念，在培训教者通过课上课下的教学与育人活动渗透筑梦意识，学习周恩来等伟人的筑梦勇气和行动。

小记者，大世界

陶行知说：教育即生活。素质教育需要我们将教育融入生活，让学生感受世界。期待相遇，知己知彼，先从认识这个世界开始，从观察者开始做起。有一个职业，便是周而复始地观察着这个社会，那就是人们熟知的——记者。

记者是社会的观察者和记录者，是有大情怀、大抱负的一群人，进了小记者这个大课堂里，可以学到观察和思考，而观察能力和思考能力，以及建立在这两者之上的表达能力，是一个人最重要的生存能力，在一个人成长和发展的道路上，这三个能力远比分数更重要。在东北育才双语学校小学部有这样一群人，他们有个共同的名字——小记者。除了在校园内进行新闻采访报道，有时候他们也会走出校园，走进社会，在一次次的采访中增长知识，丰富生活，提升自己的胆量，锻炼自己的口才，提高观察生活的能力，提高写作水平，增强解决问题的能力，在每次采访中，收获，成长。

2016年12月8日，东北育才双语学校小学部成为沈阳市青少年记者协会理事单位，这让我校小记者团队踏入一个新的起点。

“小记者，大情怀；小记者，大课堂；小记者，大作为；小记者，大世界。”青少年是即将绽放的花骨朵，是明天的社会栋梁，是国家未来的主人，有责任担当起历史赋予的光荣责任。从“新闻眼”中看世界，行走在世界，在记者平台上绽放属于自己的风采，最终成为：今日小记者，明日栋梁材。

向快乐出发，世界那么大

“向快乐出发

世界那么大

任风吹雨打

梦总会到达

向快乐出发

别害怕

幸福就像天边

灿烂的晚霞 一起来吧”

伴着轻快的歌声，我们走进了沈阳世界园艺博览会，简称世博园。在园区正大门，我们看见了世博园的标志性建筑——“凤之翼”，既象征着沈阳的腾飞，又象征着沈阳的热情，敞开怀抱欢迎全世界游客光临。游览途中我们还看见了世博园的另一个标志性建筑——百合塔。它是世博园的主体建筑之一，也是世界上最高的雕塑建筑。孩子们走进了园区内的智慧体验馆，去里面了解物理、科学，参与“障碍过河”等各种科普娱乐项目，滑轮是如何省力的，勾股定理是怎么证明的，孩子们在“玩中学，乐中学”。海盗船，双层抓马，音乐飞碟……有些孩子从来不敢玩的项目，在同学们的激励下也玩了，玩过了，试过了才知道感受，孩子们在集体中更容易学会勇敢与坚强。在游玩中还设计了团队训练，从队名到队徽，都集合了孩子们集体的智慧。在活动中好多孩子不敢参加“荆棘取水”“信任背摔”，经过活动体验后他们相互信任，奋力拼搏，协同作战，快乐无比。

孩子们在游玩中，切身感受到了家乡美，家乡的繁荣；在游戏项目中，懂得了相互陪伴鼓励的力量；在团队训练中见证了团结协作的力量。

插上飞翔的翅膀

一位猎人于高岗之上捕获了一只小鹰，到家后将小鹰与小鸡关在鸡笼里一起喂养，时间久了，小鹰和小鸡一起嬉戏进食，它认为自己也是一只无忧无虑的小鸡。小鹰渐渐长大，羽翼慢慢丰满，猎人想把小鹰训练成猎鹰，便来到高岗上，将小鹰从悬崖上扔了出去，没想到小鹰像坠落的石头直奔地面，猎人惊出了一身冷汗。但是在最后的关头，小鹰展开双翼飞了起来，翱翔于天，俯视于地，至此，它才想起自己是鹰……

将这则小故事与育儿做比，不难理解其中奥义。

也许，为人父母、为人师表，不能时刻与孩子们并肩飞翔，但至少可以为他们加油助威。以生活为中心的教学做指导，给孩子以勇气。如此一来，在他有力量可以翱翔时，也许他会抱着你一起感受生命的真谛。

小荷露尖

东北育才双语学校作为一所优才教育实验学校，不断丰富优才教育的内涵，提出了全面优才的教育理念，尊重个性，为每一名学生成为优才提供机会和条件；内容上注重学生领袖素质的培养，让普通的孩子优秀起来，让优秀的孩子走向卓越。

2016年6月14日，德国总理默克尔来沈访问，需要一名小学生代表献花表示欢迎。经过全市多所小学的选拔，最后确定了我校四年级的学生王渝赓。小渝赓的父母都是国企的普通职工，他是育才普通学生中的一名代表。王渝赓在学校组织的英语口语竞赛中屡获第一名，正是基于英语口语的突出能力，才使他在选拔中发挥稳定，获得了这次难得的机会，并在短时间内将德语问候用语熟练掌握。默克尔一走下飞机，王渝赓马上跑上前去，将手中的鲜花献给了默克尔，并用洪亮的德语说："亲爱的总理，欢迎您到沈阳来。"让现场很多人没有想到的是，默克尔接到鲜花后俯下身去和小渝赓交

谈起来。在翻译的沟通下，默克尔不仅询问了王渝赓的年龄，叫什么名字，在哪所学校学习，还亲切地询问了他的生活情况，两个人交流了一分多钟。欢迎活动结束后，默克尔还特别邀请小渝赓和她一起前往故宫参观。这次作为少年儿童代表向德国总理来沈表示欢迎，很好地展示了育才学子的精神面貌，不仅是他个人难忘的经历，也是东北育才双语学校的殊荣。一直陪伴王渝赓的贾术老师说，欢迎活动结束后，王渝赓特别自豪地对她说，今天晚上要写一篇日记，把所有的事都一一记录下来。

2016年6月29日，沈阳迎来了首位访问中国东北地区的韩国总理——黄教安先生，在欢迎韩国总理的少年儿童代表选拔中，东北育才双语小学部张楚曼脱颖而出。张楚曼，来自东北育才双语学校小学部，她是学校的少先队副大队长，校舞蹈团团员，多次参加沈阳市中小学生艺术展演获得舞蹈一等奖。飞机降落在沈阳桃仙国际机场，黄教安总理刚走下飞机，一个活泼可爱的小女孩迎了上去，用韩语问候：“您好，欢迎您来沈阳。”并为他献上鲜花。黄教安总理笑着接过鲜花，亲热地拉着小女孩道谢、拥抱、合影，愉快地开启了他的沈阳之行。这次作为少年儿童代

表参与韩国总理来沈的外事接待活动，又一次很好地展示了育才学子的精神面貌。

东北育才双语学校多年以来秉承“办人民满意教育，为每个学生的未来奠基”的教育理想，全面实施素质教育，为学生的全面发展搭建平台。在育才园里，一批又一批的学子在各项活动中得到锻炼，提高能力，全面发展，初露才华！

一树繁花

东北育才双语学校充分利用自身人才优势，以“培养兴趣，发展特长，尊重个性，快乐成长”为指导思想，打造多彩校园，让孩子们的个性充分张扬。在中国第九届文化艺术节启动仪式中，我校金号角管乐团走进北京清华大学校园内，和著名的表演艺术家谢芳奶奶、中国音乐学院院长金铁霖教授等老一辈艺术家一起表演，与他们分享了艺术感受。金号角乐团指挥孔剑寒老师代表我们东北育才双语学校接受了全国妇联顾秀莲主席的亲自授旗，当小学部的金号角乐团的旗帜在清华校园的艺术中心上空飘扬时，孩子们的心里是兴奋的、快乐的、激动的……

由中国社会福利基金会及中国非物质文化遗产促进会主办的“文化中国·第九届维也纳金色大厅青少年文艺晚会”活动中，东北育才双语学校小学部金号角管乐团的作品《北京喜讯到边寨》经过中国音乐学院的严格评选，成功入围，并安排到了最重要的开场位置。2013年8月4日，走进金色大厅，映入眼帘的金色让孩子们呆住了，心里被古老、神秘、艺术的气息所占据，真不愧有“世界歌剧中心”的称号。大厅里每一盏灯、每一个座椅、每一块砖都在诉说历史，释放着傲气和霸气。演出的时间到了，孩子们心里既高兴又紧张，终于站在了世界顶级舞台上，孩子们代表着中国，代表着辽宁，代表着东北育才集团，代表着小学部。孩子们要为祖国争光，为东北育才双语学校添彩！金号角管乐团拉开了这场音乐盛会的序幕，随着他们的音乐回荡在音乐大厅时，台下一片肃静，每个人都陶醉在乐曲中。演奏结束后，大厅内响起雷鸣般的掌声，演出获得了驻奥地利大使馆馆长、工作人员、中国在欧的外籍华人以及外国各界音乐友人的热烈掌声及高度评价，在演出中展现出育才学子的优秀品质及专业的音乐艺术表现力。

有个孩子在日记中写道："奥地利维也纳——世界著名的音乐之都，维也纳金色大厅——全世界瞩目的音乐圣殿。感谢育才的培养，老师对我们无微不至的照顾、关心，让我们有机会站在世界艺术的最高舞台。参加这次艺术之旅后，我要更加努力地学习，做一个优秀的育才学子，争取再为母校增光添彩！"

在不一样的国度里，一样的中国梦，一样的育才梦，努力，拼搏，向前，今天你以学校为荣，明天学校以你为荣，一起共筑辉煌明天。

走出去

在中国经济发展成就不断被世界所赞叹时，中国教育也需要积极地"走出去"连接世界，通过积极有效的对外传播，参与国际交流，让世界各国对和平崛起的中国有更多的了解，学习。《关于推进中小学生研学旅行的意见》中指出：各中小学要结合当地实际，把研学旅行纳入学校教育教学计划，与综合实践活动课程统筹考虑，促进研学旅行和学校课程有机融合。走在教育前沿的东北育才学校，一直致力于培养孩子们的领袖素养，打开孩子们的国际视野。2012年2月16日双语小学部领导和老师带领30余名学生参加了沈阳市国际教育交流服务中心组织的“寒假新加坡教育之旅”教育交流活动。在为期6天的时间里，孩子们来到了新加坡南华小学的校园，听取学校介绍，探索两校课程设置、学业评价的异同，深入课堂听课，观摩学校活动。孩子们走进了南华小学的课堂，参加了科学、英语、数学和国文等各学科的教学活动，和外国的孩子们同堂交流，感受异域课堂的魅力。此外，还参观了新加坡鱼尾狮公园、牛车水（唐人街）、小印度、日间动物园、植物园、圣淘沙等地点，在领略美丽的自然风光的同时，也充分感受到新加坡多元化社会的风貌。

值得一提的是，孩子们来到异国他乡，无论是在度假村、饭店，还是旅游景点、巴士上，体现了良好的文明素养，受到了新加坡人的好评，不仅为学校争光，也为国人争光！“读万卷书，不如行万里路”。本次修学旅行活动，让学生感受了异国风情，拓宽了学生的国际视野，更增强了学生对世界文化的兴趣。

在不断开展的研学之旅中，育才学子游走过日本、英国、奥地利、韩国、新加坡等，体验到了别国的精神文明与物质文明。相信在未来，育才学子的足迹将遍布全世界。育才学子将集世界优良品质于一身，成为国家的精品栋梁。

请进来

“我去过很多国家，但从没有一位外国好朋友。”这是东北育才双语学校小学部四年四班的方威翔小朋友一直以来的一个心愿。他这个心愿在2018年9月10日实现了，一周的时间里他笑称自己变成了“国际方”。

应沈阳市外办邀请，沈阳市友城伊尔库茨克市学生交流团（“小太阳”少儿艺术团）一行11人抵达沈阳，开始了为期一周的交流互访活动，受市教育局委托，东北育才双语学校小学部负责接待俄罗斯师生，双方师生在此期间就办学理念、课程研究、艺术教育等方面进行友好交流。“小太阳”艺术团成员受到了我校全体师生的热烈欢迎。我校在国际报告厅举行了欢迎仪式。仪式上，小学部合唱团用俄语演唱俄罗斯歌曲《卡琳卡》，俄方艺术团表演了热情奔放的民间舞蹈。互访活动期间，一方面，学校安排了中俄双方学生结对子活动，让俄方小团员走入中国家庭，与中方孩子一起吃住行，感受中国孩子的学习和生活；另一方面，学校也安排了丰富多彩的文化课程，如陶艺课、茶艺课、国画、中国功夫等，让俄方小团员进一步感受中国传统文化的源远流长和博大精深。

出于让孩子们当主角，老师们做辅助角色，让孩子们做“小大使”：带俄罗斯好友结对子进班，和班级里的同学互动。方威翔被选中的时候，抑制不住心中的喜悦，说道：终于可以实现自己的愿望了。

不一样的国度，不一样的城市，不一样的学校，不一样的风情。而纵有再多不同，一旦走进课堂，一旦共同玩耍，却又好像没什么不同了。一周的时间里，每一天都有感动，每一天都有惊喜。为了缓解这位新成员的想家情绪，方威翔当起了小老师，教他下五子棋，陪他玩魔方，和他一起拼电子飞碟，一起品茶，掰手腕，用妈妈下载的翻译软件与他聊天，还和他一起包饺子。俄罗斯小朋友规则意识很强，每次洗好澡之后，都会整理好自己的随身物品，把浴室打扫得干干净净，回到房间后，还会把自己的箱子整理好，这种生活习惯让方威翔印象深刻。这次进家的国际游学，让孩子足不出国，就体验到了国际化的交流，开阔了孩子眼界。孩子们在与小伙伴相处中，无论是语言沟通、待人接物上都有了明显的进步，孩子们向国际友人介绍中国传统文化时，增强了他们的民族自豪感。

美好的交流时光转瞬即逝。离别前，俄方艺术总监Ольга说，她去过很多国家，访问过很多学校，而育才学子脸上洋溢的自信却会让她终生难忘，东北育才双语学校真是一所国际化的学校。

孩子们就像温室里娇嫩的小苗，不经历风雨就难以成材。而今成材的平台就应该是多姿多彩的大千世界，让我们引导孩子们走进它，了解人间百态，亲眼看看辛勤的农民伯伯正在田里忙碌的身影；看看工人叔叔正在工厂里辛勤地工作，汗水顺着他们黝黑的脸颊流了下来……从中，孩子们会很快

明白美与丑，善与恶……

世界是一本打开的书，它慷慨又热烈，从不吝啬到此一游的孩童。它神秘又多变，从不隐藏自己的精彩。它存在于宇宙间创造了无数的秘密，又静静地等着每一个来到这个世界上的孩子去揭开秘密，创造属于自己的小世界。

这世界很小又很大，一页书就是一个小阶梯，但行好事，莫问前程，打开这本书，让你的故事、你的精彩、你独一无二的人生，从现在开始。

星光闪耀育才园

“我伸展双臂，也不能在天空飞翔，会飞的小鸟却不能像我，在地上快快地跑。我摇晃身体，也摇不出好听的声响，会响的铃铛却不能像我会唱好多好多的歌。铃铛、小鸟，还有我，我们不一样，我们都很棒。”

——金子美玲（日本）·《我和小鸟和铃铛》

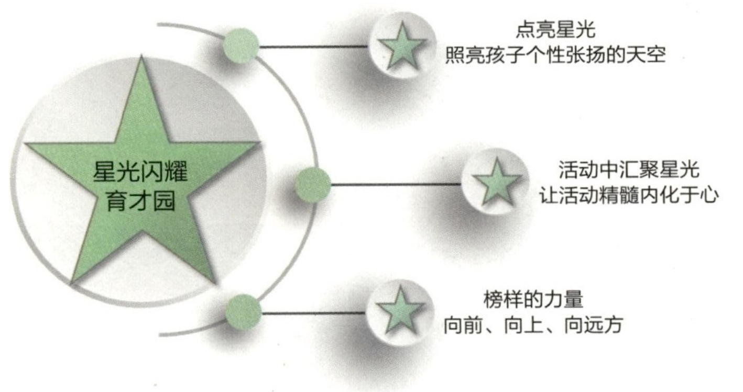

点亮星光，照亮孩子个性张扬的天空

夜空中群星闪耀，我们却找不到两颗完全相同的小星星。在东北育才双语学校小学部，孩子们就像闪烁着的点点繁星，散发着自己独一无二的光彩。在这里，每个孩子都是一朵澎湃的浪花，每个孩子都是一种缤纷的色彩，每一个梦想都值得灌溉，每一个孩子都有权利期待。在这里，我们关注着每个孩子的真实成长，努力让每个孩子成就更好的自己。在这里，我们努力开启孩子未来的无限可能。

自2005年东北育才双语学校小学部建校以来，就开展了“神采飞扬，我型我秀”校园展示活动。舞台是一个神圣的地方，但在育才双语小学部，舞台又是一个平常的地方。相信孩子，解放孩子，学校平等给予每个孩子登上舞台、锻炼自我、展示自我的机会。活动以激发学生多元智能，增强自信，促进学生全面发展为目标，采取班级轮换制，每周定期开展。

作为育才双语小学部的经典品牌活动，在“神采飞扬，我型我秀”这个舞台上，每个孩子都有机会展示自己，散发光彩，都是耀眼的小明星，因此，长期以来，活动受到了广大师生的热烈欢迎。在活动前期，孩子们积极地进行自主宣传、自主排练，力求把自己最好的一面展示给大家。在活动中，节目丰富多样，有集体节目，有个人展示，有歌曲、乐器、舞蹈、朗诵等传统类节目，也有跆拳道、花式快板儿等创新类节目，花样百出的节目蕴含了孩子们的无限巧思、妙想。我校一度备受瞩目的京剧表演《国粹》，川剧变脸《三人变脸》等精彩节目都出自这个“百姓舞台”。

梅花优于香，桃花优于色。世界上没有两朵相同的花，却正是这种不同造就了五彩缤纷的世界。一直以来，东北育才双语学校小学部用心浇灌着每一朵含苞待放的花蕾，用爱呵护每一棵渴望成长的小树。为了给孩子充分展示自己的舞台，学校开展了“小小百家讲坛活动”，利用每天的午检时间，同学们轮流作为主讲人，将自己精心准备的内容同大家分享。活动刚开始，孩子们就表现出了极高的热情，纷纷踊跃参与。宣讲内容丰富多样，涵盖自然、历史、军事、地理、文化、科技等全方位知识。有的同学结合传统文化介绍端午节的来历和习俗，有的同学对自然现象雨的形成感兴趣，讲解之外还带来了图片和视频，让同学们了解气候的奥秘，还有同学向大家介绍了自己喜爱的滑雪运动以及自己在滑雪方面的实践和体会。

在学期末，每班选取一名优秀主讲人，在学校范围内进行了巡讲。在巡讲中，孩子们精彩的表现将宣讲会推向一个又一个高潮。《国粹京剧》《沈阳故宫》《茶的起源》让我们感受中华传统文化的博大精深；《凿壁借光》《负荆请罪》《千里送鹅毛》等经典故事在主讲人的表述中活灵活现，尽显古代先贤的气度风韵；还有大气磅礴的《中国第一艘航空母舰》、发人深省的《朱子治家格言》、源远流长的《姓氏的起源》、天马行空的《我的太空梦》等都让小观众们一饱耳福。动物百科和体育项目也是主讲人感兴趣的话题。《蝉的传奇》告诉我们质朴、向上、勤劳同样是人类的精神追求，《猫的进化史》号召我们要好好爱护小动物。还有的主讲人利用视频和现场表演向大家介绍了《拉丁舞》《花样滑冰》等。

巡讲结束后，一个荣获最佳主讲人的同学说：

“看到伙伴们认真倾听我的巡讲，我特别有成就感！我觉得演讲前搜集、整理材料，向同学寻求帮助都是非常值得的。”

其他孩子们则纷纷表示意犹未尽，他们下定决心，精心准备，期待着下次巡讲自己也要站在台上，与大家一起分享志趣，一展风采。

“吾尝跂而望矣，不如登高之博见也。登高而招，臂非加长也，而见者远。”荀子在《劝学》中就阐释了平台的重要性。激智励行助成长，多元发展创未来，学校通过开拓多元化的社团文化，帮助学生拓宽视野，培养学生的动手能力、创新能力、探究能力，提高学生的合作意识，引领学生走进现代科技、生态艺术、生活实践、语言文学等多方面领域。

一个人在某一方面超凡的潜能和天赋最明显的表现就是兴趣，东北育才双语学校小学部坚持“以人为本”，因材施教，注重学生兴趣的培养与发展，开展了“快乐时光”兴趣社团活动。活动从学生兴趣入手，寓教于乐，充分发挥学生的主体能动性，使学生的潜能得到挖掘，特长得到引导。学校共开设了35个门类社团，59个社团种类，学生根据学习水平、兴趣爱好和个性发展方向，每学年自主选择一项社团参加，目前我校共有学生2300余人，社团参与率达100%。具体社团涵盖六大主题，一是科技体验社团，包括科技小发明、乐高机器人、科学小实验等；二是文化语言社团，包括表演与主持等；三是生态艺术社团，包括POP海报设计、管乐队、舞蹈、世界名曲欣赏、素描、漫画、软陶制作、魔术等；四是阳光体育社团，包括军事天地、跆拳道、音乐花样跳绳、轮滑等；五是生活实践社团，包括美食制作坊、十字绣、芭比淑女训练营、手工坊；六是益智游戏社团，包括魔方、围棋、象棋、游戏大本营等。丰富多彩的社团活动让每一个育才学子拥有充分施展才华的舞台和空间，在育才园里自由、快乐、茁壮地成长。

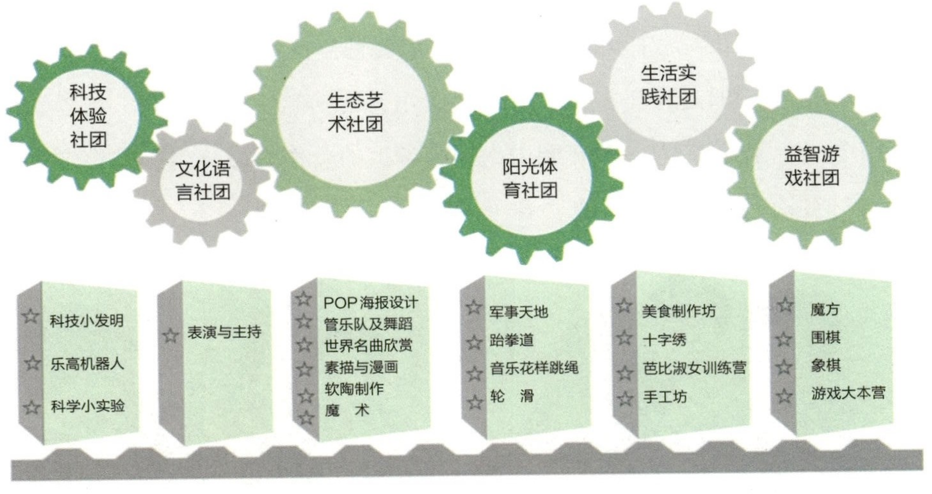

“如果我看得更远的话，那是因为我站在巨人的肩膀”。结合当前教育发展趋势，东北育才双语学校小学部力争让一些具备领袖素质的优秀人才感受天赋和特长带给他们的快乐。我们坚持以优质资源搭建广阔平台，依托兴趣天赋编制精彩组织，努力为学生创造更多可能，成就学生精彩未来，让孩子率性成长。相信，在优才教育的摇篮中，给孩子一个支点，他便可撬动美好未来。

以舞为名展少年风采——东北育才双语学校小学部舞蹈团

动人的舞姿是童年的旋律，蓬勃的朝气是年少的光辉。东北育才双语学校小学部舞蹈团成立于2010年。团员们在点滴的训练中提高技巧能力，在丰富的体验中形成艺术气质。

2010年育才双语小学部舞蹈团参加共青团沈阳市委举办的“红领巾心向党”少儿才艺大赛，凭借舞蹈《阳光下的少年》在比赛中获得一等奖。此外，校舞蹈团还多次参加沈阳市中小学艺术展演，《舞向未来》《春天的

旋律》《红色梦想》等舞蹈均获得一等奖。不仅如此，我们的小团员同样活跃在有影响力的晚会平台上，他们多次受邀参加辽宁电视台新年音乐会、元宵晚会，表演的舞蹈《春天的芭蕾》《新年祝福》反响良好。2014年参加中波建交75周年友好小使者才艺选拔大赛，凭借舞蹈《春天的芭蕾》直接晋级总决赛，小团员们也被评为“中波小使者”，受波兰大使馆邀请赴波兰交流才艺。2015年参加辽宁电视台闪亮童星舞蹈大赛专场，舞蹈《茉莉花》以大赛总排名第一的好成绩取得金奖。2016年通过层层选拔，我校被中国舞蹈家协会、中小学舞蹈教育专业委员会评选为“中小学舞蹈教育传统校”并授牌；同年，校舞蹈团被沈阳市教育局评为精品艺术团。2018年参加沈阳市教育局举办的中小学舞蹈专场比赛，以几乎满分的成绩稳夺第一。

孩子们用优美的舞蹈舞动着童年，享受着快乐，他们一次次向大家展现着全面发展、健康活泼、积极向上、勇于拼搏。校舞蹈团无疑为我校艺术教育活动增添了一抹绚丽的色彩。如今，这个颇具影响力的品牌舞蹈团已经成为东北育才双语学校小学部一张闪亮的名片，未来我校舞蹈团将为更多孩子提供个性飞扬、走向未来的舞台。

以歌作浆划出时代旋律——东北育才双语学校小学部合唱团

“有一支歌就在你我心上，它给我们希望让我们强壮，当我们看到这世界，灿烂星光，明媚朝阳，这美丽的歌声就会飞翔……”清脆的童声响起的一刻，梦想就插上了翱翔的翅膀。育才双语小学部孩子们纯净和谐的天籁感染着越来越多的人，他们一路行走，一路成长，一路歌唱。

东北育才双语学校小学部合唱团成立于2011年，多次代表学校参加各级各类比赛。2013年在沈阳市中小学艺术展演声乐比赛中，在小学、初中、高中共82支队伍中荣获一等奖第一名，获得沈阳市教育局颁发的专项奖金，并受邀参加沈阳市“闳约深美”中小学新年文艺汇演，获得“优秀表演奖”奖杯。2013年参加了辽宁电视台新年音乐会，为晚会献声开场。2014年在辽宁

省第五届中小学艺术展演合唱比赛中获得一等奖。同年参加由中共沈阳市委宣传部、沈阳市文广局举办的首届合唱音乐会，成为第一个站在盛京大剧院的童声合唱团。在第四届东北三省合唱比赛中荣获童声组金奖第一名，在现场被世界合唱联盟郭丽铭副主席邀请赴澳门参加世界合唱联盟大赛。2015年被沈阳市授予沈阳市骨干合唱团称号，并授予奖金。2015年参加辽宁省教育厅举办的首届中小学合唱比赛，在全省参赛的91所中小学中脱颖而出，荣获金奖。2017年受“哥德杯”(中国)世界青少年足球邀请赛邀请演唱开幕式主题曲。2019年与辽宁省9支顶级合唱团共同参与在沈阳盛京大剧院举办的辽宁省2019年新年合唱音乐会。

幸运从来都只欣赏有准备的人。相信，在今后更广阔的舞台上育才双语小学部合唱团将不负众望，用专业与努力，唱响属于自己的品质之章。

以乐为伴奏响梦想之章——东北育才双语学校小学部管乐团

2012年，东北育才双语学校小学部成立了金号角交响管乐团，乐团是由

木管乐器、铜管乐器和打击乐器组成吹奏乐队，涉及的主要乐器有长笛、双簧管、单簧管、萨克斯、小号、圆号、长号、低音号、大号、打击乐器等。这是一场扣人心弦的视听盛宴，在典雅中彰显了民族与现代乐器的完美结合，在优美中诠释了艺术与文化的有机融合，在欢乐中记录了孩子与乐团的共同成长。沈阳音乐学院乐团指挥金城浩教授这样称赞我校管乐团：

“这是目前我在沈阳市见到的编制最好的小学生管乐团，未来将成为辽宁省乃至东北三省最好的小学生交响管乐团。”

2013年校管乐团在沈阳市教育局举办的市管乐团大赛中荣获一等奖；同年，校管乐团应邀赴欧洲奥地利参加中国文化部举办的“文化中国”文艺晚会，在维也纳金色大厅里孩子们以优雅的乐声作为开场节目，为晚会拉开了序幕；2014年应邀参加辽宁电视台少儿新春晚会；2014年代表沈阳市参加辽宁省教育厅举办的首届管乐团比赛，并荣获一等奖；2016年代表沈阳市参加辽宁省中小学管乐团比赛荣获二等奖；2018年参加沈阳市第六届中小学艺术展演荣获一等奖。

和谐的旋律如丝如缕，优美的乐声净化心灵。未来，东北育才双语学校小学部将继续大力支持校管乐团的发展，丰富名校教育内涵，让孩子在艺术的殿堂里快乐发展，在成长的道路上与音乐一起，阔步前行。

活动中汇聚星光，让活动精髓内化于心

点点星光汇聚成灿烂银河。近年来，育才双语小学部以鲜活主题作笔，以丰富多彩的特色活动研磨，在挥毫泼墨中，努力开展一系列深入人心、陶冶情操、有影响力的主题活动，恰如满载一船星辉，让孩子在星辉斑斓里放歌，从而使活动精髓内化于心。活动主要围绕四个方面进行：

一是在少先队阵地中培养爱国主义情怀，让红领巾引领孩子成长。中国少年先锋队作为中国共产党创立并领导的少年儿童群众组织，肩负着组织教育成为党的事业接班人的光荣使命。少先队既是少年儿童成长的摇篮，也是少先队员活动的阵地。近年来，育才双语小学部少先队稳步发展、不断壮大，始终以追求卓越为根本，同时结合我校实际情况与孩子的成长轨迹，不断加强和完善少先队的自身建设，开展了形式多样、健康有益的活动，在活动中培养少年儿童对中国共产党和社会主义祖国的朴素情感。学校根据实际情况，结合当下有意义的节日和国内外重要记事，每周举行主题升旗仪式、主题午检、主题班会等；同时结合时事新闻热点、常识建立、品德礼仪教育等向全体学生播放翔宇广播、心理健康广播、分发心理健康报等，呵护、滋养着孩子们的心灵。

每逢中国少年先锋队建队日来临，东北育才双语学校小学部都会举行新队员入队仪式。全体一年级新队员洋溢着灿烂的笑脸，穿着整齐的校服，在老师的陪伴下、爸爸妈妈的见证下，光荣地加入中国少年先锋队，孩子们从此迈进了成长的新征程。仪式上，学校宣布新中队、新队员审批决定，新中队辅导员从学部领导手中接过崭新的中队旗，一年级的家长亲手为自己的孩子戴上鲜艳的红领巾，见证了这一激动的时刻。当孩子为自己的父母献上崇高的队礼并表达感恩之情时，家长们热泪盈眶，激动不已，这热泪中蕴含着对孩子成长的感动以及对学校悉心教育的感谢。孩子们激情澎湃的宣誓，让我们感受到了坚定与希望。入队是一次自我的挑战，也是一次理想的启航。抚摸胸前鲜红的领巾，新队员们将奋发图强，用行动赋予红领巾最灿烂的色彩。

大队委竞选活动是我校学生进入中学年段的少先队常规活动。活动不仅为有领袖素质的少先队员提供了展示个人才华的舞台，同时也激发了他们担当学校小主人翁的决心和勇气，对于参选的同学是一种历练，对于身边的队员也会有别样的收获。活动中，候选队员个个充满自信，通过精彩的竞选演说，热情激昂地宣讲自己对大队委工作的想法和向往；通过舞蹈、乐器、演讲、声乐等才艺展示，彰显了育才双语小学部优秀少先队员的真我风采。大队委不单单是荣誉的象征，更是责任的体现，肩负着服务广大少先队员的光荣使命。成功竞选后，大队委会通过红领巾监督岗等方式服务同学，还会定期召开工作会议及时总结和创新。孩子们通过行动证实了能力，通过竞选历练了自己，为我校少先队组织增添了无限的活力。

二是在创新中传承中华传统文化。传统文化是中华民族绵延至今的瑰宝，育才双语小学部结合传统节日开展主题活动，让孩子们了解传统文化，成为传统文化的守护者、继承者、发扬者，同时增强孩子们的民族认同感、凝聚力、向心力，成为

优秀的中华民族接班人。

九一八纪念日，学生代表参观了“九·一八”历史博物馆，孩子们的情绪随着英雄先烈的爱国故事跌宕起伏。一张张照片，一件件文物还有一幕幕或愤怒或屈辱或振奋的场景重现。让历史告诉未来，同学们在缅怀抗日英烈、和平年代勿忘国耻之余表示更要珍惜今天来之不易的幸福生活。欢度国庆中，学校开展了“我为祖国画明天”绘画大赛，孩子们用画笔表达了对祖国母亲的祝福和美好未来的畅想。祖国河山的壮美秀丽，美丽的田野，勤劳的人民，生动的小故事……重阳节来临之际，孩子们跟随老师一起漫步在金色校园，映着灿烂的阳光、满眼的秋色，开展了重阳节主题吟诗会。“九日登高处，群山入望赊”“今又重阳，战地黄花分外香”……一首首经典的诗歌在孩子们的诵读中被赋予了新的时代意义。孩子们在吟诗中对重阳节有了全新的认识，他们纷纷表示要用自己的实际行动念亲恩、感亲意、抒亲情，孝敬父母长辈。

三是结合寄宿制学校的特点，培养学生自理自立的能力，根据不同的年龄段，定期举行生活自理能力展示活动。良好的自理能力是寄宿制学校学生的必备技能。从井井有条地整理一双拖鞋到桌椅的摆放，从擦净一条门玻璃到公共区域的清洁都是育才双语小学部学生服务自我、快乐生活的点滴。剥鸡蛋比赛中孩子们手脑配合、灵活自如找到鸡蛋的气泡一端，弄破气泡里面的薄膜，然后沿薄膜快速将鸡蛋皮完整剥落；整理内务比赛中，孩子们迅速把被子分成三等份，慢慢对折，轻轻摆放，抠出被子的棱角，“豆腐块儿”似的被子完美呈现；剪窗花比赛中孩子们化身为一个个小剪纸艺术家，短短的时间里，一把剪刀，一张红纸在孩子们灵巧的双手中瞬间变身为可爱的蝴蝶、精美的花朵等造型丰富、各具特色的窗花……我们把这些丰富多彩的活动融入孩子们的生活当中，让孩子们在不知不觉中提高生活自理能力，养成良好的生活习惯。

四是树立多元文化风向标，让孩子乐享七彩童年。英语达人在英语文化节展现双语风采，小书画家得到著名军旅书法家亲临指导，科学小巨人在科学实验放飞航天梦想。孩子们像是天上的一只只风筝，放风筝的我们努力让风筝更好地翱翔在蔚蓝天空，努力放飞孩子们稚嫩的童心，让这多彩的校园时刻绽放出快乐的光辉。

英语文化节一直是东北育才双语学校小学部的特色活动，旨在培养具有家国情怀和国际视野的育才学子，点燃孩子们的梦想与希望。每逢英语文化节，全校师生隆重集会，共享英语学科系列活动汇报演出这一精神盛宴。每次汇演都是对全校孩子的一次全方位锻炼。几百名小演员走上舞台，从一年级的ABC起步到二年级课本剧；从三年级音乐之声配音表演到四年级的英文说唱；从五年级的英文版汉唐诗歌吟诵到六年级激情满怀的励志演讲。这里，有震撼，有感动，有快乐，有梦想，有希望……英语文化节人人参与，人人快乐。Better English，Better Me！Better English，Better Life！Better NEYC，Better Future！

童年的幸福感来源之一就是国家的强大，国强民富的自豪感能让身为炎黄子孙的我们屹立于世界民族之林。2018年6月，为庆祝中国人民解放军建军90周年，育才双语小学部与沈阳军旅书画研究会联合组织开展了“共育英才·逐梦国防”军旅书画走进育才文化艺术交流活动。孩子们观看了国防教育宣传片，并和来宾们共唱《中国人民解放军军歌》。辽宁省军区原副政委、沈阳军旅书画研究会顾问、军旅书法家杨闯将军为双语学校赠送了现场亲笔书写的墨宝——“中国岛”，并与孩子们进行了书法方面的交流，现场对孩子们进行书法指导，最后教育学生们钓鱼岛、南海诸岛都是祖国领土不可分割的一部分，勉励育才学子努力学习，长大后更好地建设祖国、保卫祖国，实现强军梦、中国梦！

让孩子属于自己的时代，青少年创新能力的培养是建立创新型国家的必然要求。在创新中，孩子们不断突破自我，在未知世界里不懈探索，享受收获知识的喜悦。我校举办了一系列以“航天”为主题的科学体验活动，并于本校国际报告厅举办了以“放飞航天梦想”为主题的科技节展示活动。同学们感受着科技在生活中方方面面的应用。一年级的孩子们向大家讲解了自己电动风车的发明和制作过程；二年级同学声情并茂地为大家讲解了自制科学幻想画的意义；三年级的同学现场折出五颜六色的纸飞机并放飞给台下的观众；四年级的同学在倾听了周总理与降落伞的故事后，放飞了“降落伞”；五年级同学边讲解水火箭的制作原理边在现场“发射”水火箭；六年级同学介绍了竹蜻蜓的历史和制作过程，并通过舞蹈的形式向大家演示了竹蜻蜓。整个体验活动让在场的每个孩子都兴奋不已。“伞伞生辉”的降落伞、“直飞云霄”的小飞机、“一飞冲天”的水火箭、“飞舞人生”的竹蜻蜓……孩子们用自己的方式表达了科学体验之后的收获与快乐。

榜样的力量，向前、向上、向远方

“锤炼领袖素质，勇于开拓创新。全面和谐发展，报效国家人民。以校友周恩来总理为榜样，为中华之崛起而读书！”对于育才双语小学部的孩子，这不只是一句入校誓词，更在切实地激励着他们奋力前行。列宁说：“榜样的力量是无穷的。”我们始终相信，每一名学生都有机会成为榜样，我们在孩子身边及时树立榜样，用榜样的光辉感染他们的行为。

2017年首届东北育才双语学校小学部毕业生已步入了大学校门，剑桥大学苗语杨，多伦多大学朱加龙、杨新卉，华盛顿大学董天白，英国曼彻斯特大学石卓玉，清华大学董昊平，北京大学徐伯聿等优秀毕业生都曾在勤奋进取、严谨求实、文明活泼、创新高效的育才精神的哺育下逐渐成长为未来脊梁。

少年马良有一支神笔，可将内心所想栩栩如生地勾勒眼前。孩子们都曾梦想成为马良，都有其特长之处，渴望被人关注、被人赏识、被人挖掘自身的闪光之处。我们从多角度去欣赏每一个学生，给他们展示个性潜能的机会，让学生体验成长中的乐趣。学校针对不同程度的孩子分梯度表彰。班级会建立光荣榜，学习、进取、自律、特长都是孩子们积极努力的方向。在这里，有上课认真听讲、积极发言、勤于思考的“学习小模范”，有尊敬师长，团结同学，有责任意识的“自律之星”，有勇于挑战自我，进步幅度大的“进步明星”，也有全面发展，有特长的“小小艺术名家”……每个孩子都渴望被赏识，当自己受到更多关注时，他就会更加努力地发挥自己的长处，就会更加努力做更好的自己。因此，我们尝试给每个孩子一个成为榜样的机会。每周的升旗仪式都会设有“荣誉时刻”环节，旨在及时积极地树立榜样，宣传正能量。当校歌响起伴随着一段颁奖词，一张荣誉照片，一份喜报，一张许愿卡都激发了孩子们积极要求进步的热情。

我们还积极打造了“连廊文化”“墙壁文化”等环境文化，营造良好的环境氛围，悄无声息地感染孩子。连廊里，有孩子们的优秀手抄报展、活动中闪亮的瞬间、宣传海报、精品艺术作品；墙壁上有大大小小的名言警句、励志小故事催人奋进……就是在这样的氛围下，孩子们时时刻刻感受着榜样的力量，向前、向上、向远方。

为了鼓励全校同学通过身边真实鲜活的小事寻找在德、智、体、美等方面全面发展的风采少年，育才双语小学部开展了寻找校园里热爱祖国、理想远大、敏而好学、追求上进、品德优良、团结友爱、体魄强健、活泼开朗的“风采之星”主题活动。活动分三个阶段：第一阶段为活动启动宣传阶段。此阶段主要以学校宣传发动为主，通过相关主题的升旗仪式、午检活动、班会等形式，将活动精神传达给每位同学，调动孩子们的积极性。第二阶段为单项“闪烁之星”评比阶段。此阶段以各班级为主，每周由学校确定一个评选主题，班级围绕这个主题努力争创。共评选出9个单项“闪烁之星”，即：文明之星、学习之星、运动之星、艺术之星、科技之星、自强之星、友爱之星、感恩之星、环保之星。当选单项“闪烁之星”的同学都会得到学校颁发的纪念奖章以资鼓励，并获得入围最终校园“风采之星”的评选机会。第三阶段，校园“风采之星”评比阶段。在“闪烁之星”中，通过民主推荐的方式上报先进个人事迹。学校综合评出校“风采之星”进行年度表彰。在这种层层递进的荣誉感的感召下，校园内一次次掀起了传播正能量的热潮，集体氛围浓厚，孩子们积极性高涨。同时，活动中大批优秀学生脱颖而出，逐步成为品德、学业、活动等各个方面的佼佼者，这也正是我们希望看到的。

六一儿童节是孩子们最喜爱的节日。每逢六一，育才双语小学部的孩子们都会欢聚一堂，隆重举行校园文化艺术节。“舞动童年”“红领巾中国梦”“阳光下成长”等主题汇演都给人留下了难忘的回忆。育才双语小学部还隆重举行了以“榜样的力量”为主题的六一文艺汇演。孩子们精心准备的节目，在绚丽的舞台上尽情绽放！校舞蹈团表演的《春天的旋律》、合唱团的《歌声与微笑》、时装秀《绿色创意》等精彩节目更是赢得了全场的阵阵掌声。一个小时的演出让每位观众沉浸其中，也终于迎来了最激动人心的时刻——校园“风采之星”颁奖典礼。获奖的孩子们依次上台领奖，站在舞台中央的他们脸上洋溢着幸福的笑容，因为他们收获了最有意义的六一儿童节礼物。相信他们在未来的路上一定会以榜样的标准来要求自己，不断向前，飞得更高，走得更远。

学校还开展了树立学生友善互助典范的“日行一善”系列活动，让孩子勿以善小而不为，勿以恶小而为之；进而充分体验知善、习善、行善、扬善的快乐，实现由“日行一善”到“时时行善”，行善成德，播种行为收获习惯，形成健全人格。

活动分为三个阶段。第一阶段：寻善源、存善心、发善言、行善事。引导孩子善于发现善举，随手记录善行，时刻养善在心，鼓励他们每天选取一件善事记录在《“行善”日记》中。第二阶段：让“善举开花”，让“善行结果”。以校园广播等形式将突出的人和事加以推广，理解他人、主动为需要帮助的人提供方便、自觉为他人和社会做一些力所能及的好事等，都是我们宣传的善举。第三阶段：将“日行一善”与社会责任相结合。学校相继组织周恩来中队等优秀班级将“日行一善”落实到留守儿童、残障儿童的关爱之

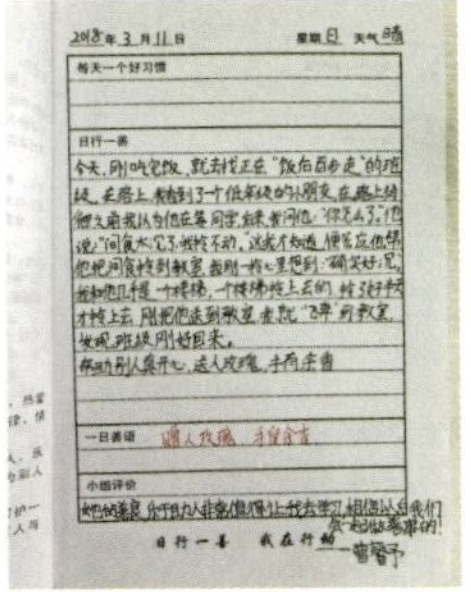

中；把“日行一善”落实到交通安全宣传、维护交通安全、帮助老弱病残安全过马路等行动之中；把“日行一善”落实到维护公共卫生、进行环保宣传、环境保护实践等行动之中。本次活动在行善天使的评选中进入尾声，但行善却成为一种习惯延续下去。同学们以行善天使为榜样，跟随他们的步伐，在善行的路上渐行渐远。

天上星，亮晶晶，一闪一闪眨眼睛。听，小星星在说话：“大家好！我是你们的好朋友——一颗闪亮的小星星，我将陪伴你度过多姿的校园生活。希望你明礼、真诚、健康、快乐、广博、有担当，我愿分享你的成功与快乐，让你遇见成长中更好的自己！”话剧展演中你大胆自信、勇敢前行，把追梦少年表演得惟妙惟肖，古诗文诵读大会上你落落大方、声情并茂将经典智慧传送，“绳彩飞扬”花式跳绳比赛、健康励志的冬季校园跑操活动都因你的顽强拼搏、自信、自豪而更加精彩，“植物写生”“仿铜浮雕”“提线木偶”等美术活动中，你的奇思妙想让人赞叹……每一次活动都期待着你的加入，每一个舞台都等待着你的到来，每一颗星星都渴望为你而闪耀。活动中竭尽全力的你是体验者、是参与者、也是组织者。在育才双语小学部这个美丽的花园里，你的舞台可以无限广阔，你的特色可以尽情挥洒，你的未来拥有无限可能。只要你的目光时刻眺望远方，只要你的步伐始终向前，只要你的内心拥有希望，你就有不断完善自己的力量，不怕困难磨砺的信念，不断向着更高、更远飞翔的勇气，与伙伴们一起为更好的自己而不懈努力，成为自己的榜样，成为他人的榜样，让自己的星光更加闪耀。

童年的天空蔚蓝纯真，闪烁星空之下，孩子们昂扬的笑脸像点点繁星在夜空中绽放。校园生活作为童年不可或缺的部分，我们一直努力把快乐带给孩子，让他们的缤纷童年中留下一抹亮丽的色彩，在星光闪耀的育才双语小学部为卓越人生奠基。

时光荏苒，校园里那棵银杏老树又增添了6个年轮，仿佛见证着孩子们色彩斑斓的纯真年代，也默默记载着不同的心声和故事。引人入胜的课堂，热火朝天的足球赛场，有趣开心的班级郊游，你追我赶的运动会，还有校园的一花一木，连廊里爽朗的笑声……那些年，我们在东北育才双语学校小学部。

那些年，我们在东北育才双语学校小学部

莫失精诚赤子心，莫忘春风化雨情。育才双语小学部的生活，恰似流光溢彩的画页，也似一阕跳跃着欢快音符的乐章，长留在每一个毕业生记忆的深处。

往昔，小舟在大海的源头起航；今朝，他们乘风破浪，扬帆前行。曾经生活在育才双语小学部的他们，有的学有专长，考入国内名校，有的志存高远，出国进入顶尖大学继续深造，但无论他们身处世界何地，挑战怎样的新的人生征程，无不感念育才的教育和培养。回忆六载年岁与深情，他们都用实际行动证明对母校的这份赤诚。

撷取时光几片段

●育才双语小学部2012届毕业生 徐伯聿

●北京大学经济学院2017级本科生

2006年秋天，我和双语小学初次相见。陌生的环境，未知的生活，让我很有些紧张不安。彼时我还不知道，蒲河畔这百亩校园里，一草一木、一砖一瓦都将会变得无比熟悉。

2017年秋天，我即将踏上异乡求学路。出发前夜整理行装，我找到在双语小学读书时写的两本日记。翻读这些夹杂拼音的文字，有些模糊的记忆一

页页清晰起来。

我看到七八岁的自己紧张地准备着联欢会上自编自导自演的小品，好像旁边还有几个小伙伴商量其他节目的事情。我看到吃早餐时校长走过来，笑眯眯地问我们好不好吃、够不够吃。我看到生活老师拿着报纸在讲台上给我们讲最近发生的大事。我看到班级同学把从家里带来的书放到图书角。我看到每年1月1日收到的一摞摞厚厚的贺卡……整理这些断断续续的记忆，忽然有些感触。我发现近十年后，自己几乎所有的言行举止、思维心绪，都打上了小学时的烙印。论及影响，那几年的时光无疑让育才双语小学部的学子拥有一种共同气质。

我感恩自己成为其中一员。当时，老师曾对我们引述一句名言："行为决定习惯，习惯决定性格，性格决定命运。"诚如斯言，双语小学带给我们的，是受益无穷的财富：大到立志"为中华之崛起而读书"，小到坚持"冠必正、纽必结"。甚至后来的军训中叠出标准的"豆腐块"，也是小学就已掌握的技能。

我曾经很内向，却在双语小学得到颇多鼓励，有机会作为主持人，亮相在班级的联欢会中，在学校的文艺汇演和升旗仪式中。前几次登台时手心冒汗，只顾着别说错字词出"洋相"；次数多了以后，不再怯场，转而享受表达的机会。这样的心态延续下来，使得我在关键时刻能够逻辑清晰地说出心中所想。更重要的是，我在写稿、主持的过程中，逐渐发现自己的优点，学会自我悦纳。而对于其他情况的同学，学校因材施教，给予各种机会帮助每一位学生实现自身成长。回过头来看，那时候我们所得到的关注、关心、关怀，在整个学生时代也属实少有。

总角之年，有幸遇见育才双语。如果将生命比喻为奔流的大江大河，那么在双语小学的一点一滴，早已汇入其中，成为不可或缺的一部分。感恩母校和每一位老师、同学！

我们从这里启航

●育才双语小学部2010届毕业生 董昊平
●清华大学美术学院2016级本科生

清楚记得2005年进入育才双语小学部教室的第一天，黑板上就有彩色粉笔写的美术字“我们从这里启航”，这几个字宣布了我们逐渐离开父母的庇护，走向更大的世界，是我们独立生活的开始，这篇祝福也就以此为题吧。

育才双语小学部是我人生中进入的第一所学校，人生和学业能够从育才启程，我们感到十分幸运。在双语小学发生的点点滴滴，是记忆中最清晰的部分，从刚踏上离家的客车时未知的期待，搬至新校舍时的骄傲，到对于学习成绩的欣喜，对家愈发浓烈的想念……在这5年的时间里，我们不仅打下了文化基础，养成了良好的礼节习惯，更是第一次体会到了人情的温暖，通过老师们的循循善诱、谆谆教诲，我为自己是育才人而感到由衷骄傲。

能走上现在的道路，同样是来自育才双语小学部的培养。在一年级时，我被选为了美术课代表，在当时我无法想象到一次偶然的机会真的可以决定我未来的方向，老师们的鼓励以及兴趣课的培养在我心中种下了学习美术的愿望，语文课上组织的书法比赛促使我练习书法，也让我坚持到了今天。

育才双语小学部是一所真正的好学校，在文化教育上脚踏实地，不追求功利，同时十分支持孩子的兴趣爱好，真实地鼓励多方面的发展，愿意开设丰富多样的课程，能够在这里完成学业的学子们是最幸运的。在后来进入到更多的学校学习后，更加感受到了育才双语小学部的伟大。与其他一些学校相比，我们没有过早地失去了童年，保留住了那份可贵的真诚，这所坐落于沈北的学校，是这个城市的一片净土。

如今我的同学们在世界各地继续着学业，每逢假期都会回到这个城市，在一起回忆起我们生命中一起经历过的5年，我们虽然年轻，却都能在彼此的脸上感受时光的流转，见证彼此的成长，看到令人惊讶的改变。烛光与杯子的碰撞见证着这种亲人的情感，从来不会被时间与空间磨灭，我会骄傲地说："我还能背出每个小学同学的学号。"

时光荏苒，我们走上了更宽阔的道路，看到了更广博的世界，但谁都不能忘记这个温暖的巢，她哺育着一个个未成熟而幼稚的梦想，并期待着见证学子们的梦想实现的一天。在此衷心祝愿东北育才双语学校小学部能历经沧桑并不断迸发出新的生命，学子们能收获宝贵的知识与友情！

不忘初心

●育才双语小学部2010届毕业生韩诗佳

●伦敦帝国理工学院数学统计金融专业2018级本科生

2019年，是母校育才的70年华诞。而我从育才双语小学部毕业，也已经9年了。有人说：相逢，就是奇妙的缘分；经历，就是美好的回忆。诚如斯言。

还记得十年前育才60周年校庆的时候，我坐在教室里，手里拿着60周年校友的英才谱，兴奋地找着自己的名字。当时看到那些学长学姐都考入十分优秀的大学，我一边为他们感到骄傲，一边期望着能像他们一样，录入在优秀学生的英才谱上。转眼间9年过去了，在充实的大学生活中，我时常回忆起在育才的点点滴滴，怀念着小学生活的美好。

现在我犹能记起，校园里美丽的小道绿树成荫花鸟依依，讲台上慈祥的老师耳提面命传道授业，抬头看，国旗飘扬教学楼高耸林立，回首望，伙伴齐心同学们欢乐嬉戏。指缝很宽，时光很瘦。岁月能带走我们夏花一样绚烂的日子，却驱不散留在我们记忆深处那漫山遍野的芬芳。老师的每一节课、班会、阅读课、周记展读、运动会、联欢会，都成了最美好的回忆。

我怀念育才双语小学部丰富多彩的兴趣活动。最喜欢三年级时的POP兴趣课，在课上我学到了很多画海报的技巧，让我在初中画海报的时候没有手忙脚乱。还有四年级的摄影课，那时候我拥有了自己的第一台相机，我和同学们在校园里漫步，用相机记录着校园的点滴美好，从此我也爱上了用照片来记录生活中的酸甜苦辣。还有跳大绳，同学们每天抓紧一切时间，每节课间都到操场上练习，终于功夫不负有心人，我们成功地破了校纪录，我也真正地理解了有付出就会有回报，明白在以后的生活中该如何为了自己的目标而努力。

英语课课前老师让我们比赛背课文，在这不经意间，我的英语语感越来越好，这也为我来英国读书打下了坚实的基础。我在育才里得到了太多珍贵的礼物，比如阅读习惯的养成，逻辑思维的开发，审美的启蒙，对人的友爱，无一不是老师们在朝夕相处的日子里给予我的馈赠。

育才是一个集体荣誉感很强的地方，如今身在异国他乡的我也时常能感受到其他育才校友的关心与照顾，与他们在一起，我有一种回到家的感觉。最后，祝母校70载生日快乐！

曾经，育才学子

●育才双语小学部2012届毕业生 林京芮

●美国鲍登学院2018级本科生

记得小学毕业的那天，带着对未知世界的迷茫与期待，我不舍地摘掉了领口鲜艳的红领巾，最后一次踏出了育才双语小学部的大门。转眼间六年过去，回想起在育才双语小学部的点点滴滴，有欢笑，有泪水，但更多的是成长与收获。

刚刚踏入小学校门时，我就被各种新奇的课程吸引了。到现在我还记得一年级时我最喜欢的“看世界”课。通过那门课程，我知道了各种世界之最和百科知识，这些也拓宽了我的知识面。

除此之外，我的英语口语能力也在育才双语小学部得到了极大的锻炼。记得那时，我们每周都会有外教来帮助我们练习口语，英语老师们也经常带着我们演话剧、唱英文歌。正是通过这些歌词，我学会了许多新鲜词汇，也通过听歌掌握了一些纯正的语音语调。这些经历脱离了死板的教科书式教学，使我的英语水平得到了突飞猛进的发展。

小学四年级那年，带着一丝丝紧张，我参加了大队委员的竞选。是班主任赵老师和同学们的鼓励，支持着我跳出自己的舒适圈，鼓起勇气在舞台上说出自己的心声。从那以后，育才双语小学部给予我的历练使我更有自信，也更有勇气去尝试新鲜的挑战。升旗仪式的双语主持，去鞍钢听郭明义的报告会，组织大大小小的活动……这些都锻炼了我的综合能力，开拓了我的视野，也对我未来的成长有着非同一般的帮助。

除了这些历练，我也在育才双语小学部收获了非同一般的同学情谊。记得大家在操场上嬉笑打闹的时光，记得兴趣课上和大家交流心得的喜悦……寄宿时光没有让我留在爸爸妈妈身边，却培养了我独立生活的能力，也让我收获了和同龄同学不一样的有趣的生活体验。再回首，我想感谢母校，感谢每一位教导过我的老师。因为育才双语小学部，我变成了更好的自己。

孟夏之礼赞

●育才双语小学部2012届毕业生 张亦木
●加拿大麦吉尔大学数学与计算机系2018级本科生

若是为我的小学时光定义一个季节，那一定是初夏；若是为它再涂上一种颜色，那一定是细雨初霁时天际那一抹蓝，安逸静默，空灵纯粹。它是记忆深处的那颗苹果糖，轻轻剥开，入口只有一缕恰到好处的甜。

记得来到育才双语小学部的第一天，父母贴心地帮我整理了床铺桌椅，装作风轻云淡地与我道别，来到新环境的好奇与见到新老师、新同学的欣喜冲淡了对父母的思念，然而晚上临睡前努力铭记父母讲述抗日烈士的坚强品质，也没能阻挡想家的泪水决堤而下，第一次开始理解了寄宿制三字的意义。

之后的日子慢慢也习惯了住校生活，心情也从开始的畏惧胆怯慢慢转变为了跃跃欲试，最后竟喜欢上了这种生活，毕竟在学校与同龄人无忧无虑地玩耍可是有趣极了。每天的最后一节课永远是最开心的，因为随之而来的就是晚休同学们的抓人游戏和永远令我食指大动的晚餐。

小学的活动永远是童年的一抹亮色，第一次春游时的水族馆，第一次兴趣课时亲手制作的小风筝，第一次联欢会时抱着一大包零食傻笑着看着幼稚的节目，第一次外教课时跟着小伙伴和老师去外面堆的大雪人……太多的第一次，宛如童年的沙滩上星罗棋布的贝壳，闪亮耀眼，让人难忘。

记忆随年龄的增长而逐渐清晰，性情仿佛也愈加顽皮，时常淘气犯些错误。记得老师事后的循循善诱、苦苦规劝，瞬间我懂得了玩闹的底线与节制。

再华丽的辞藻在记忆面前都显得黯然失色，在小学的快乐时光也是穷尽余生再也寻不来的，宛如记忆间隙里一个孟夏的幻梦。幻梦已逝，余生尚存，且行且珍惜。毕竟来日，不方长。

忆育才

●育才双语小学部2012届毕业生 金子航

●法国ESSEC高等商学院BBA 2018级本科生

告别小学已经有6年了，现在仔细回想起小学生活的种种往事，仍然历历在目。

还记得在校住宿的第一个晚上，大家都翻来覆去地睡不着，最后不知道是谁提议比赛装哭看谁像，结果却真的哭了起来。种种这些幼稚到令人发笑的往事回想起来却让我不禁扬起嘴角怀念起当年天真懵懂的我。我还清楚地记得最后一天毕业典礼的返校，班主任张老师站在讲台说着“这大概是我最后一次对着你们全体讲话了”时哽咽的声音，生活老师马老师也说着说着流了眼泪。而我们还不懂分别的意义，一个个带着对未来的憧憬，笑着挥手说着再见。

那时候，我还不太理解育才带给我的是什么。只知道当别人问起我学校时，我回答说育才时收获的夸奖。如今，已经步入大学的我再次思考育才这么多年带给我们的东西，其实不单单是提起育才名字时的骄傲，也不一定是多么卓越的学科技能。但是，当你在公共场所安静地休息的时候，你是否想起值周生一遍遍的“走廊内不准大声讲话”；当你在有序地排队等候的时候，你是否想起学校食堂的“不准插队”；当你在公园拾起他人随手扔下的纸团，你是否想起每天中午的值日……这些我们不曾留意却已经成习惯的行为大概就是育才这么多年赋予我们的平凡中的独特吧。

所以，同学们，好好珍惜好好享受现在的校园生活吧。不要再去抱怨食堂饭菜不合你挑剔的胃口，等你需要自己照顾自己饮食的时候就会懂得食堂叔叔阿姨的辛苦；不要再去抱怨每天早晨起床需要自己整理的床铺，待你离开家开始独立生活的时候就会感谢你自己在不知不觉中养成的好习惯；不要再去抱怨时而繁重的课业与考试，等你进入更高学府时你会庆幸自己有着能力去应对更大的挑战。

最后，在母校迎来70周年校庆之际，祝母校越来越好，祝每一位育才学子都可以成为自信、自强、自豪的育才人。

师恩难忘

●育才双语小学部2010届毕业生 董雪焜

●意大利米兰ACME美术学院2017级本科绘画专业

在米兰的马尔彭萨机场有块石碑，上面刻着这么一句话“Tutti i passi che ho fatto nella mia vit1a hanno portato qui ora。”（我曾经走过的每一步，如今带我来到这里。）不知不觉从双语毕业到今天有快十年的时间了。曾经的那些美好，大概会留在某片地方，像镁光一样发亮。

汪艳丽老师是我的启蒙老师，她把学生当成自己的孩子看。她有教无类，针对每个学生都有一套独特的教育手段。学生的性格、成长环境都各不相同，汪老师却总能通过她的智慧把我们管得服服帖帖，现在想来真是佩服和感激。启蒙阶段对一个人兴趣的培养是很重要的，我很喜欢听汪老师的语文课，觉得非常吸引人。现在我对于文学艺术方面的爱好也好，或者是以后假如庆幸地有了什么这方面的造诣的话，我都得深深感谢启蒙老师的栽培。

白净老师是我的第二位班主任，小学三四年级是一个学生价值观形成的最初期阶段，白老师很重视学生的个性和特长的培养。她与学生们达成了“亦师亦友”的关系，除了学习以外，大家还愿意向她诉说心事。双语校园里有一块雕刻着“大爱无言，润物无声”的石碑，我觉得这句话用来形容白老师是再合适不过了。

还有我最想感谢的慕颖老师。慕老师当时很年轻，每天把精力都用在学生身上。每天只要有零散时间就来班级里给我们讲卷纸，练习题。后来上了初中，小学时攒下的功底让我超过了很多同龄学生，这也让我的英语进阶学习有很快的上升。

教美术的石羽老师也对我有着重大启发。当时班上有很多同学学过画画，而我仅仅是爱好。她经常表扬我的进步，认可我的天赋，也常拿我的作品给大家展示。给了我很大的信心。如果说当时没有她的鼓励，我很可能不会走上今天艺术的道路。

还有两位我也十分感激的老师，辅导老师吴老师和林老师。双语全封闭的住宿环境下，在内务整理和晚自习的辅导上两位老师事无巨细，在生活上帮助我们，培养我们。

育才风风雨雨走过70年，除了回忆和感谢以外，我也希望更多的学弟学妹能够在双语充实自己，塑造良好的人格。

始于双语

●育才双语小学部2012届毕业生 熊浩然

●浙江大学数学与应用数学专业2018级本科生

云卷云舒，花开花落，转眼间，六年的小学时光早已悄然走过。回想初入校园，小小的我惊讶于“校园很大，风景很美”，我由衷觉得育才双语小学部的建筑构型和分布，以及校园整体的布局规划很有创意。选择大学时，校园风景和建造水准也成了我选择学校重要的参考因素，这种“讲究”可以说是从小学养成的。

对于6岁的我来说，住校的生活开始不是那么顺利的，但有老师细致入微的关爱，缓解了我的紧张与不安。住校生活培养了我精神的独立，习惯于独立思考和做出决定，正是这一点使我在后来的学习生活中不断反思不断规划。那些年，寄宿生活，相对时间、空间有限，但是有了伙伴的陪伴，枯燥的生活会增添几分乐趣。一旦交上了朋友，同住一起的生活会帮助不断加深友谊，和我关系最好的同学和我一起考到育才初中部，尽管后来选择不同，他去了英国读高中，但现在我们仍是彼此最重要的人，我为自己能有这样一辈子的好朋友感到无比的幸运。

双语的教学有很特殊的地方，比如选修课和超前学习的英语。小学英语上的学习优势让我到了初中学习起来游刃有余。回想起当时的学习生活，班主任是语文老师，待我很好，真的是很用心在锻炼我。数学课上拼速解题的刺激感受也让人很开心。英语课上有很多不常规的教学模式，虽然现在能回想起来的场景已经不多了，但是当时的情绪却很好地留了下来。五年级的时候有一次有幸参加去日本修学的活动，那一次经历留下了很多珍贵而美好的回忆，打开了我认识世界的大门。

育才双语小学部带给了我无数珍贵的幸福的回忆，也给了我在日后的学习生活中得以不断前进的优秀的教育基础，给了我奋进的力量。希望母校能一直带给学生这样的体验，也祝愿母校能一直超越当初的那般美好。

梦开始的地方

- 育才双语小学部2012届毕业生 沈予曦
- 华中科技大学物理专业2018级本科生

2018年7月，拿到华中科技大学物理学院录取通知书的我不由得回顾起自己求学路上的点点滴滴。其中最令我感到温暖的，就是育才双语小学部带给我的经历。

6年的住宿生活，让我收获了独立的能力和真挚的友谊。第一次离开家，失去了父母无微不至的关怀和呵护，我们在老师的引导下蹒跚着开始学习整理内务，适应独立的生活。而以此为契机相遇的性格各异的女孩子们，也成为彼此在困难和脆弱中坚实的依靠。寝室的生活充满了喜怒哀乐，我们在相处中逐渐了解彼此，分享各自的想法和趣闻。一个寝室就像一个家，一条无形却牢固的情感纽带也在嬉笑打闹之间系在了我们的身上。毕业之后的每次见面，无论何时何地，我们都有一种莫名的亲切感。我知道，这种心底里油然而生的踏实和温暖，就是永远的友谊。

我能顺利考上心仪的大学，也离不开老师们的辛勤培养。小学时，班主任杜涛老师鼓励我们多自主学习，做课外的习题，可以为自己的小组积分。当时的我乐在其中，努力为小组争得积分。现在，我才开始明白老师的用意，这一活动不但帮助我们巩固了所学的知识，也激起了我们的团队荣誉感。后来的学习中我会自主复习练习，身处团队中，我也总能为了大家共同的目标而努力拼搏，收获愉快的合作体验，我想这些与小学时的经历是息息相关的。同时，我也非常感谢我的英语老师杨喜老师。老师不但在课堂上教给我们知识，也为我们提供了许多参加英语活动的机会，我们在扩充英语知识的同时还能够提高口语和听力。在小升初考试中，我考入了育才初中部的英语特长班，在大学的英语分级考试中，我又成为整个学院唯一考入年级托福班的学生，这一切都得益于小学时打下的坚实基础和养成的良好习惯。

育才双语小学部带给我的还有很多很多，校园的风采和氛围熏陶着我，老师的教导和栽培雕琢着我。无论何时何地，在我遇到挫折时，内心萦绕着的仍然是育才人永不言败的精神。育才，是梦开始的地方。走在追梦的路上，回忆中的母校一直熠熠生辉，照亮着我前行的道路。

育才双语小学部，与你一起，才美好

•育才双语小学部2010届毕业生刘一冰

•中国政法大学法学专业2017级本科生

东北育才双语学校小学部，我有幸5年学习生活成长的母校。一段文字，承载着我对母校无以言表的眷恋与感恩。经历盘点，见证了我在大育才成长的无尽美好。

成长的圆弧中，育才于我而言，是特别的。特别在于，它是我生命教育启蒙中无数的第一次。2005年我考入了东北育才双语学校小学部，成为育才双语小学部的第一届学生。宽敞的教室，老师温暖的笑脸，轻松的氛围，我就是在那样美好的环境下，度过了五年的美好时光。

从生活自理到自主学习，我经历了所有孩童相同的成长轨迹。所有事物的美好，源于坎坷的过程，而最终浇灌出诱人坚硬的果实。从不会穿衣吃饭，到被生活老师调教成内务标兵；从一年级第一次期中考试班级第17名到校考稳居前三的学霸；从想念小家到成为荣辱与共的3班领袖人物；从懵懂着进入育才双语小学部到心中铭记那句校训“为中华之崛起而读书”。至此，育才情结已铭刻到我的身体里，融入我的血液中。身处名校的风向标——我挚爱的育才，奠定了我日后的名校目标，驱使我终身为之学习与努力、规划与行动。

作为育才双语小学部第一届毕业生，意义是非凡的。全新的双语用优才的教育理念孕育了2010届第一届毕业生，在这里，老师们用他们的智慧与辛劳浇灌出一朵朵鲜花，结出奇珍异果。育才的世界是圆的，有轨的，在育才这个精英林立，时刻充满竞争与挑战的魔方盒子中，总伴随着无数可能与不可能在成长。后来，我考取了东北育才学校初中部英特班，并在2010年代表中国赛区参加了世界创新思维大赛，斩获“深物洞掘特别金奖”。载誉归来，机场的欢迎仪式上，育才学子斩获世界大赛金奖的条幅、奖牌还有鲜花，让更多的人看到了育才的风采与风貌。以育才为名校梦的起点，我追求的脚步永远不会停息下来。

在东北育才双语学校小学部五年的学习生活中，我学会了以美好的心境享受学习，回报感恩，规划及掌握未来的能力。在这片学习的田园中，美好如斯，香气如斯，坚守如斯。

育才双语小学部，与你一起，才是真正的美好！

五　年

●育才双语小学部2010届毕业生　冯薏儒

●南京航空航天大学国际经济与贸易专业2017级本科生

回想2005年，我有幸成为育才双语小学部的第一届学生，从此便一直身处育才园。轻叩回忆的门，掩不住的欢声笑语倾泻而出，带我回到2005年……

“第二套全国小学生广播体操，雏鹰起飞，预备齐！”无论是校园集体舞还是甩龙走的队列，操场上的时光总是欢乐的。在那片绿色的草坪上，我踏过出旗手的行进乐，组织过全校学生的早操，担任过每周升旗仪式的英文主持人。在耳畔音乐与口令交错的声音中，我最要感谢的是伴我成长的老师们。认可与接纳，鼓励与欣赏，育才双语小学部的每一位老师都是我的良师益友，求实严谨的班主任郑老师，真诚阳光的岳老师，认真负责的李老师，活泼善良的肖老师，严厉又不失慈爱的海老师……感谢我的启蒙老师们，让我懵懂又快乐地长大。一场场，一景景，一幕幕，一情情，感谢老师们的付出与栽培，让我如今雄鹰翱翔，志在四方。

回忆穿梭，衣食住行。卡其色的裙裤、白色小短袖……稚嫩的我们和稚嫩的衣服，扬着傻傻的无忧无虑的笑脸。麻辣烫配包子、间食的水果、夏天的雪糕……食堂的饭菜勾人回忆。住宿更不用说，住了五年的校，自强、自立、自律的品格就是在育才双语小学部养成的，三线对齐、窗台没灰、豆腐块的被子、抻平的床单，后来不论走到哪里，我都把这份对自我的严格要求延续到哪里。

“……第三套小学生广播体操，七彩阳光，现在开始”。我们如初升的太阳，在育才双语小学部的日子里德智体美劳全面发展。社团活动小组的英语表演老师为我敲开表演的大门，让我在艺术节饰演《白雪公主》中恶毒的皇后，并因此获得大家的好评。舞蹈老师的点滴教诲，让我得以在大学的新生杯国标集体舞中贡献一份力量，并斩获冠军奖项。作为睡前小百灵广播站的播音员，也让我在大学成了广播台的英文主播，我的声音传遍了校园每个角落。回忆跳跃着划出一道光线，我现在取得的成绩与育才双语小学部对我各方面的培养和学校丰富多彩的学习生活，都有着千丝万缕的联系，是育才成就了现在的我。

轻掩回忆的门，画面定格在主持毕业典礼的那一天，说了再见就一定会再见。虽各奔前程，但母校对我们的牵挂不会消散，同窗五年的情谊更不会递减。这不？微信群建起来了，育才学子终于又在一起啦！

最后，祝母校生日快乐，老师们工作顺利，桃李满天下！

岁月不居，时节如流，每一位学子与学校同呼吸共命运，同成长共进步，在育才双语小学部的校史上留下了浓墨重彩的一笔。今天，同一片天空的你们已经踏上新的征程，又要征服新的巅峰。未来的人生徐徐在你们面前展开，前路迢迢，有梦便有方向，有爱就有力量，你们将定义属于自己的人生。但无论前行多远，蓦然回首，母校依然在原处，为你点亮前行的灯。

相信未来一届又一届从东北育才双语学校小学部毕业的学子都能学习不辍，继续前行，以自信从容的步伐走向社会，希望你们都能找到自己的诗和远方。未来，母校将继续关注、关心每一位学子的发展，希望大家用更大的成就来传播母校的声誉，与母校共同努力，携手前行。